학부에서의 번역 교육

Translation in Undergraduate Degree Programmes

존 벤자민스 통번역 총서 15
한 국 통 역 번 역 학 회

John Benjamins Series

15

학부에서의 번역 교육

Translation in Undergraduate Degree Programmes

커스텐 맘크야어 편저 | 홍정민 옮김

HU:iNE

발간사

1960년대 캣포드(J. C. Catford)와 니다(E. Nida) 이후 통역학을 포괄하는 번역학은 현대적 본격 학문 분야로 부상하기 시작하였다. 캣포드의 '언어학적 접근'과 니다의 성서 번역을 위한 '소통 효과 중심'의 접근에 이어 '문화 전환'(cultural turn)과 '맥락 전환'(contextual turn)의 패러다임 전환을 거치면서 번역학은 학제적 성격(interdisciplinarity)을 더욱더 공고히 하게 되었다.

번역학이 대표적인 학제적 학문분야인 것은 연구대상인 문제와 현상의 설명을 위해 가져오는 이론 틀(frameworks)과 연구방법론(research methodology)의 다양성 때문이라 할 수 있다. 번역학은 번역 과정과 번역결과물을 모두 연구 대상으로 삼는다. 번역사의 '블랙박스' 안에서 번역 행위를 둘러싸고 연속적으로 이루어지는 무수한 의사결정 과정과 그 과정에 작용하는 다양한 변수들을 설명하는 한편 이들 작용의 가시적 구현체로서의 번역결과물을 모두 다룬다. 이렇다 보니 번역사의 머릿속에서 이루어지는 과정을 들여다보기 위해 사고발화법(Think-Aloud Protocol), fMRI(functional magnetic resonance imaging, 기능적 자기 공명 영상 기법), 통계처리를 포함하는 코퍼스 분석, 담화분석 및 기능문법 등 다양한 인접학문분야의 연구성과와 분석도구를 차용하기도 한다.

그러나 번역학이 언제까지나 학제성에 만족하고 있을 수만은 없다. 번역학의 학제성은 그동안 어쩌면 번역학의 일방적 '짝사랑'이었을 수도 있다는 문제의식이 필요한 시점에 와있다. 프랑스 번역학자 질(D. Gile)의 이야기는 이런 면에서 시사하는 바가 크다.

> [번역학이] 타 학문 분야와 맺은 파트너십은 균형을 이루지 못한 경우가 대부분 이어서, [우월한] 지위, 파워, 재정능력 및 실제 리서치 능력은 일반적으로 파트너 관계에 있는 학문분야에 있다. 뿐만 아니라 학제성이 패러다임의 확산을 도와 결과적으로 자율적인 학문분야로서의 통번역 연구의 지위를 약화시키고 있다.
>
> (질 2004: 29)

질의 이야기는 학제성을 장점으로 부각시켜온 번역학의 입장에서 다시 한 번 곱씹어볼 만하다. 핌(A. Pym) 역시 대표적 번역학 학술지의 하나인 『Target』의 역할을 돌아보면서, 번역학이 인접 학문분야의 연구 성과를 도입해오고 있는 반면, 정작 번역학의 연구 성과가 인접 학문분야로 전파되는 경우는 상대적으로 드물다는 점을 지적하고 있다. 그만큼 쌍방향의 균형 잡힌 호혜적 지적(知的) 파트너십은 아니었다는 이야기일 것이다.

이런 시점에서 번역학을 연구하는 우리가 해야 할 일은 번역학 자체의 고유 연구영역을 더 분명히 규정하는 한편, 학문적 엄격성(academic rigor)을 갖춘 연구방법론을 확립하는 일일 것이다. 이런 맥락에서 그동안 전세계적으로 번역학의 다양한 연구 성과와 새롭게 개척되는 연구방법론을 선도적으로 꾸준히 소개해온 존 벤자민스(John

Benjamins) 출판사의 통번역 총서의 기여를 인정해야 할 것이다. 번역학 연구자라면 누구나 이 총서 가운데 최소한 한두 권 이상은 읽어보았을 정도로 번역학의 학문적 성과를 집대성하여 소개하였기 때문이다. 『존 벤자민스 통번역 총서』 번역 작업에 누구보다도 바쁘신 교수연구자들이 다수 자원하신 것은 바로 이 총서에 대한 지적 향수(知的 鄕愁) 같은 것이 작용한 때문은 아닐지.

국내 최초의 전문통번역학 연구단체인 한국통역번역학회(KSCI)가 이번에 『존 벤자민스 통번역 총서』 가운데 대표적인 업적들을 선별하여 번역 출간하게 된 것은 특별히 의미가 크다. 1998년 학회 창립 이래 국내 최초의 한국연구재단 등재지 『통역과 번역』, 국제전문학술지 『FORUM: International Journal of Interpretation and Translation』을 발행해오면서 국내외 통번역학의 발전과 소통에 이바지해온 본 학회의 통번역총서 번역 발간이 우리말로 쓰인 번역학 자료에 목말라해 온 연구자들에게 도움이 될 수 있기를 희망한다.

경기침체로 출판계 전망이 장밋빛이지만은 않은 상황에서, "뜻있는 기획출판일수록 대학 출판부에서 맡아야 한다."며 선뜻 『존 벤자민스 통번역 총서』 출판 추진에 합의해주신 한국외국어대학교, 특히 장지호 지식출판원장님과 신선호 팀장님께 고개 숙여 감사를 드린다. 학회를 대표하여 출간을 총괄해주신 김대진 서울과학기술대학교 교수님과 실무조정을 도와준 학회 교수님들께도 감사의 마음을 전한다.

2016년 3월 16일

한국외국어대학교 영어통번역학부 교수

존 벤자민스 통번역 총서 기획위원장

정호정

차례

1장

서론*: 학문 분야로서의 번역

커스텐 맘크야어(Kirsten Malmkjær)

과거 어떻게 하면 학문으로서 인정받을 수 있을 지가 주를 이루던 번역학에 대한 논의가 21세기 초 비로소 독립된 학문으로서의 입지 구축 및 발전 방안 모색으로(대체로) 진일보하게 된 것은 엄청난 성과라고 할 수 있다. 오늘날 번역학은 학계와 업계 간 상호 의존성에 대한 이해, 연구, 교육, 실무 전반의 발전을 위한 공조 필요성에 대한 인식을 바탕으로 이론과 실무간 교류(한 사람이 두 가지 역할을 담당하는 경우가 많다)가 활발히 이루어는 유망한 분야로 자리잡고 있다. 물론, 번역학의 학문적 본질이나 인접 학문 분야와의 실질적, 잠재적 교류 방법에 대한 인식은 분명 부재한 상황이며 번역학자나 번역학 이론가로서 인정 받기 위해서는 용기와 자신감, 때로는 약간의 찬사로 스스로를 무장해야 할 수도 있지만("아, 번역에도 이론이 있는지 몰랐네요"라는 말을 들어본 경험이 있을 것이다) 번역은 이제 하나의 학문 분야로서 견고하게 입지를 구축하고 있는 상태라고 볼 수 있다.

본 서의 첫 장을 집필한 볼프람 빌스(Wolfram Wilss)는 학계 내 번역의 위치와 관련해 발생하는 문제들을 언급하면서 추상적인 이론에만 치우쳐 경험적 연구나 일상적 번역과 같은 실용적 측면에 대한 교육을 소홀히 해서는 안 된다고 강조한다. 이로 인해 번역업계가 번역이라는 학문을 신뢰하지 않게 될 수 있으며 결국 학문 분야로서 번역을 연구하는 일을 가치 있다고 생각하지 않을 수 있기 때문이다. 시간이 갈수록 이미지가 향상되는 것과 같이 하나의 학문 분야로서 견고한 입지를 구축하게 될 경우 누릴 수 있는 분명한 효과 역시 얻기 힘들다. 예를 들어, 번역을 대학에서 교육한다면 번역이라는 직업 역시 의학, 교육, 회계, 법과 같은 온전한 직업이 될 것이다. 또 번역이 이렇게 인정 받는 분야의 직업으로 자리잡을 경우 언어에 관심이 있거나 재능이 있는 사람들의 유입이 촉진될 것이며 바버(Barbour)가 지적한 바와 같이 영어 외의 언어 학습에 대한 관심이 별로 없는 영국과 같은 국가에서조차 대학 내 언어 학습에 대한 관심이 높아질 수 있을 것이다.

이러한 이론과 실무 간 단절을 피하는 방법 중 하나는 학생들이 진출할 수 있는 실무 종사자들에게 표면적 타당성을 인정받을 수 있는 번역 교육 프로그램을 마련하는 것이다. 이를 위해서는 해당 프로그램을 이수한 학생들이 관련 실무를 성공적으로 수행하는데 필요한 지식과 기술을 조금이라도 갖추고 있다는 사실을 실무 종사자들에게 충분히 납득시켜야 한다. 학생들에게 표면적 타당성을 인정 받는 것도 중요한데, 이는 학생들에게 해당 프로그램을 통해 번역업계, 또는 문화 간 커뮤니케이션, 텍스트 편집 등이 필요한 그 밖의 관련 분야에 진출할 수 있는 능력을 갖출 수 있게 될 것이라는 자신감을 심어주는 데서 출발한다. 그렇다면 이제 관건은 이처럼 실무 종사자와 학생 모두에게 타당성을 인정 받을 수 있는 프로그램이 과연 어떤 것이냐 인데, 본 서는 그러한 프로그램을 마련하는데 유용한 여러 가지 모델과 제안을 소개하고자 한다.

매켄지(Mackenzie)는 여러 가지 번역사 능력이 양질의 번역을 생산하는 과정에서 직접적으로 습득되고 발현되기 때문에 교육 프로그램 설계자들은 실무 번역의 세계를 충분히 이해하고 있어야 한다고 강조한다. 이러한 직접적 실무 번역 경험의 기회는 학생들에게 취업의 기회를 알선함으로써 충분히 제공할 수 있을 것이며, 이는 학생 및 대학과 실무를 직접적으로 연결시킨다는 장점이 있다.

하지만 대학 내 번역 프로그램은 훈련뿐 아니라 교육, 실무뿐 아니라 이론의 적용에도 초점을 두고 있으며 이러한 문제들을 직접적으로 다루는 본 서의 여러 논문도 번역사 교육에서 능력과 기술, 교육과 훈련 간 긴밀한 관련성을 분명하게 언급하고 있다. 예를 들어, 제2장을 집필한 빌스는 번역을 '지식 체계의 활성화(the activation of a body of knowledge)'라고 정의하고 있으며 비비(Beeby)는 제5장에서 전문 번역사 양성을 위한 프로그램은 번역사 능력 모델을 기반으로 설계되어야 한다고 주장한다. 본 서의 제3장 「실무를 뒷받침하는 이론(*The theory behind the practice*)」을 집필한 베르나르디니(Bernardini)는 '능력(competencies)'을 '기술(skills)'을 대체할 수 있는 용어로 보면서 전문 번역사들에게는 세 가지 '역량(capacities)', 즉 비판적 인식 역량(awareness), 수행 역량(reflectiveness), 활용 역량(resourcefulness)을 갖추어야 한다고 주장한다. 또, 제8장은 이러한 역량이 다양한 유형의 코퍼스를 통해 입증된 '발견 학습(discovery learning)'을 통해 크게 향상될 수 있음을 시사했다.

본 서는 특히 학부 차원의 번역 교육에서 발생하는 관련 문제들을 집중적으로 다루고자 한다. 영국에서는 다른 국가들에 비해 학부 차원에서 번역 교육이 실시되는 경우가 많지 않고 번역사 교육은 대부분 석사 이상의 과정에서 제공된다. 하지만 이론과 실무를 아무리 균형 있게 다룬다 하더라도 실무 현장을 대비하는 데 1년 동안의 교육은 충분치 않을 수 있으며 학생들의 번역업계(또는 번역 관련 기술이 필요한 관련 분야) 진출을 돕는 데 초점을 맞추어 학부 교육의 일부 또는 전체를 설계할 경우 여러 가지 효과를 거둘 수 있다는 인식이 확산되고 있다. 그런 의미에서 본 서에서는 다양한 학부 번역 교육 모델을 소개한다. 물론, 이러한 모델들은 해당 국가의 고등 교육 구조에 따라 다를 수 있으며 본 서에서는 스페인(곤잘레즈 데이비스(González Davies)), (토프트와 프렐로즈니코바(Toft and Preloznίková)) 이탈리아(베르나르디니), 영국(세프너(Schäffner)) 등의 모델을 소개한다. 하지만 어떤 경우라도 학부 번역 교육 프로그램은 대체로 앞서 언급한 취업 기회 알선, 실습과 언어 및 문화 관련 교육 제공과 함께 다음과 같은 요소를 포함하고 있다.

- 번역의 역사와 이론에 대한 교육. 이러한 교육은 응용 학문에 대한 교육 프로그램은 현상에 관심이 있는 학자들을 만족시켜왔고 실무의 기저에 깔려 있는 개념과 이슈, 그리고 이론과 실무 모두의 발전사에 대한 이해를 어느 정도 도울 수 있어야 한다는 판단에 기반해 제공된다. 어떤 현상이 현재 상태에 이르기까지 어떠한 과정을 거쳐왔고 어떠한 영향을 받았는지에 대한 교육 없이 해당 현상을 완전히 이해하기란 어렵다. 이러한 부분에 대한 교육을 통해 전통을 어느 정도나마 이해할 수 있게 될 것이다.
- 번역의 사회학에 대한 교육. 대학 내 번역 전공자들을 비롯한 많은 사람들이 번역이 사회 전반에 얼마나 널리 확산되어 있고 얼마나 핵심적인 역할을 담당하고 있는지, 문화 간 커뮤니케이션과 문화 형성에서 얼마나 중요한 역할을 수행해 왔는지를 충분히 인지하지 못하고 있다. 이들은 수 많은 텍스트가 번역사의 중재적 개입 없이는 우리 주변에 존재하고 우리에게 영향을 미치지 못했을 것이라는 사실을 모르는데, 이는 사람들이 중재된 텍스트의 본질에 대해 깊이 생각해본 적이 없음을 의미한다. 하지만 세프너가 강조한 바와 같이 중재된 텍스트는 원문에 대한 중재자의 해석에 영향을 받으며 중재의 목적 역시 번역이라는 과정의 결과에 영향을 미친다. 또, 번역의 목적은 원문의 목적과, 번역의 독자는 원문의 독자와는 다를

수 있으며 이 역시 번역에 영향을 미친다.

- 직업으로서 번역에 대한 교육.

흥미로운 사실은 번역 기술이 누리는 명성에 비해 번역사에 대한 언어 교육은 상대적으로 관심을 많이 받지 못해왔다는 점이다. 번역 교육은 분명 언어 교육과 동일하거나 언어 교육에 포함된 것이 아니다. 또, 성공적인 번역은 하나 이상의 언어를 읽고 쓸 줄 아는 능력에 기반한다. 언어 습득 경로가 어떻건 사람들이 어떤 언어를 읽고 쓰기 위해서는 언어 교육과 훈련을 받아야 한다. 번역사 지망생들의 수요를 직접적으로 충족시킬 수 있는 방식으로 언어 교육 프로그램을 마련할 수 있다면 베렌게르(Berenguer, 1996; 본 서 제5장에서 인용)가 언급한 것처럼 번역 교육에서 상당한 시간이 절약될 것이다. 본 서 제5장을 집필한 비비는 번역사 지망생을 대상으로 언어 교육을 실시할 때 번역을 염두에 둘 것을 주장하면서, 특히 텍스트와 담화 연구 및 실무에 초점을 맞출 필요성을 강조한다. 비비는 번역 능력을 6개 하위 능력으로 구분하는 모델에 기반해 교수요목을 설계해야 한다고 주장하는데, 이들 6개 하위 능력은 담화의 다양한 측면이나 수사 및 장르 관습과 관련된 과업을 수행하는 과정에서 발전한다. 베르나르디니 역시 제3장에서 번역사 지망생이 우선 언어를 학습한 후 번역을 배워야 한다는 관점은 바람직하지 않음을 시사했다. 오히려 "번역사가 되기 위해 언어를 배우는 것이며" 언어와 학습은 완전히 유익할 뿐 아니라 상호보완적일 때 가장 효과적으로 이루어진다고 강조했다.

사실 번역 학습과 언어 학습이 상호보완적인지 여부에 대한 질문은 번역을 언어 교육 및 평가의 방법으로 보는 관점에서 자주 제기된다. 일부 국가에서는 숄다거(Schjoldager)가 지적한 바와 같이 번역이 여전히 그러한 분야에서 널리 활용되고 있다. 반면, 영어권 국가에서는 20세기 중반부터 번역을 그러한 목적으로 활용하지 않으려는 경향이 두

드러진다. 여기에는 번역이 매우 어려운 과업이라는 점도 큰 영향을 미치는데, 그 근거는 토프트와 프렐로즈니코바에서 찾을 수 있다. 토프트와 프렐로즈니코바에 따르면 번역 교육에서 학습자들이 대화를 통해 자신뿐 아니라 다른 사람들 역시 번역을 어렵게 느끼고 번역에서 실수를 자주하고 있음을 알게 될 경우 이들의 학습 동기는 줄어들 수 있다.

반면 번역 수업에 즐겁게 참여하는 학습자들도 많은데, 시웰(Sewell)은 본 서 제11장에서 이러한 학습자들의 즐거움에 대해 조사할 경우 최소한 일부 학습자들에게는 의사소통적 언어 수업이 효과를 거두지 못하는 이유에 대한 단서를 얻을 수도 있을 것이라고 설명했다.

하지만 즐거움 만으로는 특정 교육과 평가 방법의 효과를 보장할 수 없는 만큼 솔다거와 쾰크비스트(Källkvist)는 체계적으로 설계되고 통제된 연구 프로젝트를 통해 번역 과업을 (일부라도) 활용한 교육과 평가를 받은 외국어 학습자들이 그렇지 않은 학습자들만큼 학습 효과를 얻었는지를 파악해볼 필요가 있다고 주장했다.

번역과 학습 효과 사이의 관련성을 파악하는 것이 쉽지는 않지만, 한 가지 흥미로운 사실은 번역을 언어 수업에 도입하지 않으려는 경향이 가장 두드러지는 국가가 중고등 교육 기관 내 언어 수업 등록률이 현저하게 낮은 영국과 미국이라는 점이다. 바버는 본 서 제 13장에서 이러한 상황에서 발생하는 다양한 번역 관련 문제에 대해 논의한다.

그는 우선, 많은 텍스트가 번역되지 않기 때문에 하나의 언어만 구사할 수 있는 사람들은 번역되지 않은 텍스트를 읽을 수 없다는 점을 지적한다. 이러한 문제는 번역사가 할 일이 많음을 시사하는 것으로 언뜻 보면 번역사들에게 유리한 것으로 보일 수 있다. 하지만 바버가 언급한 것처럼 기업 협상에서 비공식적으로 나오는 말과 같이 어떤 텍스트는 번역을 목적으로 하지 않으며 오히려 번역되어서는 안 된다. 둘째, 하나의 언어만 구사하는 사람들은 번역된 텍스트나 영어가 모국어가 아닌 사람이 영어로 작성한 텍스트를 쉽게 이해하지 못할 수도 있다. 해당 원천 언어(source language, ST) 또는 글 쓴 이의 모국어 특유의 통사나 의미 구조가 (번역) 텍스트에 어떻게 영향을 주었는지를 알지 못하기 때문이다. 때문에 영어의 다양한 변종이 나타날 때마다 하나의 언어만 구사하는 사람들은 매우 불리한 입장에 놓일 수 밖에 없다. 즉 국제 언어로서의 영어를 비롯해 영어의 다양한 변종들을 이해하지 못하는 상황이 될 것이며 영어가 사용되는 국제 교류의 장에서 만족스럽게 의사소통을 하지 못하게 될 수 있다. 바버에 따르면 번역사의 중요성을 인식하는 사람들만이 국제 언어로서 영어를 사용하는 과정에서 발생하는 이러한 잠재적인 문제를 제대로 이해하고 설명할 수 있다.

어떠한 직업의 미래는 생물과 마찬가지로 여러 가지 요인의 영향을 받는데, 여기에는 시장, 해당 직업에 대한 대중의 인식과 같은 환경도 포함된다. 영국에서는 번역 서비스를 정기적으로 사용하거나 해당 학문에 종사하는 극소수를 제외하면 번역이라는 직업에 대해 어떠한 이미지를 갖고 있는 사람들이 많지 않다. 번역이라는 직업은 2000년대 초 라디오 드라마 「아처스(*The Archers*)」의 인기 덕분에 큰 명성을 누리기도 했지만 무언가 크게 잘못되었을 때가 아니면 여전히 전반적으로 관심을 받지 못하고 있으며 최악의 경우에는 부정적으로 인식되는 경우가 많다.

그런 측면에서 영국은 북 유럽과 상반되는데, 이러한 영국의 태도는 다언어주의(multilingualism)에 크게 가치를 두지 않는 분위기와 관련이 높다. 하지만 많은 국가들이 오래 전부터 지적한 바와 같이 이로 인해 영어와 그 밖의 언어 간 번역의 수요가 제대로 충족되지 못하고 있으며, 현재 상태가 유지될 경우 영국은 결국 자동차처럼 번역 서비스를 덴마크, 중국 등에서 수입하게 될 수도 있다. 물론, 서비스를 수입하거나 다양한 국적의 사람들에게 고용의 기회를 제공할 경우 해당 문화는 풍족해질 수 있으며, 그런 의미에서 여기에는 큰 문제가 없다고 볼 수도 있다. 하지만 이러한 추세가 지속될 경우 영어가 주요 언어이거나 모국어인 번역사의 수가 감소하면서, 결국 영어로의 번역은 대부분 영어가 모국어가 아닌 사람들이 수행하게 될 가능성이 매우 높다. 이러한 추세는 이미 필자가 가르치고 있는 학부 교육 프로그램에서 뚜렷하게 나타나고 있다. 필자가 이 글을 집필할 당시는 4년제 학부 번역 명예 학위 프로그램이 출범 3년째에 접어들던 시점이었다. 현재까지 영어가 모국어인 입학생은 매우 적은 상태이며 영국 영주권이 있는 학생들도 소수에 그치고 있다. 교직원 현황 역시 비슷하다. 정기적으로 번역 과목을 담당하는 인력 가운데 영어가 모국어인 사람은 1명에 불과하다. 이러한 양상은 학부나 석사 이상 교육 프로그램을 막론하고 영국 내 다른 번역 프로그램에서도 유사하게 나타나고 있다고 생각한다.

이는 영국 내 번역 학습자들에 대한 교수요목이 본 서에서 소개되는 교수요목들과 몇 가지 측면에서 차별화되어야 함을 시사한다. 예를 들어, 베렌게르(1996, 본 서 제5장에서 인용)는 학습자들이 외국 문화에 대한 전문성을 개발할 수 있는 훈련을 제공할 필요성을 지적했는데, 여기서 '외국 문화'란 학습자들이 살면서 공부하고 있는 문화가 아닌 문화를 의미한다. 그러한 관점에서 볼 때 영국에서 공부하는 비영국인 학습자들에게 외국 문화는 자신들이 살면서 공부하고 있는 문화를 의미할 것이다. 즉 이들 학습자에게 외국에서 보내는 기간은 고국으로 돌아가 문화적 적응(acculturation)과 언어 능력 향상보다 영국에서는 배울 수 없었던 과목을 통해 기존 학습을 보완하는 데 초점을 두는 기간이라고 볼 수 있다.

아직 초기 단계이긴 하지만 영국에서 살면서 공부하는 이들 비영국인 학습자들은 상당 수준의 영어 실력을 갖추고 프로그램을 졸업하거나 프로그램에 입학하는 것으로 파악된다. 따라서 번역의 방향성은 흔히 생각하는 것만큼 학습자들이나 우리에게 중요한 문제가 아니며, 오히려 이들을 모두 참여시키는 텍스트 분석 및 번역에 대한 합동 수업을 통해 언어 간 비교 학습, 문화 간 비교 텍스트 분석 및 장르 분석에 대한 활발할 토론과 같은 효과를 거둘 수 있다. 지금까지 언급한 영국의 상황이 여러모로 불리하긴 하지만 교육적 공조와 통합이 좀 더 긴밀해지고 있는 상황에서 번역 교육에는 분명 긍정적이라고 할 수 있다.

미주

* 스티븐 바버가 본 서에 기고한 논문은 수 마일즈를 기리기 위해 마련된 수 마일즈 메모리얼 렉처(Sue Myles Memorial Lectures) 강연 시리즈 가운데 하나에 기반하고 있다. 수 마일즈는 해버대셔 아스케 여학교(Haberdasher's Aske's School for Girls)의 독일어 학과장을 지내다 1991년 미들섹스 대학교(Middlesex University, 구 미들섹스 폴리텍크닉(Middlesex Polytechnic))로 자리를 옮겼으며 1997년 11월 세상을 떠났다.

참고문헌

Berenguer, Laura (1996). 'Didáctica de segundas lenguas en los estudios de traducción In Amparo Hurtado Albir (Ed.), *La enseñanza de la traducción* (pp. 9-30). Castelló: Publicacions de la Universitat Jaume I.

2장

번역학*: 교육적 접근

볼프람 빌스(Wolfram Wilss)

현대 번역학에서 얻을 수 있는 교훈 중 하나는 번역에서 중요한 문제는 거창하고 장황하게 떠들어대는 일반론이 아니라 세부적이고 구체적이고 즉각적인 부분에 있다는 사실이다. 따라서, 번역학에 대해 전반적으로 다루거나 번역 교육과 같은 구체적인 문제에 대해 논의할 때는 모두 가능한 한 세부적이고 현실적이어야 한다.

번역이 학문적 연구(academic study)의 주제로 적합한 이유는 무엇인가? 이러한 질문은 '일상적 언어 간 커뮤니케이션과 "비일상적(exceptional)" 언어 간 커뮤니케이션의 차이는 무엇인가?'라는 좀 더 구체적인 질문으로 바꿀 수 있다. 그리고, 이처럼 기본적으로는 이론적인 질문을 방법론적인 문제로 발전시켜 '우리는 번역을 고도로 추상적인 차원에서 논의하면서 매우 중요한 실질적인 문제는 배제할 것인가? 아니면 경험적인 측면에 좀 더 초점을 맞춰야 하는가?'라는 질문으로 바꿀 수도 있다. 여기서 번역의 세계가 학문의 세계에 요구하고, 교육 기관들이 적절하게 가르쳐야 하는 부분들에 대한 범주를 설정해야 하는 것은 후자라고 생각한다. 그러한 의미에서 우리는 번역에 대한 '기본 가정(underlying assumptions)', 좀 더 쉽게 말하면 번역사들이 다소 복잡한 번역 과업을 수행하고 번역 과업 특유의 문제를 이해할 수 있도록 돕는 원칙을 파악하기 위해서는 실질적이고 분명하며 가치 있는 부분에 초점을 맞출 필요가 있다.

물론 이러한 질문은 최소한 어느 정도는 학문 영역의 밖에 있는 것으로 볼 수도 있다. 이 경우 다음과 같이 질문해 볼 수 있다. 대학이 번역에 관심을 둔다는 것이 어떤 의미인가? 학문을 바탕으로 번역사 교육을 제공할 경우 어느 정도의 경제적 가치가 창출되는가? 번역 교육의 기준, 학부생과 대학원생의 성취 기준과 교육 기관 내 기능, 교수요목의 내용, 세미나와 비교한 교수자의 역할, 자동 학습의 장단점, 표준평가방법의 가치 등 좀 더 일상적이고 현실적인 측면에서 번역은 어떤 의미를 갖는가?

그 밖에도 다양한 실질적 문제들이 번역 기술과 번역 성향 개발을 목표로 번역 교육을 수행하는 사람들을 괴롭힌다. 기술과 성향은 '진정한 지식 체계(genuine body of knowledge)'를 통해 드러나는데, 학문의 주제로서 번역에 관심을 갖고 있는 사람들은 번역이 전통적으로는 번역학의 영역이 아니라고 간주했던 수 많은 문제들과 어떻게 상호작용하는지를 알지 못한다. 그렇다고 번역학을 갑자기 관심을 받으면서 일시적인 지위를 누리기 쉬운 학제간 학문 분야이라고 섣불리 단정지어서도 안 된다. 이러한 학문 분야들은 대부분 현실의 수요와 상황을 충분히 반영하지 못하는 경향이 있기 때문이다.

대신, 대학의 번역 교육 교과과정은 다소 제한적이고 구체적이지 않더라도 학습자들이 번역 학습을 실제 세계의 번역과 연관시키는 방법을 스스로 발견하도록 함으로써 번역에 대한 부담을 덜 수 있도록 돕는 데 초점을 맞춰야 한다. 그렇게 해야만 '진정한 지식 체계(genuine body of knowledge)'가 실현될 수 있다. 이를 번역 교육과 직접적으로 연결해 보면, 번역 교육은 한 편으로는 번역의 내용과 형식 간 관계, 다른 한편으로는 언어 행위와 실무 번역 경험이라는 좀 더 광범위한 부분 간 관계를 명확하게 구축하는 데 목표를 두어야 한다.

따라서 번역 교육은 궁극적으로 번역 작업의 일상적인 목적, 번역의 의사소통 대상, 번역 교육 및 번역 학습의 체계화를 지향해야 한다고 볼 수 있다. 번역 교육에서 까다롭고 독특하고 예측 불가능한 텍스트를 배제해서는 안 된다. 문학 텍스트와 같이 특정 텍스트 유형만 선별해 다루는 것은 의미나 효과가 없기 때문이다. 번역 교수자들은 학생들에게 다양한 관련 및 비관련 분야를 소개함으로써 이들이 선부르고 지나친 전문화의 오류를 범하지 않을 수 있도록 도와야 한다. 수업에서 확실한 원칙이 없다는 것을 알게 되면 학습자들은 어마어마한 텍스트에 압도되어 어떠한 원칙에 입각한 접근법을 마련하지 못하거나 '현실의 윤곽(the contours of reality)'을 인지하지 못하게 될 수 있다.

'현실의 윤곽'이라는 개념은 번역이라는 것이 원천텍스트(source text, ST) 발신자, 번역사, 목표텍스트(target text, TT) 독자의 정신 사이에 상호작용이 발생하지 않기 때문에 다루기가 매우 힘든 텍스트를 처리하는 것임을 떠올리게 한다. 하지만 예외를 통해 규칙을 파악할 수 있다. 통상, ST 발신자의 의도와 TT 독자들의 기대는 칠판에 기록하거나 교과서에 도식화할 수 있는 것이 아니며, 독자들의 수요나 요구는 불완전하더라도 개별 번역사 스스로 용기를 내서 파악해야 한다.

필자는 25년 이상 번역 교육을 수행하면서 번역이라는 학문 분야의 교육 원칙 및 본질과 관련해 무엇에 초점을 두어야 하는지를 파악하는 것이 항상 가능한지에 의문을 가져왔다. (주로 번역의 기초에 대해서조차 잘 모르는 사람들이) 번역 교육 개선 필요성을 주장하는데, 정확하게 필요한 것이 무엇인지를 완전히 파악하고 있거나 파악할 수 있을까? 또, 그렇다고 하더라도 불가능한 것을 달성하기 위해 노력할 필요가 있을까? 우리가 교육 현장에서 맞닥뜨리는 문제를 완전히 파악하거나 인지하고 있는 사람은 없을 것이다. 번역 교수법에 있어 불변의 정답은 없으며 절대적이고 공식적으로 인정받는 교육의 가치도 없다. 학습자들이 특정 번역 과업을 수행할 때 둘 중 하나를 선택하는 것 이상은 하지 못하도록 만드는 직역 '대' 의역이라는 구시대적 이분법과 같이 방법론적 편견에서 자유로워졌다는 사실 자체만으로도 만족스러워해야 할지 모른다.

번역 행위의 관점은 번역 대상 텍스트마다 달라질 수 밖에 없다. 적절한 관점은 개별적 판단보다는 번역의 맥락에 대한 지식을 통해서 구축된다. 물론, ST 발신자와 번역사, 번역사와 TT 독자 사이에 대화나 상호작용이 존재하지 않거나 있다고 하더라도 충분치 않기 때문에 맥락에 대한 지식은 단편적이고 불완전할 수 밖에 없다. 번역사가 번역 대상 텍스트의 메시지를 정확히 파악하려는 노력 없이 ST에 대한 자신의 해석과 판단에만 의존할 경우, 번역사는 '번역'을 하는 것이 아니라 ST 발신자와 TT 독자들을 '가르치는' 것이다. 그러한 의미에서 특정 ST가 번역하기 적절하지 않다는 주장은 받아들일 수 없다. 학문적 관점에서 번역을 다루는 방법 가운데 하나는 ST의 메시지와 TT의 메시지 모두를 면밀하게 살펴보는 것이다. 여기에는 ST가 TT로 전달되는 과정에서 발생하는 모든 언어적, 사회문화적 의미도 포함된다. ST는 번역사에게 기본적인 지침을 제공한다. 특히, 문학 번역을 중심으로 개별 텍스트는 고유의 특징이 있고 그 자체로 언어 사용이자 역사의 일부라고 볼 수 있다. 우리가 최소한 그러한 고유의 특징을 파악할 수 있고 그에 대한 착각(또는 환상)을 조작하는 것이 아니라는 인식은 ST, ST의 응결성과 기능, 우리를 특정 방식으로 행동하도록 하는 ST의 문화적 측면을 기반으로 한다고 볼 수 있다.

번역을 한꺼번에 지식 체계의 활성화(the activation of a body of knowledge)라고 부를 경우, 과거 지식에 대한 논의에서 자주 나타났던 것과 같은 논란이 발생할 수 있다. 지식을 핵심부와 주변부로 구분하는 것이 좀 더 합리적인가, 아니면 두 개 이상의 외국어를 교육할 때처럼 특정 영역에 대한 깊이 있는 이해를 포기하더라도 여러 개의 영역을 가르치는 것이 적절한가? 다시 말해, 가장 중요한 과목 하나와 주변 과목 몇 개를 구분해야 하는가, 아니면 여러 개의 영역을 동등한 비중으로 교육하는 것이 바람직한가? 또, 실무 분야에서 가장 수요가 높은 것으로 보이는 과학이나 기술 분야에만 주로 관심이 있는 학습자들에게 기껏해야 겉핥기 식일 뿐인 문학 지식 습득을 위해 그렇지 않아도 부족한 시간을 할애하도록 하는 것이 바람직한가?

번역 교육이라는 측면에서 이러한 질문들은 번역 실무에 존재하는 과학 기술적인 수요에 초점을 맞춘 것이다. 물론, 번역 교육에서 보완적인 프로그램으로서 문학을 배제할 이유는 없다. 하지만 오늘날 컴퓨터의 발전 등으로 다양한 파급효과가 있는 '특수목적언어(language of specific purposes formula)'에 대한 관심이 과거보다 크게 늘어난 만큼, 번역에서 기계번역, 기계지원번역은 물론, 인공지능, 인지심리학에 초점을 맞춘 매우 현대화된 컴퓨터 기반 과목을 마련하는 것에 대해 반대할만한 합당한 이유도 없다.

어쨌든 완전히 지엽적인 과목만 지속적으로 제공하는 것은 실무를 전혀 반영하지 못할 가능성이 높기 때문에 번역 교육 기관에 아무런 도움이 되지 않는다. 이는 번역 교육과 번역사 훈련이 지금까지 어떻게 발전해왔는지를 단적으로 보여주는 말이다. 즉 '하드카피'를 통해 번역을 가르치던 시대에서 벗어나 '컴퓨터 출판'과 '인간/기계 상호작용'이 중요한 교육 목표로 자리잡으면서 오늘날 번역사 지망생들은 속도('빠른 것이 스마트한 것')와 수용 가능한 수준의 품질을 모두 달성하는데 필요한 모든 지식과 기술을 갖추어야 하는 상황이다. 그리고 교육 기관은 이처럼 '새로운 시대'의 영향을 고스란히 반영한 교육 프로그램을 마련해 학습자들에게 제공해야 한다.

물론 이는 매우 원대한 목표이기 때문에 이를 달성할 수 있을 지부터 자문해 볼 필요가 있다. 현재로서 분명한 것은 번역 교육이 역사학, 언어학 또는 다른 전통 학문 분야가 그랬던 것처럼 그 자체만의 고유한 특징들을 발견했고, 또 발견해나가는 '과정'에 있다는 점이다. 어떤 학문 분야든 고유한 특징들이 있으며, 번역 교육과 관련이 있는 지식 체계의 특징 중 하나는 우리가 번역 교육에 뚜렷한 고유의 학문적 특징을 부여할 수 있도록 엄청난 조율 노력을 기울이도록 한다는 것이다.

번역 교육의 특징 중 하나는 지식과 기술의 결합이다. 번역 교육과 같은 분야는 번역 과정에서 나타나는 정보 처리를 장기간 관찰할 경우 확인이 거의 불가능한 번역사의 '블랙박스'를 체계화된 번역 교육 마련에 좀 더 도움이 되는 '화이트박스'로 전환시키는 방법을 파악할 수 있음을 보여준다. 결국, 번역 교육의 전형적이고 특징적인 핵심은 언어 간 및 문화 간 정보처리라고 할 수 있다.

번역은 진정한 지식과 기술 체계에 기반한다는 명제와 이를 연구하는 가장 적절한 분야는 번역 교육이라는 명제는 서로 불가분의 관계에 있는 것 같다. 번역 교육이 어떠해야 하는지는 번역의 본질에 의해 결정된다. 번역 교육은 다채로운 분야이다. 번역의 영역을 뚜렷하게 구분 짓는 것은 불가능에 가깝다는 주지의 사실을 떠올려보자. 루터(Luther), 슐라이어마허(Schleiermacher), 벤야민(Benjamin), 니다(Nida), 무넹(Mounin), 비교문체론(*Stylistique Comparée*)의 대가 등 번역학 내 저명한 학자의 이름 몇 개만 생각해보면, 관련 학문을 연구하는 데 있어 번역 학습자들의 흥미를 유발할 수 있는 부분이 얼마나 다양하고 많은지를 쉽게 알 수 있다. 이들은 스스로 인지하건 아니건 번역 교육이 번역학의 하위 분야라는 주장에 힘을 실어준다. 번역 교육이라는 분야는 주제, 영향력, 설득력 측면에서 번역학과 관련이 있을 수 있는 모든 부분을 아우르고 정리할 수 있을 만큼 충분히 유연하고 일반적 적용 가능성이 있는 동시에 세밀해야 하며, 그럼으로써 포괄적인 번역사 행위 원칙을 제시할 수 있어야 한다.

앞서 언급한 바와 같이 번역 교육과 관련해 이론적으로라도 그처럼 광범위하고 다양한 주제와 전문 분야를 아우를 수 있는 '단일한' 접근법은 없을 것이다. 그러기에는 문제가 되는 부분이 너무 많다. 이미 지적한 어려움과 더불어 이러한 문제들은 서로 맞물려 있으며, 따라서 다른 문제들을 고려하지 않고 하나 또는 두 개의 문제를 검토하는 것은 인위적일 뿐 아니라 다른 문제들을 왜곡할 수 있다. 표현을 아무리 단순화한다고 하더라도 번역학 내 다양한 '학파' 사이의 대화가 활발해지리라는 보장이 없다는 오해가 확산될 위험도 있다.

무엇보다 가장 큰 오해는, 지금쯤이면 짐작하겠지만, 번역 교육 방법론에 왕도가 있다고 믿는 것이다. 창의적인 문제 해결이나 번역의 일상적 측면에서 알 수 있듯, 그런 것은 존재하지 않는다. 우리는 번역학이 체계 없고 주관적인 변덕과 상상에 휘둘리면서 연구자들 모두 자신이 옳다고 생각하는 것만 추구하고, 가장 설득력 있는 주장이 아니라 가장 큰 목소리를 내는 사람에 의해 질서가 형성되는 분야가 되지 않도록 해야 한다. 이분법은 번역학에 매우 부정적인 영향을 미쳐왔다. 이제 우리는 다음 세대의 연구자들과 학습자들이 발판으로 삼을 수 있는 공고한 성과의 체계를 마련할 수 있도록 노력을 경주해야 한다.

번역 교육의 다음 단계는 아마 번역 평가('번역 비평'은 대체로 주관적이고 체계가 없는 것으로 보이기 때문에 번역 평가와 구분된다)에 대한 공동의 노력일 것이다. 많은 사람들이 평가는 개인적이어야 한다고 생각하며, 이러한 관점이 어느 정도는 사실일 수 있다. 하지만 「랑프리에르(*Lemprière*)」 사전에 대한 로렌스 노포크(Lawrence Norfolk)의 독일어 번역과 같은 사례에서 알 수 있듯, 사람들이 특정 번역에 대한 찬성과 반대 의사를 다소 독단적인 태도로 거리낌 없이 드러내고 있다는 사실 역시 매우 놀랍다. 찬성과 반대라는 말은 이제 더 이상 적절한 용어가 아닐 수 있다. 이렇게 중요한 시점에 우리는 번역학, 나아가 번역 교육이 과거에 그랬던 것보다 유연해질 필요가 있음을 보여주는 증거를 도처에서 발견할 수 있다.

미주

* 본 고는 아래 소개된 참고문헌에서 집중적으로 다뤘던 문제들을 선별해 논의하고 있음을 밝혀둔다.

참고문헌

Wilss, W. (1992). *Übersetzungsfertgkeit. Annäherungen an einen komplexen überset- zungspraktischen Begriff.* Tübingen: Narr.

Wilss, W. (1996a). *Übersetzungsunterricht. Eine Einführung.* Tübingen: Narr.

Wilss, W. (1996b). *Knowledge and Skills in Translator Behavior.* Amsterdam and Philadelphia: John Benjamins.

Wilss, W. (1999). *Translation and Interpreting in the 20th Century. Focus on German.* Amsterdam and Philadelphia: John Benjamins.

3장

실무를 뒷받침하는 이론: 번역사 훈련과 번역사 교육

실비아 베르나르디니(Silvia Bernardini)

> 구급차 운전사와 아이스크림 노점상 모두 자동차를 도구로 사용하지만 서로 다른 것처럼, 자막 번역사와 의료 번역사도 서로 다르다.
>
> 이브 감비에(Yves Gambier, 2000)

1. 서론: 구급차 운전사와 아이스크림 노점상

본 고의 주제, 즉 언어 관련 직업 종사자를 위한 다양한 학위 프로그램 간 관계를 논의하기 위해서는 오늘날 사회가 번역이라는 직업을 어떻게 바라보는지, 좀 더 구체적으로는 번역이라는 직업에 대한 태도와 인식은 어떤지를 점검해볼 필요가 있다. 그리고 그런 의미에서 "구급차 운전사와 아이스크림 노점상 모두 자동차를 도구로 사용하지만 서로 다른 것처럼, 자막 번역사와 의료 번역사도 서로 다르다"라는 감비에의 주장은 번역이라는 직업, 나아가 번역사 지망생 교육에 대한 일반적인 태도를 단적으로 드러낸다고 볼 수 있다.

이러한 감비에의 주장에서 주목해야 할 부분은 의료 번역사와 자막 번역사가 일상적으로 하는 일이 매우 다르다는 점이 아니라 일반적인 번역 기술이 도구, 즉 자동차와 비교되고 있다는 사실이다. 즉 감비에는 번역 기술이 자동차 운전을 배우는 것처럼 학습되고 자동화될 수 있음을 말하고자 한 것으로 보인다. 일반적인 번역 기술은 자막 번역이건 의료 번역이건 해당 직업에 필요한 실질적이고 구체적인 기술을 습득하기 위해 신속하게 숙달되어야 한다. (이는 나아가 번역 기술이 신속하게 숙달될 수 있으며 '쉬운 것'으로 인식됨을 시사하나 여기서 그 이상의 논의는 하지 않겠다.) 다시 말해, 일반적인 번역 기술과 번역사라는 직업의 특징 사이에는 최소한의 관련성만 있을 뿐이며 특정 번역사가 다루는 주제 분야와 직면한 상황적 제약이 일반적인 번역 능력보다 중요한 영향을 미친다. 따라서, 언어 관련 직업 교육 기관들이 내릴 결론은 자명하다. 전문화가 관건이라는 것이다.

필자는 이러한 논의를 통해 감비에를 비판하고자 하는 것이 아니며, 감비에의 관점 역시 이와 크게 다르지 않을 것이라고 생각한다. 그보다는 유럽 내 다양한 층위의 번역 관련 정책과 태도의 기저를 이루는 것으로 보이는 번역에 대한 인식을 논의하는 데 목적이 있다. 예를 들어, 유럽연합(European Union, 이하 EU), 특히 유럽집행위원회(Europe Commission)의 번역국이 취하고 있는 태도를 생각해보자. 유럽공동체(European Communities)가 발간한 소책자 「다언어주의와 번역: 유럽위원회의 번역서비스(*Multi-linguismo e traduzione - Il servizio della Commissione europea*)」는 번역국 지원 요건을 인턴이나 정규직에 상관없이 학사 학위, 모국어에 대한 완벽한 이해, 모국어 외 영어 또는 프랑스어를 포함한 2개 EU 공식 언어에 대한 심도 있는 이해로 명시함으로써 번역 관련 교육을 받은 경험이 없더라도 지원이 가능하도록 하고 있다(pp. 9-11). 언어 관련 학력이나 경력 또는 번역 이론 및 실무 역시 자격 요건이 포함되어 있지 않다. 반면, 언어 중재자로서의 직업적 전문성은 경제, 금융, 법 관련 학력 및 경력과 비슷한 것으로 인정되고 있으며, 인하우스 훈련(p. 17) 측면에서도 이와 유사하게 관련 분야에 대한 지식, 컴퓨터 활용 기술, 언어에 대한 지식에만 사실상 초점이 맞춰져 있다.

유럽에서 가장 크고 권위 있는 (번역) 기관이 이렇다면, EU 각 국 내 작은 지역들의 상황 역시 크게 다르지 않을 것이다. 소득 수준이 높은 이탈리아 에밀리아 로마냐주(州)의 번역 시장에 대해 기업가들을 상대로 실시한 설문조사에서도(치아로와 노셀라(Chiaro & Nocella), 1999, p. 365) 번역에서 특히 필요한 기술과 관련한 인식이 이처럼 부재한 것으로 나타났다. 이 설문조사 결과에 따르면 번역 관련 업무를 위해 언어 관련 학력 및 경력을 갖춘 인력을 고용한다고 답변한 응답자는 전체의 25%에 그친 반면, 언어 또는 번역 관련 정규 교육을 받지 않은 사람을 고용한다고 밝힌 응답자는 54%를 넘어섰다. '2개 언어를 안다면 번역은 쉬운 작업'이라는 말에 대해 응답자의 51%가 '그렇다' 또는 '매우 그렇다'라고 답변했으나 '그렇지 않다', '전혀 그렇지 않다'를 선택한 응답자는 27%에 그쳤다. 위로가 될만한 결과라면, 75% 이상이 해당 분야의 언어에 대한 지식이 매우 중요하다고 답했다는 사실이다. 하지만 치아로와 노셀라는 제품을 마케팅 하는 데 있어 문화적 차이가 똑같이 중요한지 여부에 대해 의문을 제기했다. 조사 대상 기업가들은 그러한 가능성에 대해 완전히 인식하지 못하고 있는 것처럼 보인다.

고객들은 자신들이 필요로 하는 특정 분야의 전문가들이 1개 이상의 외국어와 모국어에 대한 뛰어난 구사 능력, 해당 분야의 전문 언어에 대한 어느 정도의 지식, 충분한 관련 분야 지식과 컴퓨터 활용 기술 등을 갖추고 있기를 원하며 이러한 요구는 너무도 당연한 것이다. 하지만 교육자의 유일하고 주된 목표가 시장의 수요를 충족시키기 위한 여러 가지 능력과 기술을 전수하는 것이어야 하는지를 질문해볼 필요가 있다. 필자는 교육자들이 그렇게 할 경우 학습자, 나아가 미래의 고객들에게 오히려 해가 될 수 있다고 생각한다. 지식을 전달함으로써 누군가를 '훈련'시키는 일은 상대적으로 쉽고 신속할 수 있지만 생성 과정(generative process)이 되기는 어렵다. 반대로 학습자들에게 '교육'을 제공할 경우 많은 시간과 노력이 들겠지만 학습자 스스로 나머지를 터득할 수 있도록 도울 수 있다.

방금 언급한 '훈련'과 '교육'이 바로 본 고의 두 가지 핵심 개념이다. 다음 절에서는 이 두 가지 개념에 대한 필자의 관점을 번역사를 위한 학부 및 대학원 학위 과정의 필요성과 관련 지어 소개하고자 한다.

2. 번역사 훈련과 번역사 교육의 차이

위더슨(Widdowson, 1984, pp. 201-212)에 따르면, 언어 교수법(나아가 전반적인 교수법)에서 훈련과 교육은 근본적으로 뚜렷하게 구분되어야 한다. 훈련의 목적은 학습자들이 미리 결정되거나 '습득된(acquired)' 절차를 적용해 사전에 파악될 수 있는 문제를 해결할 수 있도록 하는 것이다. 훈련을 통한 학습은 누적 과정(cumulative process)으로서 학습자들은 훈련을 받는 분야와 관련해 가급적 방대한 보유지식(inventory of pieces of knowledge)을 조합할 수 있어야 한다. 이러한 접근은 특수목적 언어(Language for Specific Purposes) 등의 교육에, 특히 과정의 단기적 목표와 교육의 장기적 목적이 대체로 일치할 때 적합하다. 위더슨은 이처럼 훈련에 적절한 분야 중 하나로 '항공관제용 언어'를 제시한다.

반면, 교육의 핵심 목적은 인지 능력 발달을 통한 개인의 성장과 다양한 (전문적) 상황에 대처할 수 있는 태도와 성향 개발을 돕는 데 있다. 교육이라는 틀 속에서 이루어지는 학습은 누적 과정이라기보다 생성 과정으로, 새로운 문제 해결을 위해 가용 지식을 적용하고 필요할 경우 새로운 지식을 습득하는 능력을 기르는 것을 목적으로 한다.

즉 유한한 자원을 무한하게 사용할 수 있는 능력은 훈련이 아닌 교육을 통해 습득할 수 있는 것이다. 이러한 접근은 과정의 단기적 목표와 장기적 목적이 일치하지 않는 일반적인 외국어(language for General Purposes) 교육에 적합한데, 이러한 교육의 단기적 목표는 학습자들에게 장기적 목적 달성을 위한 도구를 제공하는 데 있다.

훈련과 교육을 이처럼 뚜렷하게 구분할 경우, 번역 교육에서의 우선순위, 그리고 학부와 대학원 과정의 차이를 좀 더 쉽게 파악할 수 있다. 나머지 절에서는 각 과정의 (장기적인) 목적과 (단기적인) 목표가 각각 무엇인지, 그리고 이 두 가지를 일치시킬 수 있는 지에 대해 논의하고자 한다. 이를 위해 각 교육 단계에서 전문 번역사 지망생들에게 필요한 것은 무엇인지, 그리고 이들이 달성할 수 있는 것은 무엇인지를 우선적으로 점검할 필요가 있다.

3. 번역 교육에서의 교육적 우선순위: 비판적 인식 역량, 수행 역량, 활용 역량에 초점을 맞춰라

다른 논문(베르나르디니, 2000)에서 상세히 논의하고 본 절에서 간략히 설명할 여러 가지 이유에 따라 전문 번역사들은 비판적 인식 역량(awareness), 수행 역량(reflectiveness), 활용 역량(resourcefulness)을 갖출 필요가 있는데, 각 개념의 정의는 다음과 같다.

1. (비판적 인식 역량) 번역사는 "언어를 통해 메시지의 내용만 이해하는 것이 아니라 메시지가 중재되고 형성되는 방법을 파악하는" 비판적 역량을 개발할 필요가 있다(카터(Carter), 1993, p. 142). 번역사는 개별 어휘와 텍스트를 넘어, 표현하는 문화와 영향을 주고 받는 연결된 선택의 네트워크로서 언어를 보아야 한다. 이러한 인식은 번역사로서의 직업적, 윤리적 태도를 갖추

기 위한 첫 번째 단계로, 이 과정에서 학습자들은 자신들이 하나의 단어를 다른 단어로 대체하는 단순한 '코드 전환자(trans-coders)'가 아니라 의미의 형성자이자 문화의 중재자임을 깨닫게 된다.

2. (수행 역량) 번역사는 번역에 필요한 특정 전략과 절차를 실행에 옮기고 저장하고 활용하는 역량도 길러야 한다. 이러한 전략과 절차가 어떤 것인지에 대해 아직 공통된 의견은 없는 것 같지만, 가장 기본적으로는 텍스트 분석, 읽기, 쓰기 절차와 전략이 관련이 있는 것으로 보인다. 프로젝트 관리와 팀 작업 역시 관련이 있을 수 있으며, 부분 번역 전략에 대한 방대하고 다양한 연구를 참고해볼 수도 있다(체스터만(Chesterman), 1998; 쿠스마울(Kussmaul), 1995; 과정 중심 번역 연구 전반에 대한 문헌 등 참고).
3. (활용 역량) 새롭거나 예상치 못한 상황에 대처하기 위해 (능력과 역량이라는) 유한한 자원을 무한하게 활용하고, 필요할 경우 새로운 자원을 자동적으로 습득할 수 있는 역량을 함양하는 것 역시 중요하다.

물론, 이 세 가지가 번역사들에게 필요한 전부라고 볼 수는 없으며, 실천적 교육과정(actual curricula)에서 적용할 수 있는 등 당장 활용 가능한 것도 아니다. 하지만 이러한 부분에 관심을 가질 필요는 분명히 있다. 번역 교과과정에서의 우선순위는 습득될 수 있는 능력(competencies)보다 개발될 수 있는 역량(capacities)에 초점을 맞춰 결정되어야 한다는 본 고의 기본적인 관점을 뒷받침할 수 있기 때문이다. 번역사 양성을 위한 학부 수준의 교과과정을 계획할 때 비판적 인식 역량, 수행 역량, 활용 역량이라는 측면에서 주요 장기 목적을 설정해야 한다고 생각한다면, 장기적인 목적과 단기적인 목표는 그 자체로 일치하지 않을 것이다. 즉 교육에 초점을 맞춰 교과과정의 유형을 설계해야 한다는 것이다.

이러한 교과과정은 시간이 많이 걸리고 단기간 내에 효과를 내기 어렵다. 번역사 지망생들이 언어와 텍스트의 작동 방식 및 복잡다단하고 때로는 숨은 의미와 활용을 이해할 수 있도록 함으로써 이들이 어떠한 번역에 임하든 그러한 의미를 찾아낼 수 있도록 도울 뿐 아니라, 관련 지식이나 기술이 부족할 경우 신속하고 효율적으로 이를 파악할 수 있는 능력을 습득하도록 해야 하기 때문이다.

여기서 사람들이 생각하는 것만큼 간단하지는 않지만 기술의 역할은 매우 중요하다. 최신 전자 도구 또는 번역보조도구 활용 연습(예: 해당 특정 도구나 보조도구를 활용하는 방법)은 유일하거나 주된 과정이 아니라 앞서 언급한 교육적 목적(예: 향후에 그 밖의 어떤 도구든 활용할 수 있는 방법을 습득하는 데 필요한 전략을 수립하는 방법)을 달성하기 위한 수단으로 보아야 한다. 그러한 연습이 필요한 이유는 지극히 단순하다. 최신 기술 수단은 활용법을 쉽게 익힐 수 있으나 그만큼 빨리 구식이 되기 때문에 수업에서 이 부분에 엄청난 시간과 에너지를 할애하는 것은 낭비일 수 있다. 동기와 '활용 역량'이 충분하다면 어떠한 번역 도구든 익히는 데 한 달 이상 걸리지 않을 것이다. 반면, 특정 기술을 언제, 어떻게, 어떠한 목표와 효과를 위해 활용하고, 해당 기술이 도움이 되지 않을 경우 어떠한 기술을 사용해야 하는 지를 파악하는 것은 쉽지 않으며 한 달 안에 배울 수도 없다.

캐나다 정부 번역국(Canadian Government Translation Bureau)과 요크대 번역대학(York University Translation School)을 연구한 브라이언 모섭(Brian Mossop, 1999) 역시 이러한 관점을 공유하는 듯 보인다. 모섭은 2000년 봄 앤서니 핌(Anthony Pym)이 주최한 번역사 교육에 대한 온라인 포럼에서 다음과 같은 날카로운 주장을 내놓았다.

> 학교에서 가르쳐야 할 일반적인 능력은 무엇일까요? 배우는 데 시간이 걸리는 능력입니다. 텍스트 해석, 응결성과 가독성이 있으며 독자의 수요를 잘 반영한 번역물 작성, 리서치와 확인, 교정 등이 이에 해당된다고 볼 수 있겠죠. 최근에는 문서 관리, 소프트웨어 로컬리제이션, 데스크톱 출판 등과 관련한 능력도 자

주 거론되는데, 저는 말이 안 된다고 생각합니다. 연필과 종이를 갖고 번역할 수 없는데 최신 정보 기술의 힘을 빌린다고 번역이 가능할 리 없습니다.

이에 대해서는 더 이상 설명을 덧붙이지 않겠다. 다만, 이러한 논의를 통해 번역을 전공한 지원자가 다른 전공 지원자에 비해 크게 혜택을 받지 못하는 EC의 인턴 및 번역사 채용 정책에 대해 다시 생각해보는 계기가 마련되었으면 하는 바람이다. 그러한 정책은 교육적으로는 물론, 이론적으로도 재고의 여지가 있다. 우선, 이러한 정책은 번역 전공자들이 비판적 인식 역량, 수행 역량, 활용 역량 개발을 위해 3~4년 동안 다져온 기반이 번역의 품질에는 크게 영향을 주지 않는 실무와 직업 (기술) 훈련으로 쉽게 대체 가능하다는 인식을 바탕으로 하고 있다. 이러한 정책의 기저에는 번역과 번역사라는 직업에 대한 낮은 인식, 즉 번역은 자동차 운전을 배우는 것처럼 도구에 대한 간단한 설명과 약간의 연습만 있으면 '훈련'될 수 있다는 인식도 깔려있다. 이는 번역이 하나의 언어로 된 말을 다른 언어로 대체하는 기계적인 활동이라는 관점을 뒷받침하는데, 지난 10~20년 동안 번역학자와 교육자들 사이에 관련 논의가 활발히 이루어져 왔음에도 이러한 관점에는 큰 변화가 없는 듯하다.

4. 교육적 목적을 추구할 때 유의할 점

지금까지 번역 교육에서의 (교육적) 우선순위에 대해 집중적으로 논의했는데, 핵심은 번역에는 훈련이 아니라 교육이 필요하다는 사실이다. 교육은 번역이라는 직업을 구성하는 특징이며 많은 시간과 노력을 필요로 하기 때문에 번역을 단기 속성 교과과정으로 가르칠 수는 없으며, 장기적인 학부 번역 학위 과정은 비판적 인식 역량, 수행 역량, 활용 역량에 초점을 맞추면서 교육적인 목적 하에 설계되어야 한다.

그렇다면 이제 이러한 목적을 달성하는 방법을 진지하게 검토할 필요가 있다. 번역 교수법은 아직 초기 단계에 있으며 상당한 수준의 이론화 작업이 필요하다. 이처럼 광범위한 논의가 없는 상태에서는 지금까지 논의된 부분과 관련한 한 가지 위험 요인을 짚고 넘어갈 필요가 있다. 많은 교육자들은 가상의 실무 환경을 설정하는 것이 학부생에게 번역을 가르치는 최상의 방법이라고 생각하는 경향이 있다. 이는 대학 교과과정이 융통성 없고 지나치게 학구적이며 현실 세계와 동떨어져 직업 세계를 제대로 반영하지 못하고 있다는 번역 시장의 비판에 대한 대안일 수 있다. 하지만 이러한 대안은 바람직하지 않으며, 그 기저에는 앞서 언급한 것처럼 번역에 대한 낮은 인식이 깔려 있는 것으로 보인다. 다른 논문(베르나르디니, 2000)에서 필자가 주장한 바와 같이 모든 학습 환경에는 특유의 지적, 공간적, 시간적 제약은 물론, 관습, 흥미, 우선순위, 동기가 존재하기 때문에 학습자들이 졸업 후 맞닥뜨리게 될 현실 세계의 상황을 수업시간에 재현해보는, 소위 '모사 활동(replication activities)'은 아직 확고한 지지를 받지 못하고 있다. 실제로 수 많은 응용언어학자들이 이러한 관점에 반하는 설득력 있는 주장을 내놓고 있다(위더슨, 1984, 2000; 브린(Breen), 1985 등). 브린은 이처럼 현실 세계를 모사하는 학습 활동은 교실의 사회적 잠재력, 그리고 학습자들이 향후 맞닥뜨릴 문제가 아닌 현재 당면하고 있는 고민을 이용한다고 주장했다. 따라서, 브린의 관점에서 "언어 수업의 주된 모사 활동 중 하나는 의사소통을 가장 잘 배우는 방법에 대한 의사소통"이다. 그런 의미에서 목적을 수단과 혼동해서는 안 된다. 즉 특정한 목표를 달성하기 위해, 또는 특정한 활동에 대한 수행 능력을 갖추기 위해 그러한 목표를 달성하기 위한 활동만 연습하면 된다고 생각해서는 안 된다는 것이다. 이러한 생각은 결과물 중심적 관점이나 과정 중심적 관점 모두에서 바람직하지 않다. 첫째로, 화석화된 절차를 암기하는 것이 아니라 유연한 전략을 개발하는 데 궁극적인 목표가 있기 때문에 바람직한 효과를 내지 못할 수 있다. 둘째로, 발달적, 환경적 요인을 중시하지 않는다. 즉 학습자들은 (아직) 전문가가 아니며 연령이나 경험도 전문가와 같을 수 없기 때문에 번역과 같이 특수한 과업에 흥미를 느끼지 못하거나 이를 성공적으로 수행하지 못하거나 이를 통해 교수자들이 기대하는 교훈을 얻지 못할 수 있다는 사실을 감안하지 못할 수 있는 것이다.

학습자들에게 교실을 무대로 전문 번역사의 역할을 수행하도록 하면서 불가능한 것을 이루려고 애쓰기보다 학습자들을 학습자 자체로 보고 이들에게 직업의 세계가 아닌 교실에서만 할 수 있으며 교육적으로, 상황적으로 적절하게 설계된 활동을 통해 직업 훈련으로는 배울 수 없는 기술과 능력을 개발할 수 있는 기회를 제공하는 것이 훨씬 나을 수 있다. 역할 수행(role-playing) 활동은 그 명칭이 시사하듯 특정 역할을 준비하는 과정에서 학습자들이 예행 연습을 해볼 수 있는 대본과 같다. 하지만 배우가 대본을 각색할 수도, 각색해서도 안 되는 것과 달리 (훌륭한) 미래의 번역사는 그렇게 해야 한다. 즉 배우가 아니라 극작가가 되어야 하는 것이다.

'모사 활동'이 교육보다 훈련에 해당하고, 그런 의미에서 번역사라는 직업에 대한 낮은 인식을 강화할 뿐이라고 볼 수 있는 이유가 바로 여기에 있으며, 따라서 이러한 활동에 학부 번역 교과과정의 많은 부분을 할애하는 것은 바람직하지 않다.

5. 번역사 교육: 이탈리아의 사례

물론, 훈련, 기술, 현실 세계의 과업과 같은 부분들이 전혀 유용하지 않다는 것은 아니다. 다만, 필자는 교육적 동기가 전혀 없는 시장의 압력 때문에 이러한 부분들을, 특히 학부 번역 교과과정에 무비판적으로 도입해서는 안 된다는 점을 강조하고자 한다. (그렇다고 이러한 관점이, 예를 들어 사회 구성주의적 교육 접근법에 철저히 입각해 번역 수업에 '실제 상황과 같은(authentic)' 번역 과업을 도입한 키랄리(Kiraly, 2000)의 접근법에 반대하는 것은 아니다.) 학습자들의 비판적 인식 역량, 수행 역량, 활용 역량을 높이기 위해 어느 정도의 정보기술은 분명 필요하겠지만, 이는 목적을 위한 수단으로 사용되어야 하며 그 자체가 목적이 되어서는 안 된다. 학습자들이 스스로의 역량에 대해 자신감을 갖고 교육 현장에서 직업의 세계로 원활하게 진출할 수 있도록 돕는 정도까지는 해당 시점의 직업적 동향에 대한 관심을 막을 이유가 없다. 하지만 그러한 부분이 우선순위가 되어서는 안 된다.

학습자들이 탄탄한 번역사 교육(예: 장기적이고 힘들며 인지적, 문화적 측면을 아우르는 교육)을 이수했다면, 이제 훈련을 시작할 준비가 되었다고 볼 수 있다. 그리고 필자는 대학원 학위 과정이 지금까지 논의한 교육적 목표를 추구하는 동시에 이러한 훈련을 제공해줄 수 있다고 생각한다. 이는 번역 전공 졸업생들만 대학원 번역 교과과정에 진학할 수 있도록 해야 함을 의미하지만 현실은 그렇지 않다. 물론, 학부와 대학원 과정이 독립적이면서도 긴밀하게 연관된 모듈로 설계되어 있는 경우는 다르다. 예를 들어, 이탈리아의 대학 시스템이 20세기 말 개혁을 거친 후 이러한 방향으로 통합되는 모습을 생각해볼 수 있다.

전통적으로 이탈리아의 학부 과정은 4년제로, 학생들은 석사와 비슷하게 논문을 쓰고 졸업하며 큰 어려움 없이 전문 분야로 진출하거나 대학원 과정에 진학할 수 있었다. 학부 번역 및 통역 과정은 대체로 소위 'Y-모델'이라고 부르는 모델을 따라 2학년까지는 모든 학생들에게 공통적인 교육을, 3학년부터는 번역 또는 통역 관련 전문 교육을 제공하고 있었다. 그런데 이 모델은 핌이 번역사 훈련 기관에 대한 조사에서 지적한 바와 같이 "매우 경직적이며 좀 더 전문적인 번역에 적용하기 어렵다"는 문제가 있었다.

이에 이탈리아 정부는 대학 시스템 전체를 바꾸는 것을 목표로 개혁을 실시하고 단일한 학위 과정을 두 개의 연속적인 과정으로 분리했다. 즉 3학년 말 학생들에게 일반적인 학사 수준의 학위를 수여하고 이들이 학업을 계속하면서 논문을 제출할 경우 좀 더 전문적인 석사 수준의 학위를 받을 수 있도록 했다. 아울러, 핌이 비판했던 경직적인 시험 기반 시스템은 학생, 교수진, 교육 당국에 모두 선택권을 주는 학점 기반 시스템으로 변경됐다. 여기서 선택권은 기본 교과과정은 물론, 실무 훈련, 국제 교환 프로그램 등 대체 학점 제공 과정에도 주어진다.

번역 및 통역 학위 과정 가운데 3년제 일반 학위 '언어 중재학(Disciplines of Linguistic Mediation)' 과정은 다음과 같은 능력 개발을 목표로 한다.

- 2개 이상의 언어에 대한 언어적, 문화적 문어 및 구어 구사 능력
- 경제, 법, 역사, 정치, 문학, 사회 인류학에 대한 일반적인 배경지식
- 학습자들이 진출할 가능성이 높은 분야에 대한 이해(각 교육 기관의 사회경제적 상황과 전문 분야에 따라 다를 수 있음)
- 통신 및 정보 기술 도구 활용 능력
- 기업에 대한 언어 지원 및 국제 관계에 필요한 사회문화적 기술 개발
- 독립적인 업무 수행 및 다양한 업무 상황에 대한 적응 능력

'언어중재학'은 '회의 통역', '문학/기술 번역', '응용 외국어' 등의 과정을 밟기 위해 반드시 이수해야 하는 필수 과정으로, 이 과정을 마친 졸업생들은 통역사(회의 통역 및 순차 통역, 또는 커뮤니티 통역이나 법정 통역도 선택 가능), 문학 또는 기술 번역사(데스크톱 출판, 문학/역사/문화, 용어 관리, 특수 언어 등의 능력), 언어 전문가(2개 이상의 언어와 문화, 국제 관계, 자원 관리, 사회학 및 정치학, 정보 기술 등)가 되기 위한 과정을 이수하게 된다. 어떤 경우라도 학생들은 동료와의 협동 능력 개발 및 올바른 직업 윤리 정립을 위한 과정을 필수적으로 이수해야 한다. 전문 통역사나 번역사,

언어 전문가는 물론, 통역, 번역, 언어 교수자로의 진출에 도움이 되는 교육 및 리서치 기술 역시 주요 과정으로 포함되어 있다.

6. 이탈리아 사례의 시사점

단기 대학원 석사 학위 프로그램을 선호하는 경향의 기저에는 완전히 훈련만을 중시하는 관점이 깔려 있다. 즉 일단 (학사 수준에서) 언어 기술을 익힌다면 번역 특유의 부가가치는 최대 1~2년 안에 습득될 수 있다는 인식을 드러낸다고 볼 수 있다. 하지만 실제로는 그렇지 않을 가능성이 높다. 또, 언어 기술과 번역 기술을 두 개의 독립된 변수로 보면서 우선 언어를 배우고 난 후 번역을 배워야 한다고 보는 관점에도 동의할 수 없다. 그보다는 경제학자도, 정치가도 아닌 번역사가 되기 위해 언어를 배운다고 볼 수 있다. 언어에 대한 지식 및 기술 번역 기술은 반드시 일관성을 유지해야 하며 그래야 서로 시너지를 낼 수 있다. 언어 교육, 번역 교육, 그 밖의 관련 지식 분야 교육의 목적 사이에 일관성을 도모하는 것은 번역사 교육의 가장 기본적인 요건이며, 이는 상대적으로 장기적인 일반 언어 학습 프로그램 후 단기 전문 번역사 훈련 프로그램을 제공하는 시스템을 통해서는 달성될 수 없다. 앞서 예로 든 이탈리아의 시스템은 시장의 전문성과 유연성에 대한 수요를 충분히 이해하고 이에 부응하되, 번역사 지망생들을 좀 더 세심하고 의식 있으며 총명한, 따라서 성공적인 전문가와 개인이 되도록 교육해야 한다는 윤리적 의무를 포기하지 않으면서도 불합리한 압박에는 굴복하지 않으려는 노력이라고 볼 수 있다. 물론, 이러한 시스템이 실제로도 성공을 거둘 수 있을지 여부는 또 다른 문제일 것이다.

7. 결론: 교육, 훈련, 그리고 아이스크림 콘

본 고의 논의 내용을 요약 정리하면서 필자는 교육과 훈련 간 합리적이고 시의 적절하며 계획적인 균형을 바탕으로 번역가를 양성할 것을 제안한다. 유능한 전문가를 양성하기 위해서는 이처럼 장기적이고 노력이 드는 교육의 기간이 반드시 필요하며 이는 두 개의 학습 기간을 바탕으로 설계되어야 한다.

우선, 학부 과정은 철저히 교육에 초점을 맞춰야 하며 이를 위해 학습자들이 비판적 인식 역량, 수행 역량, 활용 역량을 개발함으로써 어떤 분야로 진출하든 언어 중재자로서의 직업적 요건을 갖추도록 돕는 교과과정과 방법론을 채택할 필요가 있다. 번역 이론과 실무에서 언어학과 어학, 법학과 경제학에 이르는 다양한 교과과정의 교육적 접근법은 일관성이 있어야 하며, 가장 광범위한 의미의 (번역 관련) 역량 개발이라는 목표 달성을 위한 것이어야 한다. 학부 번역사 양성 과정의 성공뿐 아니라 전체적인 접근법에 대한 평가는 '결과물'이 아니라 '과정'에 기반해 이루어져야 한다. 즉 학습자들이 어떻게 텍스트를 어떻게 읽고 자신의 직관적인 판단에 의문을 제기하는지, 끈질기게 해결책을 찾는지, 이들이 생산한 결과물이 얼마나 논리적인지, 참고 자료의 신뢰성을 판단할 능력이 있는지, 자신의 한계를 인식하고 이를 극복할 방법을 알고 있는지, 다른 사람들과의 협력 능력이 있는지 등을 검토해야 하는 것이다. 결과물(번역텍스트)의 정확성은 목적 자체라기보다 이러한 과정에 대한 간접적인 측정 지표로 보아야 한다(키랄리, 2000).

둘째로, 대학원 번역 과정은 앞서 설명한 학부 과정과 일관성을 갖되 다르게 설계되어야 한다. 학부 과정이 효과적이었다면 학습자들은 2~3년이 넘는 기간 동안 사고 촉진, 인식 제고, 자율성 함양을 위한 활동을 집중적으로 수행하면서 번역, 수정, 리서치 등에 필요한 다양한 기술을 익히고 문화를 전반적으로 이해할 수 있게 되었을 것이다. 이는 학습자들이 번역 교과과정의 마지막 단계로 리서치 및 교육 기술은 물론, 직업적 전문성까지 효과적으로 습득함으로써 지금까지 쌓은 역량과 능력을 심층적으로 발전시킬 준비가 되어있음을 의미한다. 대학원 과정은 이처럼 이미 비옥해진 토양을 토대로 하고 있으며, 정예의 언어 전문가 양성이라는 목표 하에 학습 부담이 적고 좀 더 선별적인 기술과 능력을 기르는 데 초점을 두고 있기 때문에 기간이 (1~2년 정도로) 짧더라도 괜찮다.

결론적으로 필자는 번역사들에게 훈련은 필수가 아니지만 교육은 반드시 필요하다고 본다. 마찬가지로 대학원 번역 과정은 필수가 아니지만 학부 번역 과정은 반드시 필요하다고 생각한다. 훈련은 경험을 통해서도 얻을 수 있지만 교육은 그렇지 않기 때문이다. 그런 의미에서 오늘날 많은 사람들이 그러하듯 학부와 대학원 과정을 번역사로서의 자격을 얻기 위한 두 가지 대안으로 보는 태도에서 벗어나 하나의 통합적이고 연속적이며 상호 필수불가결한 과정으로 볼 필요가 있다.

본 고의 서두에서 필자는 자막 번역사와 의료 번역사가 구급차 운전자와 아이스크림 노점상만큼 서로 매우 다르다고 말했는데, 지금까지의 논의를 통해 그 근거가 명확하게 전달되었기를, 나아가 이들이 단순한 '도구' 이상을 공유한다는 점도 분명히 설명되었기를 바란다. 자막번역 도구나 기술용어집, 자동차는 모두 도구이다. 하지만 번역 기술은 번역 작업과 번역이라는 직업의 핵심으로서 번역사라면 누구나 갖추고 있어야 하며, 그런 의미에서 미래의 번역사 교육에서 가장 우선적으로 고려되어야 할 부분이다.

참고문헌

Bernardini, S. (2000). *Competence, Capacity, Corpora - A Study in Corpus-Aided Language Learning.* Bologna: Clueb.

Breen, M. P. (1985). "Authenticity in the language classroom". *Applied Linguistics,* 6 (1). 60-70.

Carter, R. (1993). "Language awareness and language learning". In M. Hoey (Ed.) *Data, Description, Discourse.* London: Harper Collins.

Chesterman, A. (1998). "Communication strategies, learning strategies and translation strategies'. In K. Malmkjær (Ed.) *Translation and Language Teaching, language Teaching and Translation.* Manchester: St.Jerome.

Chiaro, D. & G. Nocella (1999). "Language management in Italy". In S. Bassnett, R. M. Bollettieri Bosinelli, & M. Ulrych (Eds.), *Translation Studies Revisited* [Special issue of *Textus], 12* (2), 351-368.

European Commission (2000). *Multilinguismo e traduzione - Il servizio di traduzione della Commissione europea.* Luxembourg: Ufficio delle pubblicazioni ufficiali delle Comunità europee.

Gambier, Y. (2000). "Les défis de la formation: Attentes et réalités". Paper presented at the *translation theory and practice seminars.* Luxembourg and Brussels: EC Commission translation service. Online: http://europa.eu.int/comm/translation/theory/lectures/2000_tp_gambier.pdf [visited 23.09.04]

Kiraly, D. (2000). *A Social Constructivist Approach to Translator Education.* Manchester: St. Jerome.

Kussmaul, P. (1995). *Training the Translator.* Amsterdam and Philadelphia: John Benjamins

Mossop, B. (1999). "What should be taught at translation school?" In

A. Pym (Ed.), *Innovation in Translator and Interpreter Training - An online symposium.* Online: http://www.fut.es/~apym/symp/mossop.html [visited 23.09.04]

Pym. A. *List of Training Institutions by Country.* Based on M. Caminade & A. Pym (1995). *Les formations en traduction et interprétation. Essai de recensement mondial.* Paris: Société Française des Traducteurs. Online: http:// isg.urv.es/tti/tti.htm [visited 23.09.04]

Widdowson, H. G. (1984). "English in training and education". In *Explorations in Applied Linguistics* 2. Oxford: Oxford University Press.

Widdowson, H. G. (2000). "On the limitations of linguistics applied". *Applied Linguistics, 21*(1), 3-25.

4장

전문가로서의 번역사 역할 수행에 필요한 능력

로즈매리 매켄지(Rosemary Mackenzie)

서론

번역을 전문적 서비스로 본다면 번역사가 하는 일은 건축가가 하는 일과 유사하다고 볼 수 있다. 건축가는 "고객들이 자신이 꿈꾸는 집을 짓지 못하도록 한다"는 말이 있지만, 이를 좀 더 긍정적으로 해석한다면 건축가는 고객들이 주어진 여건에서 자신들의 꿈에 가급적 가까이 다가갈 수 있도록 돕는다고 말할 수 있을 것이다. 마찬가지로, 전문 번역사를 고용하는 고객 역시 특정 텍스트가 주어진 상황에서 기능하기를 원하며, 이들에게 해당 상황에서 가능한 한 최상의 결과를 달성하기 위한 방법을 조언하는 것이 번역사의 일 가운데 하나이다. 건축가가 고객을 위해 집을 지을 때는 큰 재량을 발휘하기 어렵다. 고객의 계획과 예산에 맞춰야 하기 때문이다. 모든 결정은 면적, 자재, 기한, 완성도(고객이 마감 작업을 직접 하기를 원하는 경우도 있다) 등을 기준으로 이루어진다. 건축가는 집을 설계하지만 실제 건축에는 관여하지 않는 경우가 많은 반면, 번역사는 통상 자신이 설계한 텍스트를 직접 생산한다.

이는 여전히 신생 산업인 번역업계에서보다 건설업계에서 영업과 작업 간 구분이 좀 더 뚜렷함을 보여준다. 하지만 번역을 전반적으로 관리하면서도 실제 작업에는 참여하지 않는 번역 컨설턴트에 대한 수요 역시 증가하고 있다.

홀츠-맨태리(Justa Holz-Mänttäri)는 일찍이 전문가로서의 번역사에 대해 언급하고 역할의 전문화와 차별화가 추세로 자리잡고 있는 번역업계에서 나타나는 전문적 활동으로서의 번역을 분석한 선구적인 학자로, 학위 논문을 통해 번역사의 역할을 동일한 상황에 있는 다른 행위자들과의 관계 속에 제시한 번역 행위의 기본적인 상황(역할 모델)이라는 개념을 소개했다(홀츠-맨태리, 1984, p. 106). 홀츠-맨태리는 번역 과정을 번역물 분석(product specification), 리서치, 번역물 생산, 번역물 평가 등의 네 단계로 구분했는데, 각 단계는 전문번역사의 역할과 일치한다. 세이거(Sager, 1993, p. 166) 역시 언어 산업이라는 맥락에서 번역 과정을 연구하면서 이와 매우 유사한 모델을 활용해 번역 작업을 분석한 바 있다. 전통적으로 이러한 작업은 한 사람, 예를 들어 번역사가 수행해 왔다.

일반적으로, 번역의 전문가로서 번역사는 고객의 요청에 따라 텍스트를 생산하거나 고객들에게 필요한 텍스트를 생산하는 방법을 조언한다. 좀 더 구체적으로 말하면, 전문 번역사는 때로는 고객과의 직접 접촉을 통해 (관련 문제에 대해 질문하는 방법 등으로) 번역 상황을 분석함으로써 어떠한 것이 필요한지를 구체적으로 파악하고 고객에게 자신들이 무엇이 필요한 지를 조언한다. 그 다음으로는 지식, 정보, 용어나 언어 측면의 능력 부족 또는 ST 상 오류에 따른 문제를 해결하기 위해 정보를 조사하고 검색한다. 이 과정이 끝나면 번역사는 텍스트 생산자로서의 역할을, 마지막으로는 자신 또는 다른 번역사들이 생산한 텍스트의 평가자로서의 역할을 수행한다.

이러한 역할들을 나누어 본다면 번역사 외에 용어전문가, 정보 전문가, 프로젝트 코디네이터, 회계 관리자, 감수자, 품질 관리자와 같은 전문적 역할이 존재하게 될 것이다. 실제로, 대형 번역 회사에서는 통상 이러한 역할이 분리되어 있다. 하지만 번역사 지망생들이 오늘날 번역업계의 실무를 대비할 수 있도록 돕기 위해서는 훈련 과정에서 이들에게 모든 역할을 연습해볼 수 있는 기회를 제공하는 것이 바람직해 보인다.

번역사의 역할 수행에 필요한 능력

지금까지의 논의에 기반할 때 오늘날 번역업계에서는 팀 번역 작업이 점차 증가하고 있으며, 따라서 번역사의 역할을 수행하기 위해서는 언어-문화적 기술뿐 아니라 대인 관계 기술까지 갖추어야 함을 쉽게 유추할 수 있다. 그 밖에 리서치와 텍스트 생산이라는 맥락에서 특히 필요한 기술이 IT 기술이다. IT 기술은 오늘날 그 중요성이 70년대나 80년대 초에는 생각조차 하지 못했던 수준까지 확대되었는데, 여기에는 워드프로세서는 물론 번역 메모리 도구, 용어 소프트웨어, 인터넷 등 번역 과정 보조 도구에 대한 활용 능력이 포함된다. 마케팅 능력 역시 번역사에게 매우 필요하지만 크게 관심을 받지 못하고 있다. 마케팅을 통해 번역 공급자의 존재를 고객에게 각인시키지 않는다면 두 주체는 결코 만나지 못할 것이다. 지금까지 언급한 모든 기술을 학부 과정에서 가르치는 것은 절대 불가능하다고 말할 수도 있겠지만, 학생들에게 이러한 현실을 조금이라도 알려줌으로써 실무를 대비할 수 있도록 하는 노력도 필요하다고 생각한다.

앞서 소개한 다양한 역할들은 중소 번역 회사에서 일하는 번역사들에게 요구되는 능력과 일치하지만 프리랜서 번역사나 대규모 조직 소속 번역사에게도 못지 않게 중요하다. 또한, 마케팅, 서비스 설계, 납품,

평가, 피드백 및 이를 반영한 품질 향상 설계에 이르는 서비스 중심 회사의 품질 관리 시스템과 비교될 수도 있다(매켄지와 니에미넨(Mackenzie & Nieminen), 1997, p. 344). 번역사에게 필요한 기술을 관리 기술이라는 측면에서 범주화하는 것도 가능하다. 번역물의 품질을 제고하기 위해서는 번역 과정 전반, 즉 고객 관리, 시간 관리, 자원 관리, 정보 관리 등 모든 단계에 대한 관리가 필요하기 때문이다.

번역사에게 필요한 능력은 어떻게 개발할 수 있을까?

어떤 지식 자체를 아는 것보다 이를 실제로 적용해 봄으로써 방법을 배우는 것이 중요하다. 이는 오늘날 교육 이론에서 가장 자주 들을 수 있는 말 가운데 하나로 교육 현장에서는 실제 상황이나 교사가 설정한 실제와 유사한 상황에서 학생들이 기술을 직접 활용해보는 것을 의미한다. 키랄리(Kiraly)는 학생들을 실무 현장에 투입해 이들이 실제로 공동 작업을 수행하면서 스스로 필요한 지식과 자원을 습득하는 방법을 터득하도록 하는 실험을 제안했다. 여기서 교사는 컨설턴트의 역할을 수행하게 된다(1995, 72ff). 하지만 이처럼 실제와 같은 상황을 설정하기 위해서는 이해심과 참을성 있는 고객의 협조가 필수적인데, 이를 얻기란 쉽지 않다. 따라서, 우선 실제와 유사한 상황을 설정해본 후 실제이지만 통제된 상황에서 이를 적용하는 방안이 좀 더 현실적일 수 있다.

번역 기술을 실제로 연습해보는 것만으로 전문가가 될 수 있는 것은 아니다. 전문가가 자신의 역할에 대한 통찰력을 기르고, 이를 통해 전문가로서의 자아상을 확립하기 위해서는 해당 분야의 역사, 이론, 방법론에 대한 배경이 필요하다. 예를 들어, 학생들은 번역의 역사와 이론을 공부함으로써 번역사의 역할이 사회적으로 매우 중요하다는 사실은 물론, 미천한 하인에서 수사학자, 전도사, 학자, 의사소통전문가, 그리고 오늘 날에는 번역업계에서 서비스를 제공하는 전문가에 이르기까지 다양하게 변천하고 발전해왔음을 알게 될 것이다(체스터만(Chesterman), 1997, 제2장 등 참고). 번역은 광범위한 역사적 틀 안에 존재한다. 세이거(1993, pp. 106-113)는 번역을 요약 등과 유사한 일종의 텍스트 변형(text modification)으로 분류하면서 이를 광범위한 사회적 틀, 즉 언어 산업의 틀 속에서 바라보았다.

목표텍스트 구상 및 계획

결과물 구상에는 원천텍스트(source text, ST)를 그 자체로 활용해도 될지, 목적에 맞게 적절히 변형해야 할지를 결정하기 위해 해당 상황과 그 상황 속에 있는 텍스트를 분석하는 작업이 필요하다. 그리고 이를 위해 번역사는 텍스트 유형과 각 문화 내 텍스트 유형의 활용을 알고 있어야 한다.

상황 분석은 노르트(Nord, 1991)가 제시한 "누가 누구에게 무엇을, 어떻게, 어떠한 수단을 통해, 어떠한 목적을 위해 말하고 있는가?"라는 수사적 공식 등을 활용해 해당 상황과 관련된 모든 요소들을 분석하고 목표텍스트(target text, TT)가 ST와 동일한 기준을 충족시켜야 하는지를 결정하는 것을 의미한다. 번역에서는 기본적으로 독자들이 달라지며 TT의 목적(기능) 역시 대체로 바뀐다.

다음으로는 텍스트를 분석하고(텍스트의 주제는 무엇인가) 주어진 정보가 필요한지를 결정한 뒤 어떠한 TT를 어떻게 생산할 것인지(텍스트 유형을 문화에 맞게 변형하거나 사용역을 독자 및 기능에 적절하게 사용하는 등)를 계획한다. 이 단계에서 번역사는 고객이 제시한 조건 하에서 해당 텍스트를 번역할 능력과 여력이 있는지도 결정해야 한다. 바로 여기서 필요한 것이 시간, 자원, 고객 관리 기술로, 번역사는 가용 시간을 관리하고 보유 기술을 평가하며 필요할 경우 고객과 새로운 조건을 협상할 수 있는 능력도 갖추고 있어야 한다.

텍스트 리서치

상황 및 텍스트 분석이라는 초기 단계를 거치는 동안 번역사는 몇 가지 문제를 발견할 가능성이 높다. 예를 들어, 문학 번역에서는 ST 자체를 보존하기가 매우 어렵다. 이러한 문제들은 ST에 오류가 있거나 정보가 부족하거나 용어나 언어에 대한 번역사의 지식이 충분하지 않은 데 원인이 있을 수 있으며, 이를 해결하기 위해서는 통상 리서치와 리서치를 위한 도구가 필요하다. 문제의 원인이 ST의 오류에 있다면 ST의 저자와 상의하는 것이 도움이 될 수 있다. 번역사의 지식 부족이 원인이라면 사전을 참고하거나 동료 또는 해당 주제 및 언어 전문가에게 물어보거나 용어 데이터베이스 또는 인터넷을 활용하면 된다. 이처럼 정보를 어디에서 찾고 누구에게 물어야 하며 정보 관리와 같은 정보 출처는 어떻게 분류하고 체계화하는지를 아는 것이 텍스트 리서치 능력의 핵심이라고 할 수 있다.

텍스트 생산

TT(어떠한 TT 어떻게 생산할지)에 대한 계획을 세웠다면, 이제 실제로 그러한 TT를 생산해야 한다. 이 단계에서 학생들에게는 텍스트 작성 기술이 필요한데, 기본적으로는 일관성과 응결성 원칙 숙지, 다양한 사용역 구분 및 사용 능력 등이 이에 해당한다. 정보 검색과 리서치 능력 역시 특히 모국어가 아닌 언어를 목표 언어로 번역할 경우 매우 중요한데, 해당 언어로 된 병렬 텍스트를 찾은 뒤 이를 평가하고 활용할 수 있어야 하기 때문이다. 모국어를 목표 언어로 번역하는 경우에도 ST가 친숙하지 않은 주제를 다루고 있다면 역시 이러한 능력이 필요하다. 첫 단계에서 구상한 결과물 특징에 부합하는 텍스트 등 적절한 품질의 TT를 생산하기 위해서는 텍스트 자료(병렬 텍스트)의 관리 및 활용을 연습해보는 것도 필요하다.

오늘날 텍스트 처리 기술을 갖추는 것은 기본이다. 타이핑 능력은 예전만큼 중시되지 않지만, 텍스트 처리 기술은 사무엘슨-브라운(Samuelsson-Brown, 1998, p.6) 등이 지적한 바와 같이 전문 번역사에게 아직까지도 매우 중요한 것으로 인식되고 있다. 번역 메모리 도구에 대한 지식과 이를 다양한 작업에 적용하는 능력은 번역사 지망생에게 분명 큰 경쟁력이며 조만간 필수적으로 갖추어야 할 요건이 될 것으로 보인다. 따라서, 이러한 도구 사용 기술이 실무 경험이나 대학원 과정을 통해서만 습득될 수 있는 것이라고 하더라도 그 원리와 사용법에 대한 입문 과정 정도는 학부 수준에서 제공하는 것이 바람직하다.

텍스트 평가

자신 또는 다른 사람이 생산한 번역물의 품질을 어떻게 평가할 것인가? 번역사는 텍스트 및 각 문화의 텍스트 관습에 대한 기본적인 지식과는 별개로 품질 관리 기술도 갖추어야 한다. 번역물의 품질을 평가하기 위해서는 이를 위한 기준을 마련해야 하며 텍스트의 기능도 파악해야 한다. 즉 해당 상황에서 필요한 것이 매우 정교한 번역인지, 핵심만 담은 번역인지, 아니면 ST에 대한 간단한 요약인지를 고려해야 한다. 신속한 번역이 가장 중요한 기준이라면 텍스트가 언어적으로 약간 불완전하더라도 괜찮다. 필요한 수정의 정도와 유형을 결정하는 것 역시 이 단계에서 필요한 작업이다. 타당한 근거를 들어 자신의 번역 결정을 고객에게 납득시키는 것은 물론, 적절한 피드백을 이끌어내고 평가함으로써 고객을 관리하는 것도 중요하다. 다른 서비스 산업에서와 마찬가지로 고객 만족은 번역물의 품질을 판단하는 가장 중요한 기준이기 때문이다.

협력 모델에 기반한 번역 교육

본 절에서 제시하는 번역 방법론은 홀츠-맨태리가 제안한 협력 모델(co-operative model)에서 발전한 것으로, 오늘 날의 번역 산업에 직접 적용할 수 있다. 학생들이 향후 번역사로서의 역할을 적절히 수행하도록 돕기 위해 교수자는 실무 세계를 잘 알고 있어야 한다. 그래야만 앞서 소개한 역할을 수행하고 이에 필요한 능력을 발휘해볼 수 있는 상황을 마련할 수 있기 때문이다. 그리고 이러한 상황은 역할 수행(role-playing)을 통해 경험해 볼 수 있다. 의대생들은 일찍부터 실제 현장에 투입되어 훈련을 받으면서 환자를 치료하고 대하는 방법을 배운다. 물론, 누군가 실제로 다치는 일이 없도록 하기 위해 철저한 감독과 지도를 받는다.

번역 학습자들이 경험하는 상황 역시 처음에는 매우 철저하게 통제되어야 한다. 교수자들은 실제 상황에서 번역되었던 텍스트를 사용하면서 고객, 전문 컨설턴트, 언어 감수자(모국어가 아닌 언어로의 번역을 가르치는 상황에서 교수자들이 어쨌든 매우 자주 수행하게 되는 역할)의 역할을 수행할 수 있다. 학습자들은 3명으로 구성된 그룹에서 용어전문가, 번역사, 감수자의 역할을 번갈아 수행하거나 용어, 사용역, 레이아웃 등의 통일이 필요한 좀 더 긴 텍스트를 번역해볼 수 있다. 심지어 고객의 역할도 수행해 볼 수 있다. 이를 위해 교수자는 학습자에게 연설문 등 번역될 텍스트를 작성하거나 외국어로 된 교과서의 한 문단 등 번역되기를 희망하는 텍스트를 찾아오도록 한 뒤 해당 텍스트의 번역을 원하는 이유와 기대하는 번역결과물의 유형에 대해 생각해보도록 할 수 있다.

특히, 다양한 상황과 텍스트 유형을 연습해보는 것이 좋다. 우선, 설명서, 여행 안내 책자와 같이 친숙하고 샘플을 찾기 쉬운 전형적인 텍스트 유형에서 시작해 기사, 논문, 법률 문서, 기술 문서, 장기 프로젝트 등과 관련된 좀 더 복잡한 상황으로 넘어가는 것이 효과적이다. 고객이 교육적 목표를 달성할 수 있도록 충분한 시간을 주고 협조할 의사가 있다면 실제 프로젝트가 가장 이상적일 것이다. 실제 프로젝트는 주로 몇 명의 번역사들이 동일한 텍스트를, 경우에 따라서는 다른 언어로 번역하는 팀 작업으로 진행되는 경우가 많다. 이러한 프로젝트에 참여하면서 실제 고객에 대해 책임의식을 갖게 된다면 학생들은 좀 더 강한 동기를 부여 받을 수 있다. 또, 실무 현장에서 고객을 상대해볼 수 있는 기회도 경험하게 될 것이다(매켄지와 니에미넨, 1997).

다언어 프로젝트

본 고를 마치기에 앞서 필자는 투르쿠 대학교(University of Turku)가 2000년 실시한 한 프로젝트를 번역사 능력 개발 프로그램의 사례로 소개하고자 한다. 이 프로젝트는 모국어가 아닌 언어로의 번역을 가르치는 교수자 3명이 시작한 것으로 실제 번역 작업을 대상으로 실시되었다. 좀 더 구체적으로는, 학생들이 이 대학 통번역 센터(Centre for Translation and Interpreting)가 작성한 회의 통역사 과정에 대한 외국인 지원자용 안내 책자를 영어, 독일어, 프랑스어, 스페인어 등 네 개 언어로 번역하는 프로젝트였다. 교수자들은 프로젝트를 기획한 후 학생들에게 그 취지를 설명했으며 일정도 결정했다. 또, 각 그룹을 학생 4명으로 구성하고 이 중 1명에게는 코디네이터의 역할을 수행하도록 했다. 프로젝트에는 실제 번역 작업뿐 아니라 번역 및 용어 작업의 조건 산정(작업량, 필요한 시간, 비용 계산), 청구서 작성, 고객들에 대한 피드백 요청까지 포함되어 있었다. 3개 그룹은 용어 관리 시스템(Multiterm)을 활용해 용어 작업만 수행했으며, 이를 통해 용어의 출처와 맥락에 대한 정보가 담긴 5개 언어 용어집을 구축했다.

번역팀은 업무 분담, 다른 언어팀과의 조율, 진도 등의 측면에서 최대한 자율적으로 업무를 수행했다. 다만, 책자의 레이아웃과 내용이 서로 크게 다르지 않아야 한다는 조건은 반드시 준수하도록 했다. 다른 그룹과 논의하고 텍스트 관련 문제를 고객과 상의하며 언어적 문제에 대해서는 교수자의 조언을 받을 수 있는 세션도 제공되었다. 끝으로는 번역된 책자에 대한 감수와 편집 작업이 진행되었고 결과물에 대한 피드백 세션도 마련되었다. 학생들로부터의 피드백은 분석을 마친 상태로, 향후 다언어 프로젝트를 실시하는 데 활용될 전망이다.

결론

학부 과정에서 번역 학습자들이 향후 전문가로서 번역 실무를 수행할 때 당면할 수 있는 모든 난관에 대비할 수 있도록 돕는 것은 결코 쉽지 않은 일이다. 이를 가능하게 하는 중요한 전제조건 중 하나가 학생들의 강한 동기인데, 그런 의미에서 번역 교수자의 가장 중요한 임무이자 역할은 학습자들에게 향후 실무를 수행할 때 필요한 기술을 연습할 수 있는 여건을 조성해줌으로써 이들의 동기를 고취하는 것이다.

참고문헌

Chesterman, A. (1977). *Memes of Translation: The Spread of Ideas in Translation Theory.* Amsterdam and Philadelphia: John Benjamins Publishing Co.

Holz-Mänttäri, J. (1984). *Translatorisches Handeln.* Annales Academiae Scientarium Fennicae.

Kiraly, D. (1995). *Pathways to Translation.* Kent, Ohio and London: Kent State University Press.

Mackenzie, R. (1995). "Quality through contextualisation of translation teaching". In P. Mayorcas & G. Dennet (Eds.), *ITI Conference 8 Proceedings.* London: Institute of Translation and Interpreting.

Mackenzie, R. & Nieminen, E. (1997). "Motivating Students to Achieve Quality in Translation". In K. Klaudy & J. Klohn (Eds.), *Transferre Necesse Est, Proceedings of the 2nd International Conference on Current Trends in Studies of Translation and Interpreting.* Budapest: Scholastica.

Nord, C. (1991). *Text Analysis in Translation Theory: Methodology and Didactic Application of a Model for Translation-Oriented Text Analysis.* Amsterdam and Atlanta: Rodopi.

Sager, J. C. (1993). *language Engineering and Translation: Consequences of Automation.* Amsterdam and Philadelphia: John Benjamins Publishing Co.

Samuelsson-Brown, G. (1998). *A Practical Guide for Translators: Third Revised Edition.* Clevedon: Multilingual Matters Ltd.

5장

번역사를 위한 언어 교육: 교수요목 설계를 중심으로

앨리슨 비비(Allison Beeby)

서론

본 고는 전문 번역사 양성을 위한 학부 학위 과정의 일부로 언어 교육을 제공하는 방안에 대해 논의하고자 한다. 여기서 초점은 학부 학위 과정에 있다. 사실 여부를 떠나 대학원 과정 학생들은 당연히 외국어 구사력이 뛰어날 것이라고 생각하는 사람들이 많다. 따라서 번역사 대상 외국어 교육 프로그램을 설계할 때는 이러한 맥락에서 기본적인 지침을 마련해야 한다. 하지만 실제로는 국가, 기관, 해당 과정 내 다른 과목, 학생의 입학 요건, 교육되는 언어, 최종적으로 필요한 기술 등 각각의 교육 상황마다 우선순위나 제약이 다르다. 필자가 가장 친숙한 스페인의 교육 환경에서는 1972년부터 번역 교육이 학부 과정에서 제공되고 있다.[1)]

번역 학습자가 서술적 지식과 절차적 지식을 확립하도록 돕기 위해 교수자에게는 번역, 번역 교육, 언어 습득 분야에서의 연구와 경험이 필수적이다. 교수요목 설계의 첫 번째 단계에서 교수자는 이러한 연구와 경험에 입각해 번역 학습자를 위한 전반적인 학습 목표 등을 담은 예비 교수요목을 작성한다. 예비 교수요목은 번역사의 언어 습득에 관련된 모든 요소들의 체크 리스트의 역할을 한다. 다음 단계에서는 이러한 요소들을 개별 학습 상황의 수요에 맞게 조정한 뒤 구체적인 목표가 담긴 교수요목을 마련한다. 본 고가 제안하는 이러한 교수요목 설계 과정은 세 단계로 진행된다. 1단계에서는 번역 기반, 학습자 중심의 예비 교수요목에 필요한 요소를, 2단계에서는 담화 기반, 번역 중심의 예비 교수요목에 필요한 요소를 파악하고, 3단계에서는 1단계와 2단계에서 파악된 요소를 통합해 장르 및 과업 기반 교수요목을 설계하는데, 여기에는 각 과업 별로 구체적인 목표가 설정되어 있다.

본 고의 마지막 부분에 예로 제시된 장르 및 과업 기반 강의계획은 바르셀로나 자치 대학 통번역학부(*Facultad de Traduccion e Interpretacion of the Universidad Autonoma de Barcelona*, FTI/UAB) 1학년 번역 학습자들에게 제공되고 있는 영어 B언어 과목을 위해 설계된 것이다. FTI/UAB는 언어를 A, B, C 언어 등으로 나누어 교육하고 있다. A언어는(모국어) 스페인어 및 카탈루냐어, B언어(제1외국어)는 영어, 프랑스어, 독일어이며, C언어(제2외국어)는 아랍어, 중국어, 일본어, 영어, 프랑스어, 독일어, 이탈리아어, 포르투갈어, 러시아어다. 영어를 B언어로 배우는 학생들은 순방향(영어 → 스페인어/카탈루냐어) 및 역방향(스페인어/카탈루냐어 → 영어) 번역이나 영어→스페인어/카탈루냐어 순차 및 동시 통역을 수행한다. 이들은 이미 영어를 어느 정도 익히고 4년제 학부 과정에 입학했기 때문에 2학년 때까지만 영어를 배우게 된다. 반면, 중국어의 경우 C언어로만 교육되고 있다. 즉 학습자들은 입학 후부터 중국어를 배우기 시작하기 때문에 학부 과정 4년 내내 중국어를 집중적으로 학습해야 하며 순방향(중국어 → 스페인어) 번역은 3학년 때부터 시작할 수 있다. 또, 이들이 실무에서 중국어를 다루기 위해서는 중국어권 국가에서 2년 정도를 유학해야 할 수도 있다. 결국 이들 두 개 언어 학습을 위한 교수요목을 설계할 때는 매우 다른 우선순위와 제약을 고려해야 함을 알 수 있다.

번역사를 위한 언어 교육에 대해서는 연구된 바가 많지 않다. 베렌게르(Berenguer)는 1996년 선구적인 논문을 통해 독일어가 C언어인 번역사들에게 다음과 같은 다섯 가지 기술을 개발할 것을 제안했다. 우선, '탈언어화(deverbalisation)(딜라일(Delisle), 1980)'와 번역 중심 담화 분석(노르트(Nord), 1991; 엘레나(Elena), 1990)을 통해 독해를 연습하고, 둘째로는 글쓰기 관습, 어휘, 문법, 텍스트 유형 등의 차이에 초점을 맞춰 번역 대상 언어 두 개를 분리해보는 훈련을 하며, 셋째로는 문서 작성 기술을 연마한다. 넷째로는 외국 문화에 대한 문화적 전문성을 습득하고, 끝으로 번역에 대한 인식을 확립한다. 이러한 제안이 의미를 지니는 이유는, 이를 통해 번역사의 언어가 번역학의 응용 분야 내 특수 목적 언어(languages for special purposes)의 범주 안에 확고히 자리를 잡을 수 있다는 데 있다(홈즈(Holmes), 1972).

번역사를 위한 언어 교육에 대한 그 밖의 연구는 학습 과정에 초점을 맞추는 경향이 강하다. 브렘(Brehm, 1997)은 번역사를 위한 읽기 교육에 주목하면서 제1언어 및 제2언어의 읽기 능력 습득에 대한 연구 성과를 통합했다. 노르트(Nord, 1999)는 A, B, C언어 학습에 텍스트 능력 접근법을 도입할 것을 조언했다. 즉 학습 과정을 A언어-문화에서의 텍스트 분석 및 생산 능력 개발에서 B언어-문화 및 C언어-문화에서의 텍스트 분석 및 생산 능력 개발로 진행시킬 것을 제안했다. 특히 여기서는 각 언어-문화 간 텍스트의 차이점 및 유사점 파악이 중요하다. 세기노트(Séguinot, 1994)는 번역 학습자들에게 기술적 글쓰기를 가르치는 것이 유용하다고 말했으며, 콜테이(Koltay, 1998)의 경우 번역 교과과정에 기술적 글쓰기와 학문적 글쓰기가 포함되어야 한다고 주장했다. 두 학자 모두 기술적 글쓰기에 필요한 장르에 대한 지식과 문서작성 능력이 번역사에게 중요함을 강조하고 있다. 지금까지 소개한 번역사를 위한 언어 교육에 대한 연구는 공통적으로 언어 학습이 번역 교육의 일반적인 틀 속에 포함되어야 한다는 인식을 기반으로 하고 있다.

본 고가 제안하는 교수요목(즉 구체적인 목표, 진행 방법, 교육 방법론)은 할리데이(Halliday)의 체계기능언어학에서 파생된 언어 교육에 대한 장르 기반 접근법(코프와 칼란지스(Cope & Kalantzis), 1993)과 대조수사학(코너(Connor), 1994)의 일부를 통합한 것이다. 이러한 접근법은 번역을 위한 언어 교육, 나아가 역방향 번역을 포함한 번역 교육에 적절한 방법론을 제공해 줄 것으로 보인다. 장르와 대조수사학에 대한 지식은 번역 능력의 핵심적 요소다(비비, 2003). 하지만 이는 교수요목 설계의 마지막 단계로, 그에 앞서 번역 기반, 학습자 중심의 예비 교수요목과 담화 기반, 번역 중심의 예비 교수요목을 통해 교과과정의 구성 요소부터 설계할 필요가 있다(부록 참고).

1단계: 번역 기반, 학습자 중심의 예비 교수요목

어떤 학위 프로그램의 목표가 전문 번역사 양성에 있다면 학습 목표는 전문 번역사 능력이라는 개념에 기반해 설정되어야 한다. 전문 번역사 능력은 전문 번역사에게서 발견되는 특징으로, 이를 파악할 수 있는 방법은 최소한 두 가지다. 첫째, 번역 시장의 구성원, 작업 대상 및 방식 등을 조사하는 것이다. 이와 관련해 실시된 몇 건의 설문조사(그라인드로드(Grindrod), 1986; 매켄지(Mackenzie), 2000; 매칼리스터(McAlister), 1992 등 참고)에 따르면 각 국마다 시장 여건은 상당히 다른 것으로 나타났다. 예를 들어, 역방향 번역, 즉 외국어로의 번역은 영국에서는 거의 이루어지지 않고 있는 반면, 핀란드나 스페인에서는 자주 이루어지고 있었다(비비, 1998). 그리고 번역사라는 직업이 지속적으로 변하고 있는 만큼 이러한 조사는 정기적으로 실시될 필요가 있다.

새로운 기술의 발달로 번역사의 작업 방식이 급격하게 변화하면서 일부 번역 에이전시는 번역 메모리의 최신 버전 사용 능력을 갖춘 번역사들만 고용하는 경우도 있다. 하지만 학위 프로그램을 설계할 때는 (곧 구식이 될 가능성이 있는) 이러한 최신 기술에 대한 교육과 두 개 언어 및 문화에 능통한 독자, 저자, 번역사 양성 사이에서 균형을 도모해야 한다. 이와 관련해 모섭(Mossop, 2000)은 다음과 같이 다소 극단적인 견해를 밝힌 바 있다.

> 번역 교육기관의 기능은 학습자들을 언어 산업 내에 이미 존재하는 특정한 분야에 진출할 수 있도록 하는 것이 아니라, 향후 5, 10, 15, 25년 후 어떠한 분야가 생기든 이들이 모든 분야에 적용할 수 있는 일반적인 능력을 기르도록 돕는 것이라고 생각한다. 즉 학부 수준의 번역 교육 기관은 교육과 훈련이 분명히 다름을 염두에 두고, 특정 전문 분야에서 최신 컴퓨터 도구를 활용해 빠른 속도로 최고 수준의 번역물을 생산할 수 있는 졸업생에 대한 업계의 지속적인 수요에 저항해야 한다.

실제로, 최근 20년 동안 기술이 엄청나게 변화하면서 번역 과정은 물론, 결과물도 질적으로 크게 달라졌다.

번역사의 특징을 파악하는 두 번째 방법은 작업 중인 번역사의 번역 과정을 연구하는 것이다.[2)] PACTE(*Proceso de Aprendizaje en la Competecia Traductora y Evaluacion*)[3] 프로젝트가 대표적인 예다. PACTE 프로젝트는 번역사 능력 모델을 두 개 언어에 대한 의사소통 능력, 언어 외적 능력, 전환 능력, 도구 활용 및 전문가 능력, 정신 생리적 능력, 전략적 능력 등 여섯 가지 하위 능력을 분류했다. 이 모델에서 이들 하위 능력의 중요도는 각 번역 상황에 따라 달라질 수 있다. 예를 들어, 새로운 기술에 대한 서술적 지식과 절차적 지식은 도구 활용 및 전문가 능력의 일부인데, 이 부분의 중요도는 맥락에 따라 달라질 것이다. 하지만 또 다른 도구 활용 및 전문가 능력인 번역 브리프와 관련된 문제는 어떤 전문 번역이나 전문 번역 교육에서든 항상 핵심이 된다.

외국어 교육 수업에서 어떠한 하위 능력에 우선순위를 둘 것인가를 결정하기 위해 교수자는 학습자들이 다른 수업에서 무엇을 배우고 있고 배울 것인지, 다양한 수준의 번역과 통역 수업은 어떠한 목표를 설정하고 있는지를 파악해야 한다. 전문 번역사 능력 모델을 적용한다고 해서 전문가 수준을 목표로 삼아야 하는 것은 아니다. 번역 능력은 '초보자'에서 '전문가'로 가는 연속선에서 습득된다고 보는 것이 가장 적절하다(PACTE, 2000, pp. 103-105). 언어 수업에서 목표로 삼아야 할 전문성의 정도는 학위 과정 전체의 특정 시점과 장소에서 설정되어 있는 특정 언어의 최종 목표에 따라 결정된다. 이러한 부분이 파악된다면 해당 언어 수업은 상당한 효과를 거둘 수 있다.

교수자는 학습자들이 각 교육 단계에서 어떠한 지식을 습득해야 하는지도 알고 있어야 한다. 필요한 지식이 이론적인 것인지, 실무적인 것인지, 의식적인 것인지 자동적인 것인지, 또는 서술적인 것인지 절차적인 것인지 등을 알아야 한다는 것이다. 하나의 지식을 배운다고 해서 다른 지식을 배울 수 없는 것은 아니며, 학습 상황에서 두 가지 지식이 공존하고 있을 수 있다. 또, 초보자가 전문가로 성장하는 과정에서 서술적 지식이 절차적 지식으로 바뀔 수도 있다. PACTE 프로젝트는 전문적 번역 능력을 구성하는 지식과 관련해 절차적 지식의 근간에는 전략적 요소가 있다는 가설을 세웠다. 드레퓌스와 드레퓌스(Dreyfus & Dreyfus, 1986)는 전문 지식이 비성찰적(non-reflective) 또는 자동적 특성을 지닌다고 설명했다. 자기성찰적인 번역 연구에서 전문 번역사가 자신의 정신적 과정을 말로 설명할 때 겪는 어려움은 전문적, 절차적 지식이 자동적 특성을 지님을 보여준다(키랄리(Kiraly), 1995). 따라서, 학습자가 대조수사학에 대한 서술적 지식을 1, 2학년 때 습득하더라도 몇 년 동안 실무를 수행하지 않는다면 이러한 지식은 절차적 지식으로 완전히 전환되지 않을 수 있다.

FTI/UAB에서 스페인어와 아랍어로 법률 장르에 대한 학위 논문을 작성하고 있는 한 아랍인 학생을 예로 들어보자. 이 학생은 스페인과 이집트의 장르적 차이에 대해 잘 알고 있다(절차적 지식). 하지만 스페인 대학에서 학위 논문을 작성하면서도 아랍어에서 자주 사용되는 수사 패턴을 계속 사용하곤 한다(절차적 지식). 즉 자기 자신의 개인적 주장을 제시하고 필요할 경우 그 근거로 전문가를 인용하는 것이 아니라, 모든 장을 시작 할 때 관련 주제에 대해 연구한 모든 '전문가'를 인용하면서 근거가 탄탄함을 보여주고자 하는 것이다. 이 부분을 지적한다면 이 학생은 아랍어 특유의 수사 방식으로 인해 문제가 발생했음을 즉시 알아차릴 수 있을 것이다. 필자 역시 대조수사학에 대한 관심에도 불구하고 스페인어로 글을 쓸 때조차 여전히 '영어적인' 수사 방식을 사용하는 편이다. 따라서, 이 학생의 논문이 스페인어로 된 학술적 장르로서 인정받기 위해서는 의식적인 절차적 지식이 적용되어야 한다.

PACTE의 번역 능력 모델은 그 밖의 이론적 모델과 마찬가지로 현실을 분할하는 방법 중 하나로, 우리는 실험 결과를 감안해 이를 수정하는 방법을 검토하고 있다. 탐색적 실험을 통해 몇 가지 흥미로운 문제를 발견할 수 있었는데, 예를 들어 번역 과정 내내 번역 도구를 사용하는 젊은 번역 에이전시 소속 번역사와 번역 과정의 마지막에 인터넷만 참고하는 나이 지긋한 프리랜서 번역사 사이에 번역 과정의 차이를 생각해 볼 수 있다. 또, 스페인어-영어 번역사는 영어로의 역방향 번역이 스페인어로의 순방향 번역보다 쉽다고 느끼고 있었는데, 한 번역사는 이를 장르라는 측면에서 설명했다. 즉 역방향 번역은 표준화된 장르였던 반면 순방향 번역은 혼종적(hybrid) 장르였기 때문이라는 것이다. PACTE의 모델은 (여전히 구축되고 있는 것으로) 각각의 하위 능력이 다양한 번역 상황에 따라 달라짐을 전제로 하고 있으며, 따라서 모든 번역 관련 교수요목 설계 시 유용한 체크 리스트가 된다. 우선순위는 다른 수업에서 다루게 될 능력, 해당 학위 프로그램의 다양한 단계에서 학습자들이 차지하고 있는 초보자-전문가 연속선 상 위치 등을 감안해 결정될 수 있다. 다음은 PACTE(2000, pp. 101-102)가 제시한 번역 능력의 하위 요소들을 간략히 설명한 것이다.

1. 두 개 언어에 대한 '의사소통 능력'은 쉽게 말해 언어적 의사소통에 필요한 기본적인 지식과 기술의 체계로 정의할 수 있다. 우리는 카날레(Canale, 1983)을 따라 언어적, 담화적, 사회-언어적 요소를 구분한다. 물론, 번역사와 관련해 이러한 능력은 원천 언어(source language, SL)에 대한 이해와 목표 언어(target language, TL)로의 생산으로 구분되어야 한다.
2. '언어외적 능력'은 각각의 번역 상황의 수요에 따라 활성화될 수 있는 일반적인 세계 지식과 전문 지식으로 구성되며, 이들 하위 요소에는 번역에 대한 명시적, 암시적 지식, 두 개 문화에 대한 지식, 백과사전적 지식, 주제 지식 등이 포함될 수 있다.
3. '도구 활용 및 전문가 능력'은 작업 및 직업에 필요한 도구 관련 지식과 기술로 구성되어 있으며, 하위 요소로는 모든 종류의 문서작성 자원 및 신 기술에 대한 지식 및 활용 능력, 시장에 대한 지식(예: 번역 브리프), 직업 윤리 등 전문 번역사로서의 태도 등이 포함될 수 있다.
4. '정신 생리적 능력'은 모든 종류의 정신 운동적, 인지적, 태도적 자원 활용 능력으로 정의될 수 있다. 여기서 가장 중요한 요소는 읽기 및 쓰기에 필요한 정신 운동적 기술, 인지 기술(예: 기억력, 주의 지속 시간, 창의력, 논리적 추론), 정신적 태도(예: 지적 호기심, 인내심, 엄격함, 비판적 정신, 자신감) 등일 수 있다.
5. '전환 능력'은 그 밖의 모든 능력을 통합하는 핵심적 능력으로, ST에서 TT로의 전환 과정을 완성하는 능력, 즉 번역의 기능과 수용자의 특성을 감안해 ST를 이해하고 이를 TL로 재표현하는 능력이다. 하위 능력으로는 (1) 이해 능력(텍스트의 의미를 파악하기 위해 언어 외적 지식을 분석하고 종합하

고 활성화하는 능력) (2) SL과 TL을 '탈언어화'하고 별도로 유지하는 (즉 간섭을 통제하는) 능력 (3) 재표현 능력(텍스트 구성, 창의적 TL 표현) (4) 번역 프로젝트 수행 능력(가장 적절한 방법 선택) 등이 있다.

6. '전략적 능력'은 번역 과정에서 발견되는 문제를 해결하기 위해 사용하는 모든 의식적, 무의식적, 언어적, 비언어적 절차를 아우른다. 문제 해결 과정은 목적을 달성하기 위한 일련의 또는 반복적이고 복잡한 행위라고 볼 수 있다. 이 과정은 여러 개의 단계로 이루어지는데, 첫 번째 단계는 문제의 인지다(스턴버그(Sternberg), 1996). 전략에는 핵심적 아이디어와 부차적 아이디어 구분, 개념적 관계 설정, 정보 검색, 바꿔 쓰기, 역번역, 구두 번역, 문서의 순서 구성 등이 있다.

번역을 위한 언어 교수자들은 번역사로서의 경험이 있어야 하고 번역사에게 필요한 언어 기술을 이해해야 할 뿐 아니라 번역 능력 리서치 모델에 대한 자료는 물론 자신의 경험을 통해 번역에 대한 인식을 정립하고 있어야 한다. 필자의 경험에 비추어 볼 때, 번역 학부의 언어 교수자들은 안타깝게도 번역사가 아닌 경우가 대부분인데, 번역이라는 특수목적을 위한 언어에 대한 연구가 많이 이루어지지 못한 데에는 이러한 사실도 영향을 주었을 수 있다.

번역사가 특정한 목적을 위해 텍스트/문화를 번역한다는 번역에 대한 인식은 너무나 당연하고 쉽게 정립할 수 있는 것처럼 보인다. 하지만 실제로 1학년 학생들을 가르치거나 번역 경험이 없는 사람들과 이야기를 나누면서 필자는 그러한 인식이 그렇게 당연하거나 쉽게 정립되는 것은 아님을 알 수 있었다. 많은 사람들의 경우 번역을 이해하기 위해서는 어휘, 언어, 세계를 완전히 다른 방식으로 바라보아야 하는데, 새로운 스키마타(schemata)를 적용하고 기존의 스키마타를 바꾸는 데는 상당한 시간이 걸린다. 오로스코(Orozco, 2000)는 스페인 내 다섯 개 학부에 재학 중인 번역 학습자들의 번역 인식 변화를 5년에 걸쳐 조사하는 흥미로운 설문조사를 진행했다. 사실 이 연구의 주된 목표는 오로스코 자신이 개발한 측정 도구의 타당성을 검증하는 데 있었지만, 번역에 대한 인식은 오랜 시간에 걸쳐 발전하며 번역 수업에서 사용하는 방법론과 관련이 있다는 결과도 함께 도출되었다. 베렌게르(1996, p. 10)가 시사한 바와 같이 언어 교육이 번역 중심으로 이루어진다면 번역 수업에서 상당한 시간이 절약될 수 있다.

2단계: 담화 기반, 번역 중심 예비 교수요목

물론, 번역에 대한 인식을 정립하는 일은 생각만큼 쉽지 않다. 번역에는 '일반' 독자/저자들이 의식하지 못하는 측면이 많이 존재하기 때문이다. 경력이 많지만 번역에 대해 '연구'해본 적은 없는 번역사의 경우, 이러한 모든 요소를 의식하지 못하더라도 통합할 수는 있을 것이다. 절차적 지식은 서술적 단계를 거치지 않고도 습득할 수 있기 때문이다. 하지만 번역 학습자들이 이러한 절차적 지식을 습득하는 속도를 높이기 위해서는 이러한 모든 요소를 명시적으로 알고 있을 필요가 있다. 여기서 관건은 기본적으로는 전체적인 과정에서 부분적인 측면에도 초점을 맞춰 매우 구체적인 학습 목표를 설정하는 방법을 파악하는 것이다(딜라일(Delisle) 1993; 비비(Beeby), 1996a; 우르타도(Hurtado), 1996, 1999 참고). 그리고 번역을 위한 언어 교육을 설계할 때는 번역 및 담화 기반 예비 교수요목의 목표들을 통합한 장르 및 과업 기반 교수요목을 마련하는 방향으로 나아가야 한다.

해멀린(Hameline, 1976)은 과업을 통한 학습을 '전통적' 교육에 대비되는 '합리적' 교육으로 지칭하면서 그 특성을 소개했다. 표 1은 마르티네즈 멜리스(Martínez Melis, 2001, pp. 188-189)가 정리한 해멀린의 접근법을 필자가 번역한 것으로, 여기에 제시된 특징들은 평가 기준이 필요한 과업 기반 교수요목을 설계하는 데 유용한 두 번째 체크 리스트로 활용될 수 있다.

표 1.

	전통적 교육	합리적 교육
학습 상황	교수자의 수행과 내용에 초점	학습자의 수행과 학습에 초점
교수자의 역할	정보 제공	자료에 대한 판단, 구성, 의미 부여, 제공
목표	분명히 설정	학습자의 행동에 따라 설정되어 학기가 시작될 때 제시
활동	강의	학습에 도움이 되는 다양한 활동
참여	간헐적	적극적
평가	학기 말에 한 가지 유형으로 실시	하나의 학습 단위가 끝날 때마다 과업을 통해 실시
시험	수업에 참여하고 단일 점수가 주어지는 시험을 치름	학기 초에 설정한 목표 달성을 측정하기 위해 실시
시험 결과 해석	규범적(규범적 그래프 상 해당 수업 내 다른 학습자들과의 비교에 기반)	목표한 기준에 따라 이루어지며 학습자의 성공이 다른 학습자들과의 비교를 통해 이루어지지 않음
목표 달성	교수자는 학습자의 1/3은 목표를 성공적으로 달성하고 1/3은 어느 정도 달성할 것이며 나머지 1/3은 달성하지 못할 것이라고 가정	교수자는 시간이 가면서 모든 학습자들이 목표를 달성할 것이라고 가정
수업의 성공	수업의 성공은 통상 교수자가 주관적으로 판단	교수자는 목표와 평가를 통해 교육 자료를 개선할 수 있고 학습자들이 목표를 성공적으로 달성했는지를 파악할 수 있음

번역에 대한 인식을 번역 학습자 대상 언어 교육에 적용함으로써 발생하는 변화는 "언어를 담화로 생각하는 순간 전체 그림은 대체로 영원히 변한다"(매카시와 카터(McCarthy & Carter), 1994, p. vii)는 말로 정리되는, 언어학에서 담화 분석이 불러일으킨 혁신과 비교될 수 있다. 제2언어 교육에 대한 담화적 접근에서도 담화 분석의 하향적(top-down) 요소와 상향적(bottom-up) 요소를 통합하는 문제가 발생한다. 다행스러운

것은 제2언어 습득에서 발생하는 이러한 문제에 대한 해결 방안을 찾기 위해 방대한 연구가 진행되었다는 사실이다. 가장 중요한 일반 목표가 외국어로의 의사소통 능력이라는 사실은 분명한 만큼 이들 연구는 충분히 활용 가치가 있다.

제2언어 학습자들을 위한 텍스트 장르와 관련해 최근 진행된 연구는 구체적인 목표와 언어 사용의 실제를 통합하는 유용한 방법을 제시하는 듯 보인다. 이러한 연구들은 대부분 영어를 기반으로 하고 있기 때문에 특히 영어 교수자가 큰 도움을 받을 수 있으며, 그 중에서도 대조 수사학 내 여러 연구 성과들을 통합한 호이(Hoey, 2001)의 연구가 유용하다(코너 1996; 심슨(Simpson), 2000).

번역 기반 예비 교수요목에서 담화 요소들을 선별하고 분류하기 위해서는 해당 학습 상황을 반드시 고려해야 한다. 본 절에 제시된 분류법은 B언어로 영어를 배우는 스페인어 번역 학습자, 즉 1~2학년 때 순방향 번역 수업을, 2학년 때 역방향 번역 수업을 받기 위해 영어를 학습하는 1학년 학생 대상의 수업을 기반으로 하고 있으며, 따라서 문어 텍스트에 초점을 맞추고 있다. 즉 3~4학년 통역 수업에 필요한 구어 담화 기술 개발용 2학년 교수요목 등에는 적용되지 않는다는 것이다. 스페인의 중고등학교는 글쓰기를 명시적으로 교육하지 않는 경우가 많지만, 대학 신입생 사이에는 대부분 '문체'에 대한 몇 가지 고정관념이 자리잡고 있다. 예를 들어, 학생들은 짧은 글보다는 긴 글이 좋기 때문에 양이 질의 측정 지표가 될 수 있다고 생각한다. 또, 반복보다는 변형이 좋다고 생각하면서 '우아한' 문체 사용보다 반복을 통한 분명한 지시가 중시되는 영어 텍스트에 다양한 동의어를 쓰는 경우가 많다. 스페인어 어휘와 유사한, 라틴어에서 온 '장황한' 어휘를 선호하고 '4자' 어휘를 피하는 경향도 있다. 따라서 언어 수업에서는 영어 장르가 간결성, 명료성, 분명한 지시를 선호한다는 사실을 인지하도록 하는 데 목표를 두어야 한다. 라틴어에서 온 어휘를 지나치게 많이 사용할 경우, 텍스트의 담화 관계(tenor)를 왜곡할 수 있다는 사실을 인지하는 것도 목표로 삼아야 한다. 심슨(2000)은 이러한 특징을 분명히 보여주는 스페인어-영어의 수사에 대한 대조 연구를 검토한 바 있다. 아울러, 학문적 문단의 주제 구조(topical structure)에 대한 영어와 스페인어 간 비교 분석도 진행했는데, 연구 결과 스페인어와 영어의 글쓰기 간에는 일관성, 응결성 등 그 밖의 차이점도 존재함을 확인할 수 있었다. 필자 역시 역방향 번역 수업에서의 병렬 텍스트(동일한 장르에 대한 스페인어와 영어의 원문 텍스트) 연구를 통해 유사한 차이점을 발견한 바 있다(비비, 1996a, pp. 215-230).

예비 교수요목에서 담화적 요소는 (1) 텍스트 간 상호작용 (2) 텍스트 구성 (3) 수사 대조 (4) 장르 등 네 가지로 분류된다. 필자는 코너(1996), 호이(2001), 매카시와 카터(1994), 비비(1996a)[4] 등 다양한 연구에서 도출된 결과들을 통합했지만, 이들이 사용한 구체적인 용어에 대한 사용은 가급적 피하고자 했다. 이러한 논의를 진행하는 데 필요한 메타 언어에 대해 학자들 사이에 거의 합의가 이루어지지 않은 상태이기 때문이다. 또, 이러한 교수요목을 참고하고자 하는 교수자 중 일부는 담화, 수사학, 번역 이론 등에 친숙하지 않을 수 있다. 학생들의 경우에는 더 말할 것도 없을 것이다.

다음 두 개의 표에서 좌측 열은 선별된 담화적 요소를, 우측 열에는 이러한 담화적 요소들을 창의적으로 학습함으로써 개발할 수 있는 번역 하위능력을 나타낸다. 이들 담화적 요소들은 학습자들의 외국어 의사소통 능력 함양에 분명히 기여할 것이다. 또, 분석과 종합을 요하는 과업 등 과업을 통한 학습은 문제를 해결하는 과정에서 습득하기 어렵지만 매우 중요한 전략적인 능력을 개발하는 데 도움을 줄 수 있다. 결국, 모든 과업을 수행할 때마다 이 두 가지 능력을 개발할 수 있게 되는 것이다.

1. 텍스트 간 상호작용

담화 측면	번역 능력
텍스트는 동일한 사건에 대한 다양한 버전(매트릭스)을 통해 동일한 문화 내 다양한 사람들에게 각기 다른 메시지를 전달	다른 문화권의 사람들 *의사소통, 전략적, 언어 외적, 전환 능력*
의사소통 상황, 즉 저자가 독자에게 전달하는 신호	번역사/TT 독자 *의사소통, 전략적, 전환 능력*
저자와 독자 간 상호작용을 위한 장으로서의 텍스트	번역사/TT 독자 *의사소통, 전략적, 언어 외적 능력*
저자와 독자 간 상호작용의 목적	번역 브리프 *도구 활용 및 전문가 능력*
텍스트로부터의 상황에 대한 정보 유추	추론 및 창의력 *정신 생리적 능력*
텍스트에 대한 가설 설정 및 예측	세계관 *의사소통, 전략적, 언어 외적 능력*

다음 예문은 헬렌 필딩(Helen Fielding)의 「브리짓 존스의 일기(*Bridget Jones' Diary*)」에서 발췌한 것으로 텍스트 간 상호작용, 특히 각각의 언어적 특성을 가진 장르 속 장르를 이해하는 데 도움이 될 수 있다.

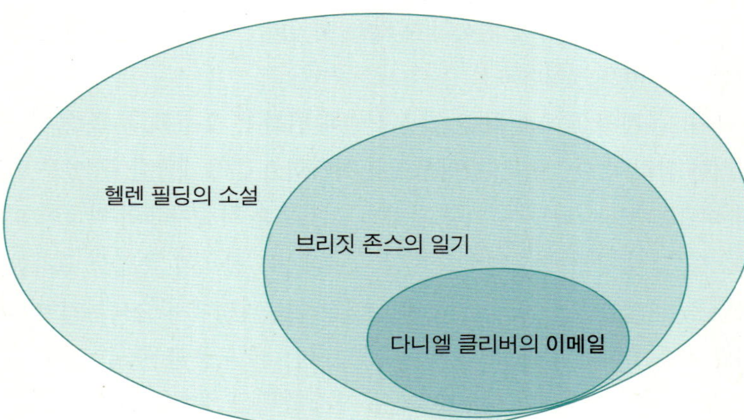

Thursday 5 January

9st 3(excellent progress - 2lb of fat spontaneously combusted through joy and sexual promise), alcohol units 6 (v.g. for party), cigarettes 12 (continuing good work), calories 1,258 (love has eliminated need to pig out)

11 a.m. Office. Oh my God. Daniel Cleaver just sent me a message. Was trying to work on CV without Perpetua noticing (in preparation for improving career) when Message Pending suddenly flashed on top of screen. Delighted by, well, anything - as always am if is not work - I quickly pressed RMS Execute and nearly jumped out of my skin when I saw Cleave at the bottom of the message. I instantly thought he had been able to tap into the computer and see that I was not getting on with my work. But then I read the message:

> Message Jones
>
> You appear to have forgotten your skirt. As I think is made perfectly clear in your contract of employment, staff are expected to be fully dressed at all times
>
> Cleave

위 예문의 첫 문단은 특히 텍스트로부터의 상황에 대한 정보 유추, 텍스트에 대한 가설 설정 및 예측을 이해하는 데 유용하다. 예를 들어, 학습자들에게 텍스트를 통해 명시적으로 드러나는 부분을 통해 암시적 정보를 유추하도록 한다.

명시적 정보	암시적 정보
9st 3(excellent progress - 2lb of fat spontaneously combusted through joy and sexual promise)	오늘 아침 몸무게는 9스톤 3파운드였는데, 어제 아침 9스톤 5파운드에서 2파운드 빠졌으니 엄청 성공한 것이다. 다니엘 클리브와 사랑을 나누는 상상을 하다 빠진 것 같다.
alcohol units 6 (v.g. for party)	와인은 6잔밖에 안 마셨다. 어젯밤에 파티에 간데다 보통 그 정도보다 훨씬 많이 마시니 선방했다.
cigarettes 12 (continuing good work)	담배도 12개피만 피웠다. 보통 때는 훨씬 많이 피우는데, 금연 계획이 잘 지켜지고 있는 것 같다.
calories 1,258 (love has eliminated need to pig out)	먹은 것은 겨우 1,258칼로리였다. 역시 잘했다. 연애하니 식욕도 달아난 모양이다.

두 번째 문단에서도 약자 사용과 생략이 눈에 띄는데, 이러한 부분을 활용해 학습자들에게 시제와 관사에 초점을 맞춰 일기의 언어적 특성을 생각해보고 단순하고 명료한 언어를 연습해보도록 할 수 있다.

> Daniel Cleaver (has) just sent me a message. (I) Was trying to work on (my) CV without Perpetua noticing (in preparation for improving (my) career) when Message Pending suddenly flashed on (the) top of (the) screen.

세 번째 문단은 대니얼 클리브의 이메일로, 전자 서신의 일반적인 언어적 특징과 인터넷의 발달로 나타난 새로운 장르를 논의하는 데 활용될 수 있다. 또, 대니얼 클리버가 브리짓의 상사이기 때문에 공식적 어역(담화 관계)이 사용되고 있지만 유머가 첨가됨으로써 장르가 혼종적인 성격을 띠게 되는 것을 통해 장르는 제도적 환경에서 발전한다는 사실도 알 수 있다. 가능할 경우, 스페인어와 카탈루냐어로 출간된 해당 텍스트의 번역본을 읽은 후 장르를 비교하고 이국화 및 자국화 전략에 대해 논의해보는 것도 유용할 것이다.

2. 텍스트 구성

담화 측면	번역 능력
문화적으로 자주 사용되는 텍스트 구성의 패턴(매핑)	의사소통, 전환 능력
텍스트 패턴의 신호	언어 외적 능력
일관성	도구 활용 및 전문가 능력
응결성	정신 생리적 능력

텍스트 구조, 매핑, 요약문 작성과 관련해서는 호주의 초등학교 학생들(junior school children)이 작성한 몇 가지 장르의 글쓰기 사례[5)]를 소개한다. 이 사례는 텍스트가 기본적으로 어떻게 구성되는지를 잘 보여준다. 텍스트 1과 텍스트 2의 가장 가장 큰 차이점은 전자는 시간 순서대로 구성되어 있지 않은 반면, 후자는 시간 순서대로 구성되어 있다는 점이다. 또, 텍스트 2는 과거형, 텍스트 1은 현재형으로 되어있다. 텍스트 2는 특정한 '캥거루 한 마리'(a kangaroo)에 대한 개인적이고 개별적인 이야기인 반면, 텍스트 1은 '상어라는 동물'(the shark, sharks)의 일반적인 특성을 설명하는 글이다. 이들 텍스트는 어린이들이 자주 범하는 실수를 포함하고 있어 구두법, 철자, 문법 연습에도 사용될 수 있다.

텍스트 1: "Sharks!" When people think of sharks they think of harsh, savage fish that attack at sight as a matter of fact they are completely wrong. Although there has been reports of shark attacks these are very rare. Most sharks won't even come near the shore so people swimming near the shore can consider themselves almost guaranteed safe.

Sharks have special sense organs that can sense things up to one mile away. The shark uses fins to balance itself and it has to keep swimming or else it will sink. The shark's teeth are razor blade sharp and although you can only see two layers of teeth there are many in the jaw. Usually smaller fish follow the sharks around in hope of gathering up scraps that the shark may leave.

텍스트 2: A long time ago there was a kangaroo who did not have a tail and all the animals laughed at him and that made him sad. How did he get it back? He got it back by dipping his tail into lolly-pop syrup. The animals started to like him and then thay played with him. Would you like it? I would not because it wold be most annoing.
The End.

다음에서 각 텍스트에 맞는 특성을 고르고 그렇게 생각하는 이유를 설명하시오.

1. 구성: 시간순서를 따름/시간순서를 따르지 않음.
2. 시간: 구체적/일반적
3. 행위주체: 개인/일반 대충

텍스트 3: The blood [in the egg] is full of food from the yolk. The tiny chick begins to grow. It is called an embryo. All animals are called embryos when they first begin to grow.

다음 과학 장르의 언어적 특징 중 위의 텍스트에 해당하는 것을 고르시오.

1. 보편적 현재 시제를 사용한다.
2. 비인칭 수동태를 사용한다.
3. 동사는 경험적 과정을 나타낸다.
4. 문장은 (질문보다는) 주장의 형태로 작성하고 입증할 수 있는 명제를 포함한다.

이러한 특징은 과학 담화에만 국한된 것인가?

이러한 특징이 카탈루냐어 또는 스페인어로 된 유사한 장르에도 나타나는가?

3. 대조 수사학

대조 수사학
문화 대조
장르 대조
언어 시스템 대조

일부 학자들은 학교에서의 제2언어 및 글쓰기 교육에 대조 수사학과 장르를 활용할 경우, 몇 가지 위험 요소가 존재한다고 지적했다. 예를 들어, 코프와 칼란지스(1993, pp. 1-21, 38-89)는 세계화, 사회적 배제, 다문화주의, 자민족 중심주의 등과 관련된 문제를 언급했다. 하지만 이 연구에서는 언어 교육에 대한 장르 기반 접근법을 지지하는 주장이 훨씬 설득력이 있는데, 이들은 "의식을 빌려주기 위해 문화적, 언어적으로 동화될 필요는 없다"고 주장했다(코프와 칼란지스, 1993, p. 18). 세계화에 대한 겉으로 보기에는 투명하고 민주적인 담화의 비밀을 풀기만 한다면, 외부인은 시스템을 활용하는 방법을 배워 내부인이 되거나 시스템을 거부하고 이에 대항할 수 있다.

따라서 학습자에게 미국 학교에서 다섯 문단 에세이라고 알려진 캐플란(Kaplan)의 해설적(또는 정보적) 에세이를 가르치는 것도 유용하다. 다섯 문단 에세이는 첫 번째 문단에서 독자에게 무엇에 관해 쓸 것인지를 말하고 다음 세 개 문단에서는 한 가지 내용에 초점을 맞춰 주제를 발전시킨 후 마지막 문단에서는 독자들에게 무엇에 관해 썼는지를 말한다. 스페인어 독자에게 미국/영국 글쓰기는 놀라울 정도로 명확하고 단순하다. 그런 의미에서 미국/영국/스페인 교과서의 레이아웃을 비교하는 것도 도움이 된다.

이데올로기 관련 문제들이 흥미롭기는 하지만 번역사를 위한 언어에서 표준화된 장르와 대조 수사학에 대한 교육이 필요하다는 데는 의문의 여지가 없다. 이러한 정보는 번역사가 실무를 수행하는 데 필수적이기 때문이다. 다만, 표준화된 장르 역시 역동적이며 관련 제도적 관행이 변함에 따라 발전한다는 사실 역시 인지하고 있어야 한다. 라틴 아메리카와 동유럽 국가의 비즈니스 레터가 대표적인 사례인데, 이러한 상용 서신은 기업 관행이 변하면서 함께 바뀐다(비비, 2002). 유럽 문화권 사이에도 특정한 고정 관념들이 여전히 자리를 잡고 있는 만큼, 학습자들이 관련 규범을 학습한다면 순방향 번역을 위한 번역 중심 담화 분석 시 영어 텍스트를 정확히 파악하거나 역방향 시장에서 수요가 높은 화용적 영어 텍스트를 생산하는 데 도움이 될 것이다.

4. 장르

언어 수업을 위한 장르의 선택 역시 다양한 교육적, 전문적 요소의 영향을 받는다. 3~4학년 역방향 번역 강의에서 다룰 장르를 선택할 때는 반드시 실무 시장의 여건을 검토해야 한다. 앞 부분, 그리고 일부 연구(매칼리스터, 1992; 비비 1998)에서 언급된 한 바와 같이 역방향 번역 시장의 여건은 국가마다 다르다. 예를 들어, 역방향 번역은 영국에서는 거의 이루어지지 않고 있으나 핀란드와 카탈루냐에서는 자주 볼 수 있다.

바르셀로나 내 29개 번역 에이전시를 대상으로 최근 실시된 '바르셀로나 번역 에이전시 대상 영어/프랑스어 번역 시장 연구(*Estudio sobre el Mercado de la traducción de/al inglés/francés en las agencias de Barcelona*)' 제하 설문조사[6]에 따르면, 고객의 수요가 가장 높은 언어 조합은 스페인어-영어이며 장르의 경우 기술, 상업, 홍보, 법률, 컴퓨터 매뉴얼, 관광 등의 순으로 나타났다. 게다가, 인터넷과 같은 새로운 기술로 인해 영어와 스페인어가 '재설계'되면서 새로운 장르, 텍스트, 정체성도 나타나고 있다. 세계화가 언어 사용에 미치는 영향을 예측하기란 쉽지 않지만, 일부 고정 관념은 여전히 강력하게 자리 잡고 있다. 따라서, 학습자들이 관련 '규범'을 배운다면 미국과 영국에서 수용 가능한 '실용적' 영어 텍스트를 생산할 수 있을 것이다. 다만, 바르셀로나에서 이루어지는 영어로의 역방향 번역 가운데 상당 부분은 세계 언어로서의 영어로의 번역이다. 이는 번역에서 영어가 사용되긴 하지만 TT의 맥락은 영어권 문화의 맥락과 매우 다를 수도 있음을 시사한다.

반면, 1학년 영어 프로그램을 설계할 때는 가장 자주 번역되는 장르 중에서만 수업 자료를 선정할 필요는 없으며, 그만큼 중요한 다른 기준들도 생각해 볼 수 있다. 예를 들어, 텍스트 간 상호작용과 텍스트 구성, 문화적, 텍스트적, 언어적 차이, 영어의 세부 거시 구조, 어역, 담화 표지, 문법적, 어휘적, 형식적 특징 등을 학습하는 데 유용하거나, 번역 수업, 문서작성 기술 습득, 학습 동기 유발, 번역사에게 필요한 인지적 기술 및 정신적 태도 개발 등에 가장 도움이 되는 장르는 무엇인지를 고려해볼 수 있다.

다음 목록은 1학년 언어 수업에서 읽기, 쓰기, 분석 등에 도움이 될 만한 장르를 나열한 것이다. 장르를 정확히 분류하고 상세히 기술하기에 장르 연구는 여전히 초기 단계이며, 다양한 장르를 아우르는 포괄적인 담화 기반 문법을 마련하기 위해서는 아직 상당한 연구가 필요한 상태다. 따라서, 여기 제시된 특징들은 많은 경우 직관적이며, 목록 역시 교수자에게 수업에 적절한 텍스트와 과업을 파악하는 데 도움이 될 만한 또 다른 체크 리스트를 제공하기 위해 잠정적으로 마련된 것임을 밝혀둔다.

논문 초록

텍스트 구성: 시간순서를 따르지 않는 SPRE(Situation(상황), Problem(문제), Response(반응), Evaluation(평가)) 패턴

언어 시스템: 시제, 서법성, 접속사 +/- 어두(initial position), 지시와 반복, 관사

광고

텍스트 간 상호작용: 상호텍스트성, 혼종적 장르, 장르 변화

텍스트 구성: SPRE

고민 상담란

언어 시스템: 담화 관계, 서법성, 확률의 정도

비즈니스 레터

텍스트 간 상호작용: 공손성 체계, 사업 문화와 장르 변화, 다양한 협상 단계(미국/영국/스페인)

텍스트 구성: 레이아웃, 전형적 문구

언어 시스템: 대명사, 서법성

용어 및 문서작성

이력서

텍스트 간 상호작용: 특정 목적을 위한 글쓰기(미국/영국/스페인)

텍스트 구성: 레이아웃

언어 시스템: 명사화

사설

텍스트 구성: 의견, 주장, 문단과 문장의 일관성, 주제 서술 +/- 어두

언어 시스템: 시제, 서법성, 접속사의 위치, 응결성, 스타일 지침

영화비평 및 서평

언어 시스템: 시제, 서법성, 확률, 유보(hedging)와 주장

별자리 운세

언어 시스템: 담화 관계, 서법성, 확률의 정도

안내 전단

텍스트 구성: 시간순서를 따르는 또는 시간순서를 따르지 않는 SPRE 패턴

언어 시스템: 시제, 서법성, 접속사 +/- 어두, 지시와 반복

용어 및 문서작성

입사지원서

텍스트 간 상호작용: 특정 목적을 위한 글쓰기(미국/영국/스페인)

유머

텍스트 간 상호작용: 문화와 유머

텍스트 구성: SPRE, 병렬 구조, 반복, 지시 중심의 변화

독자투고

텍스트 구성: 의견, 주장, 논증, 반증, 문단과 문장의 일관성

언어 시스템: 시제, 서법성, 접속사 +/- 어두, 응결성

기사

텍스트 간 상호작용: 동일한 사건에 대한 다양한 신문의 다양한 버전, 이데올로기

텍스트 구성: SPRE 패턴, 문단 및 문장의 일관성

언어 시스템: 시제, 서법성, 접속사 +/- 어두(시간 장소 부사)

신문기사 제목

텍스트 간 상호작용: 맥락에 대한 정보 유추, 기능 파악(영국/미국/스페인)

언어 시스템: 명사화, 행위주체, 은유, 두운과 각운

공공 행정기관 문서

텍스트 간 상호작용: 특정 목적을 위한 글쓰기, 공손성 체계, 쉬운 언어 쓰기 운동(영국/미국/스페인)

텍스트 구성: 레이아웃, 일관성

언어 시스템: 담화 관계(대명사), 서법성, 응결성

용어 및 문서작성

학술 논문

텍스트 간 상호작용: 다양한 전문화 수준을 반영한 조정(어역)

텍스트 구성: 시간순서를 따르지 않는 SPRE 패턴

언어 시스템: 시제, 서법성, 접속사 +/- 어두

용어 및 문서작성

산문

텍스트 간 상호작용: 다양한 문화권 독자를 반영한 조정(영국/미국), 텍스트로부터의 맥락에 대한 정보 유추, 이데올로기

텍스트 구성: 시간순서를 따르는 내러티브

언어 시스템: 시제, 동사구, 명사화와 동사화

3단계: 1단계와 2단계를 통합한 장르 및 과업 기반 교수요목

번역 수업에서 두 개 언어로 된 특정 장르의 병렬 텍스트 활용 사례들은 장르를 통해 다양한 문화권의 다양한 장르에서 사용되는 언어와 전략의 특징을 교육하는 것이 유용함을 입증해주고 있다. 담화 분석, 장르 연구, 대조 수사학에 대한 최근 연구는 표준화된 장르의 담화적, 언어적 특성에 대한 목록이 마련되기 시작하고 있음을 보여준다. 담화 기반 기술은 어떤 언어에 대해서든 여전히 포괄적으로 이루어지지 못하고 있지만, 글쓰기, 제2언어 습득, 특히 번역사를 위한 언어 교육과 관련해서는 다른 어떤 연구 분야보다 도움이 될만한 성과를 내고 있는 듯하다. 할리데이(1978)는 언어 학습의 초점을 (1) 언어 학습: 해당 언어의 적절한 사용 규칙과 관습 (2) 언어를 통한 문화와 문명에 대한 학습 (3) 언어에 대한 학습: 언어의 작동 방식에 대한 의식적 고찰과 이해 등의 세 가지 측면으로 분류했다. 다음은 예비 교수요목을 통해 선별된 번역 및 담화 요소를 통합해 장르 및 과업 기반 교수요목을 설계하기 위해 이러한 할리데이의 분류를 수정한 것이다.

1. 번역을 위한 언어 학습: 텍스트와의 상호작용, 번역 중심 읽기, 특정 목적을 위한 글쓰기(절차적 지식)
2. 언어를 통한 번역, 문화, 문명에 대한 학습(서술적 지식)
3. 번역을 위한 언어에 대한 학습: 문화, 수사, 장르, 언어 시스템 대조를 통해 번역을 위한 언어의 작동 방식을 의식적으로 고찰하고 이해(서술적 지식)

과거에는 과정 기반 의사소통적 방법론을 활용한 대규모 내용 기반 모듈로 수업을 설계했다. 하지만 이러한 접근법은 학생 수가 적고 시간 제한이 없는 수업에서는 효과를 발휘할 수 있으나 학생 수가 많고 시간이 제한적인 수업에서는 비효율적인 것으로 나타났다. 실무 기술은 해당 기술을 실제로 연습해봄으로써 배워야 하지만 이 과정에서 초점이 정확히 설정되지 않을 경우 시간이 너무 많이 소요될 것이다. 따라서, 우선순위를 합리적으로 선택하는 것이 매우 중요하다. 게다가, 언어 기술이 중급 및 고급인 학습자들에게 매우 뚜렷한 학습 목표가 없다면 이들은 스스로 효과를 보고 있는지 확인하기가 어려울 것이며, 결국 학습 상황에서 가장 중요한 요소인 동기를 상실할 위험이 있다. 본 고가 제시하는 교수요목은 단기, 장르 기반 모듈에 바탕을 두고 있는데, 이 모듈에서는 앞서 설명한 세 가지 측면의 초점 달성을 돕는 과업 수행표가 사용된다.

과업 예시

텍스트로는 영국과 미국에서 출간되어 다양한 언어로 번역된 베스트 셀러의 발췌본을 활용할 수 있다. 예를 들어, 1학년 수업에서는 「해리 포터와 마법사의 돌(*Harry Potter and the Philosopher's Stone*')」이 유용할 것으로 보이는데, 앞서 언급한 세 가지 측면의 학습 초점을 모두 달성하고 모든 번역 하위 능력을 개발하는 데 사용될 수 있기 때문이다. 이 책은 미국에서는 「*Harry Potter and the Sorcerer's Stone*」, 스페인어로는 「*Harry Potter y la piedra filosofal*」, 카탈루냐어로는 「*Harry Potter i la pedra filosofal*」이라는 제목으로 출간되었다.

- 학습자 중심: 많은 학습자들이 해리 포터 현상에 대해 읽어보았거나 알고 있을 것이며, 일관성, 응결성, 통사, 어휘 순서가 전형적이다.
- 번역 중심: 영국과 미국 출간본 사이의 차이점은 문화적 전환을 드러낸다. 영국의 문화적 표지가 두드러지게 드러나 있기 때문에 번역사는 매우 다양한

문제를 겪을 수 있다.

- 장르 중심: 영어의 표준화된 장르로 볼 수 있는 다양한 장르를 포함하고 있다.

다음 3개의 과업 수행표는 이들 4개 출간본의 첫 장을 대상으로 한다.

과업 수행표 1[a]

번역을 위한 언어 학습

해리 포터와 마법사의 돌 제1장: '살아 남은 아이(The boy who lived)'

읽기 전 학습: (그룹)

1. 해리 포터 시리즈와 J.K. 롤링에 대해 무엇을 알고 있습니까? 또, J.K. 롤링이 누구를 위해 이 책을 썼는지 알고 있습니까?
2. 제목을 보면 1장에서 어떠한 내용이 전개될 것으로 예상됩니까?

읽기 학습: (개별)

1. 텍스트를 한 번 읽은 후 7~11페이지를 훑어보면서 '더즐리 집안에 어울리는(Dursley)'과 '가능한 한 더즐리 집안에 어울리지 않게(as unDurleyish as it was possible to be)'의 의미를 설명하는 어휘를 찾아보십시오. 두 개의 대조되는 목록을 작성한 뒤 주요 특징을 요약한 제목을 붙여보십시오.
2. 텍스트에 존재하는 서로 다른 장르를 파악해보십시오. 그리고, 이를 파악하는 데 도움이 되었던 두 가지 언어적 단서를 찾아보십시오. 이처럼 다양한 유형의 장르에서 가장 자주 사용된 시제는 무엇입니까?

장르

단서

시제

3. '더즐리 집안에 어울리는' 대화와 '더즐리 집안에 어울리지 않는' 대화의 말투를 드러내기 위해 사용된 동사를 비교해보십시오.[7)]

4. 7페이지의 모든 문장에서는 영어에서 '일반적인' 주어+동사+목적어의 어순이 모두 유지되고 있습니까? 모든 문장의 주어를 나열해보고 저자가 사용한 응결성 유지 전략를 파악해보십시오.[8)]

쓰기 학습: (2인 및 개별)

최근에 발생한 이상하거나 기이한 사건을 하나 생각해보십시오.

1. 이웃에게 그 사건에 대해 이야기해보십시오.
2. 이와 함께, 그 사건을 BBC 6시 뉴스용 단신 기사의 형태(100단어)로 작성해보십시오.
3. 숙제로 다음의 장르 중 하나를 선택한 뒤 그 사건으로 첫 문단을 작성해보십시오. 여성 잡지의 로맨스 기사, 공상과학 소설, 탐정 소설, 학술지 게재 논문, 선(Sun)의 첫 페이지 기사, 선데이 타임즈(Sunday Times)의 컬러판 부록 기사

과업 수행표 2[a]

언어를 통한 번역, 문화, 문명에 대한 학습

해리 포터와 마법사의 돌 제1장: '살아 남은 아이'

문화 및 번역에 대한 인식 학습: (그룹)

1. 문화적 차이 파악:
   - 더즐리 가족은 어디에 살고 있다고 생각합니까?
   - 이들의 집은 어떻습니까?
   - 이들은 언제, 무엇을 먹습니까?
2. 바르셀로나의 한 출판사가 「해리 포터와 마법사의 돌」을 카탈루냐어나 스페인어로 번역해줄 것을 의뢰한다면 어떠한 번역 방법을 선택하겠습니까?

방법:

3. 텍스트에서 다섯 개의 문화적 지시체, 즉 카탈루냐어나 스페인어에 등가 표현이 없는 물건이나 행위를 찾아보십시오. 각 지시체에 적절한 번역 기술을 선택하기 위해 어떠한 전략을 따르겠습니까?

지시체

전략

기술

과업 수행표 3[a]

번역을 위한 언어에 대한 학습

영국, 미국, 스페인어, 카탈루냐어 등 네 개 언어 출간본에서 발췌한 아래 텍스트를 읽어보시오.

1. 영국과 미국 출간본 사이에 발견되는 차이점을 모두 찾아보고 설명하시오(예: 형식, 구두점, 어휘 등).
2. 스페인어와 카탈루냐어 번역본을 비교하고 번역 기법(translation techniques)의 차이점을 찾아보시오(예: 형식, 구두점, 어휘).
3. 번역사들이 동일한 번역 방법을 따랐다고 생각하십니까?
4. 이들이 생산한 결과물이 독자들에게 동일한 효과를 주었다고 생각하십니까?
5. 이들이 생산한 결과물이 스페인어와 카탈루냐어로의 아동 문학 번역 규범[9]을 대표적으로 보여준다고 생각하십니까?

HOGWARTS SCHOOL OF WITCHCRAFT AND WIZARDRY	HOGWARTS SCHOOL of WITCHCRAFT and WIZARDRY
Uniform *First-year students will require:* *1. Three sets of plain work robes (black)* *2. One plain pointed hat (black) for day wear* *3. One pair of protective gloves (dragon hide or similar)* *4. One winter cloak (black, silver fastenings)*	UNIFORM First year students will require: 1. Three sets of plain work robes (black) 2. One plain pointed hat (black) for day wear 3. One pair of protective gloves (dragon hide or similar) 4. One winter cloak(black, silver fastenings)
Please note that all pupil's clothes should carry name tags	Please note that all pupil's clothes should carry name tags
Set Books *All students should have a copy of each of the following:* The Standard Book of Spells (Grade 1) by Miranda Goshawk A History of Magic *by Bathilda Bagshot* Magical Theory *by Adalbert Waffling* A Beginnners' Guide to Transfiguration *by Emeric Switch* One Thousand Magical Herbs and Fungi *by Phyllida Spore* Magical Drafts and Potions *by Arsenius Jigger* Fantastic Beasts and Where to Find Them *by Newt Scamander* The Dark Forces: A Guide to Self-Protection by Quentin Trimble	COURSE BOOKS All students should have a copy of each of the following: *The Standard Book of Spells (Grade 1)* by Miranda Goshawk *A History of Magic by Bathilda Bagshot Magical Theory* by Adalbert Waffling *A Beginnners' Guide to Transfiguation* by Emeric Switch *One Thousand Magical Herbs and Fungi* by Phyllida Spore *Magical Drafts and Potions* by Arsenius Jigger *Fantastic Beasts and Where to Find Them by* Newt Scamander *The Dark Forces: A Guide to Self-Protection* by Quentin Trimble
Other Equipment *1 wand* *1 cauldron (pewter, standard size 2)* *1 set glass or crystal phials* *1 telescope* *1 set brass scales*	OTHER EQUIPMENT 1 wand 1 cauldron (pewter, standard size 2) 1 set glass or crystal phials 1 telescope 1 set brass scales
Students may also bring an owl OR a cat OR a toad.	Students may also bring an owl OR a cat OR a toad.
PARENTS ARE REMINDED THAT FIRST- YEARS ARE NOT ALLOWED THEIR OWN BROOMSTICKS	PARENTS ARE REMINDED THAT FIRST YEARS ARE NOT ALLOWED THEIR OWN BROOMSTICKS

COLEGIO HOGWARTS DE MAGIA	ESCOLA DE BRUIXERIEA HOGWARTS
UNIFORME Los alumnos de primer año necesitarán: - Tres túnicas sencillas de trabajo (negras). - Un sombrero puntiagudo (negro) para uso diario. - Un par de guantes protectores (piel de dragón o semejante) - Una capa de invierno (negra, con broches plateados) *(Todas las prendas de los alumnos deben lle- var etiquetas con su nombre.)*	*Uniforme* *Els alumnes de primer necessitaran:* *- Tresconjuntsderoba detreball senseguarn- iments (negra)* *- Un barret punxegut sense guarniments (negre) per a ús diari* *- Un parell de guants protectors (antidrac o similars)* *- Una capa d'hivern (negra, amb cremallera platejada)* *Recordeu que totes les peces de roba han d'anar marcades amb el nom de l'alumne/a.*
LIBROS Todos los alumnos deben tener un ejemplar de los siguientes libros: El libro reglamentario de hechizos (clase 1), Miranda Goshawk. Una historia de la magia, Bathilda Bagshot. Teoría mágica, Adalbert Waffling. Guía de transformación para principiantes, Emeric Switch. Mil hierbas mágicas y hongos, Phyllida Spore. Filtros y pociones mágicas, Arsenius Jigger. Animales fantásticas y dónde encontrarlos, Newt Scamander. Las Fuerzas Oscuras. Una guía para la auto- protección, Quentin Trimble.	*Llibres* *Tots els alumnes han de tenir un exemplar dels llibres següents:* *Llibre d'encanteris(nivell1),* de *Marina Fetillera* *Història de la màgia,* de Dolors Plorós *Teoria de la màgia,* d'Albert Xarramecu *Introducció a la transfiguració,* de Xavier Mudancer *Mil i una herbes i bolets màgics,* de Rosa Rosae *Pocions i beuratges màgics,* d' Arsènic Calze *Bèsties* fantàstiques i on trobar-les, d'Ernest Salamàndric Lesforcesdelmal: guia per al' autodefensa, de Pere de Tramolar
RESTO DEL EQUIPO 1 varita 1 caldero (peltre, medida 2) 1 juego de redomas de vidrio o cristal 1 telescopio 1 balanza de latón	Material divers: Una vareta màgica Una marmita (de peltre del número 2) Un joc de flascons de vidre Un telescopi Un joc de pesos de llautó
Los alumnos también pueden traer una lechuza, un gato o un sapo.	Els alumnes poden portar un mussol o un gat o un gripau.
SE RECUERDA A LOS PADRES QUE A LOS DE PRIMER AÑO NO SE LES PER- MITE TENER ESCOBAS PROPIAS	US RECORDEM QUE ALS ALUMNES DE PRIMER NO ELS ESTÀ PERMÈS TENIR ESCOBRA VOLADORA

미주

1) 스페인에서 1972년 설립된 바르셀로나 자치대학의 통번역 전문대학(The Escuela Universitaria de Traductores e Interpretes at the Universidad Autonoma de Barcelona)은 1992년 통번역학부(Facultad de Traductores e Interpretes)로 변경되었다.

2) 번역 과정에 대한 경험적 연구 관련 참고문헌 목록은 프레이저(Fraser, 1996)와 PACTE(2000)에서 확인할 수 있다.

3) PACTE 그룹은 A. 우르타도가 이끌고 있으며, A. 비비, M. 페르난데즈(Martínez), O. 폭스(Fox), N. 마르티네즈, W. 노인지히(Neunzig), M. 오로스코, M. 프레사(Presas), P. 로드리게즈(Rodríguez) 등이 참여하고 있다. PACTE 프로젝트에 대한 설명은 PACTE(2000), 비비(2000)를 참고하면 된다.

4) 비비(1996a)에 사용된 번역에 대한 메타 언어는 하팀과 메이슨(Hatim & Mason, 1990)에 기반하고 있다.

5) 이들 텍스트는 코프와 칼란지스(1993)에서 사용된 것이다.

6) 이 설문조사는 니콜 마르티네즈(Nicole Martínez)가 1999~2000년 설계하고 아리아드나 테익시도(Ariadna Teixido)와 버지니아 멩귀(Virginia Menguy)가 실시했다.

7) 이 연습을 통해 학습자들은 chuckled, muttered, faltered, hissed, sobbed, murmured, chortled, grunted, mumbled, snapped 등 영어의 해당 장르에서 매우 특징적인 다양한 '발화 동사'를 인지하고 사용할 수 있다.

8) 이는 영어의 응결장치와 단순접속사를 학습해볼 수 있는 '교과서적인' 연습 사례다. 주어+동사+목적어의 어순이 전체적으로 유지되고 있으며 문장은 and, then, but 등의 접속사로 연결되어 있기 때문이다. 이는 학습자들이 기준으로 삼을 수 있는 '훌륭한' 모델이 된다.

9) 일반적으로 스페인어 번역에서는 이국화(또는 충분한 번역)가, 카탈루냐어 번역에서는 자국화(또는 수용 가능한 번역)가 많이 이루어지며, 카탈루냐어 출간본은 원문에 가깝기보다 유머를 살리는 데 좀 더 초점을 두고 있다. 이는 아동 문학과 텔레비전 프로그램에 대한 카탈루냐어 번역 규범을 보여주는 것으로, 특히 소수

어로서 카탈루냐어에 대한 진흥 및 표준화 정책이라는 측면에서 설명될 수 있다 (이자드(Izard), 2000).

Beeby, Allison (1996a). *Worlds beyond Words: Teaching Translation from Spanish to English.* Ottawa: Ottawa University Press.

Beeby. Allison (1996b). "Course Profile: Licenciatura en traducción e interpretación". *The Translator. 2* (1). 113-126.

Beeby, Allison (1998). "Directionality". In Mona Baker (Ed.), *Encyclopedia of Translation* (pp. 63-67). London and New York: Routledge.

Beeby, Allison (2000). "Choosing an Empirical-Experimental Model for Investigating Translation Competence: The PACTE model". In Maeve Olohan (Ed.), *Intercultural Faultlines: Research Models in Translation Studies I: Textual and Cognitive Aspects* (pp. 43-56). Manchester: St. Jerome Publishing.

Beeby, Allison (2002). "Contrastive Rhetoric in Translator Training: Awareness of Hybrid Genres in the Global Village". In Luis Iglesias Rábade & Susana M. Doval (Eds.), *Studies in Contrastive Linguistics* (pp. 179-188). Santiago de Compostela: Universidad de Santiago de Compostela Publicación.

Beeby, Allison (2003). "Genre literacy and contrastive rhetoric in teaching inverse translation". In Dorothy Kelly et al. (Eds.), *La direccionalidad en traducción e interpretacion: Perspectivas teóricas, profesionales y didácticas* (pp. 155-166). Granada: Editorial Atrio, S.L.

Berenguer, Laura (1996). "Didáctica de segundas lenguas en los estudios de traducción?>. In Amparo Hurtado Albir (Ed.), *La enseñanza de la traducción* (pp. 9-30). Castelló: Publicacions de la Universitat Jaume I.

Brehm, Justine (1997). Developing Foreign Language Reading Skill in Translator Trainees. Unpublished PhD. Universitat Jaume I.

Canale, M. (1983). "From Communicative Competence to Communicative Language Pedagogy". In J. C. Richards & R. W. Schmidt (Eds.), *Language and Communication.* London: Longman.

Connor, Ulla (1996). *Contrastive Rhetoric.* Cambridge and New York: Cambridge University Press.

Cope, William & Kalantzis, Mary (Eds.). (1993). *The Powers of Literacy: a Genre Approach to Teaching Writing.* London: The Falmer Press.

Delisle, Jean (1980). *L'Analyse du discours comme méthode de traduction.* Ottawa: Ottawa University Press.

Delisle, Jean (1993). *La traduction raisonnée. Manuel d'initiation à la traduction profession- elle de l'anglais vers le francais.* Ottawa: Ottawa University Press.

Dreyfus, H. L. & Dreyfus, S. E. (1986). *Mind over Machine.* Oxford: Blackwell.

Elena García, Pilar (1990). *Aspectos teóricos y prácticos de la traducción.* Salamanca: Publicaciones de la Universidad de Salamanca.

Fraser, Janet (1996). "The Translator Investigated. Learning from Translation Process Analysis". *The Translator, 2* (1), 65-79.

Grindrod, M. (1986). "Portrait of a Profession: The Language Monthly Survey of Translators". *Language Monthly, 29.*

Halliday, M. A. K. (1978). *Language as Social Semiotic.* London: Edward Arnold.

Hameline D. (1976). *Les objectifs pédagogiques en formation initiale et en formation continue.* Paris: Editions ESF.

Hatim, Basil & Mason, Ian (1990). *Discourse and the Translator. London:*

Longmans.

Hoey, Michael (2001). *Textual Interaction: An Introduction to Written Discourse Analysis.* London and New York: Routledge.

Holmes, James (1972). "The Name and Nature of Translation Studies". Unpublished manuscript. Reprinted in 1988, *Translated! Papers on Literary Translation and Translation Studies,* 66-80. Amsterdam: Rodopi.

Hurtado Albir, Amparo (Ed.). (1996). *La enseñanza de la traducción.* Castellón: Universitat Jaume I.

Hurtado Albir, Amparo (Ed.). (1999). *Enseñar a traducir.* Madrid: Edelsa.

Izard, Natalia (2000). "Dubbing for Catalan Television". In Allison Beeby, Doris Ensinger, & Marisa Presas (Eds.), *Investigating Translation.* Amsterdam and Philadelphia: John Benjamins Publishing Company.

Kiraly, D. C. (1995). *Pathways to Translation. Pedagogy and Process.* Kent: The Kent State University Press.

Koltay, Tibor (1998). "Including Technical and Academic Writing in Translation Curricula". *Translation Journal, 3* (2). wysiwyg://44/http://accurapid.com/journal/04educ.htm

Leki, Ilona (1991). "Twenty-five years of contrastive rhetoric: Text analysis and Writing Pedagogies". *TESOL Quarterly, 25* (1), 123-144.

Mackenzie, Rosemary (2000). "POSitive Thinking about Quality in Translator Training in Finland". In Allison Beeby, Doris Ensinger. & Marisa Presas (Eds.), *Investigating Translation* (pp. 213-222). Amsterdam and Philadelphia: John Benjamins Publishing Company.

McAlister, G. (1992). "Teaching Translation into a Foreign Language - Status, Scope and Aims". In Cay Dollerup & Anne Loddegaard

(Eds.), *Teaching Translation and Interpreting: Training Talent and Experience.* Amsterdam and Philadelphia: John Benjamins Publishing Company.

McCarthy, Michael & Carter, Ronald *(1994), Language as Discourse: Perspectives for Language Teaching*. London and New York: Longman.

Martinez Melis, Nicole (2001). Évaluation et Didactique de la Traduction: les cas de la traduction dans la langue étrangère. Unpublished PhD Thesis, Universitat Autònoma de Barcelona.

Mossop, Brian (2000). "What should be taught at translation school?" *Innovation in Translator and Interpreter Training,* http://www.fut.es/□apsym/symp/mossop.html

Nord, Christiane (1991). *Text Analysis in Translation. Theory, Methodology and Didactic Applications for a Translation-Oriented Text Analysis.* Amsterdam and Atalanta: Rodopi.

Nord, Christiane (1999). "Translating as a Text-Production Activity". *Innovation in Translator and Interpreter Training,* http://www.fut.es/~apym/symp/nord.html

Orozco, Mariana (2000). Instrumentos de medida de la adquisición de la competencia traductora: construcción y validación. Unpublished PhD Thesis, Universitat Autònoma de Barcelona.

PACTE (2000). "Acquiring Translation Competence: Hypotheses and Methodological Problems of a Research Project". In Allison Beeby, Doris Ensinger, & Marisa Presas (Eds.), *Investigating Translation* (pp. 99-116). Amsterdam and Philadelphia: John Benjamins Publishing Company.

Scollon, Ron & Scollon, Suzanne Wong (1995). *Intercultural*

Communication. Oxford UK and Cambridge USA: Basil Blackwell.

Séguinot, Candace (1994). "Technical Writing and Translation: Changing with the Times". *Technical Writing and Communication, 24* (3), 285-292.

Simpson, Jo Ellen (2000). "Topical Structure Analysis of Academic Paragraphs in English and Spanish". *Journal of Second language Writing, 9* (3), 293-309.

Sternberg, R. J. (1996). *Cognitive Psychology.* Fort Worth: Harcourt Brace.

1단계: 번역 기반 예비 교수요목

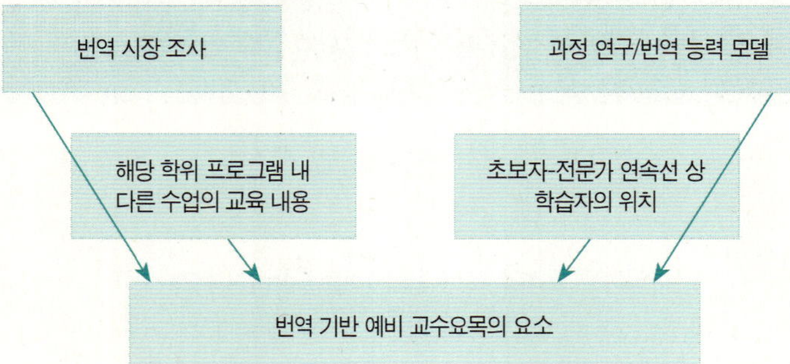

2단계: 담화 기반, 번역 중심 예비 교수요목

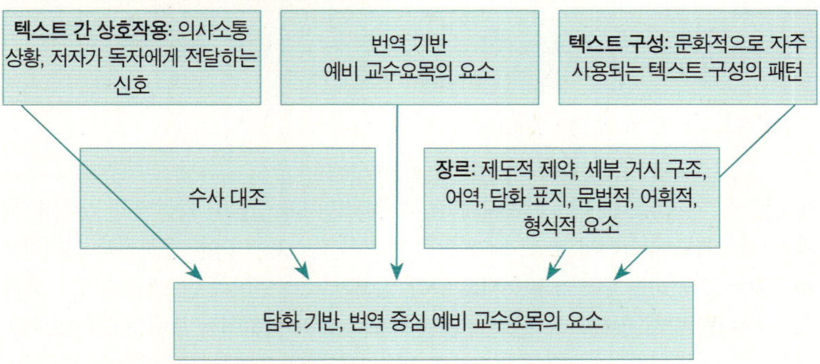

3단계: 1단계와 2단계를 통합한 맥락 및 과업 기반 교수요목

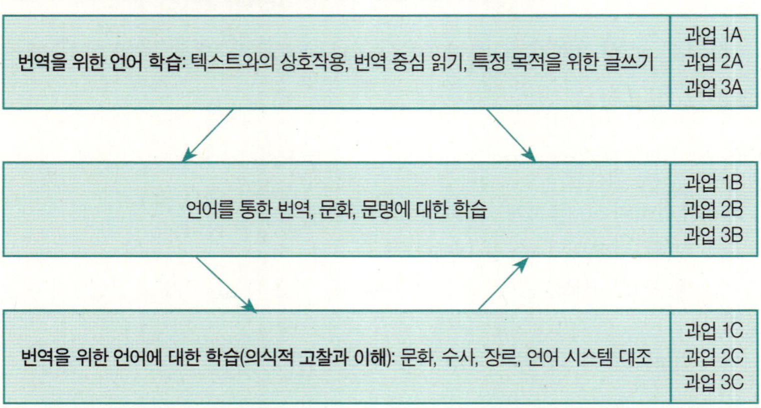

6장

학부 및 대학원의 번역 학위 과정: 목표와 기대

마리아 곤잘레즈 데이비스(María González Davies)

서론

오늘날 전 세계적으로 매스커뮤니케이션과 멀티미디어 경험이 확산되고 있으며, 독자들 사이에는 영화에서 노래, 책에 이르는 최신 텍스트를 다른 문화권과 실시간으로 공유하고자 하는 수요가 높아지고 있다. 영어가 세계 언어로 변모했음에도 번역은 크게 타격을 받지 않았으며, 문화적 관습이 화두로 부상하면서 오히려 그 중요성이 부각되고 있다. 수잔 바스넷(Susan Bassnett, 1996, pp. 20-21)

학부와 대학원에서의 번역 연구와 관련해서는 다음과 같은 다양한 질문을 떠올릴 수 있다.

- 우리가 학부 학생들에게 기대하는 것은 무엇인가?
- 우리가 대학원 학생들에게 기대하는 것은 무엇인가?
- 이들 학생들의 흥미와 수요는 어떠한가?
- 이들 학생들의 수요를 충족시키기 위해 우리는 학습 과정을 어떻게 구성해야 하는가?
- 이들 학생들이 우리에게 기대하는 것은 무엇인가?

그리고 위의 질문에 대한 답변에 따라 다음과 같은 추가 질문도 생각해볼 수 있다.

- 대체로 실무 지향적인 번역학의 특성을 감안할 때 실습은 어떻게, 언제 제공되어야 하는가?
- 학부생과 대학원생에게는 유사한 교육이 제공되어야 하는가?

대학 교육의 개념 및 구성, 교육적 접근법, 번역에 대해 일반적으로 받아들여지는 관행 등이 사회마다 다름을 감안할 때, 이러한 질문에 대한 일련의 답변들이 보편적 타당성을 지닐 가능성은 낮다. 그럼에도 각 사회가 다른 사회로부터 배울 수 있는 부분은 분명 있으며, 그런 의미에서 본 고는 1990년대 스페인의 상황을 소개하고자 한다. 이 시기에 스페인에서는 학부 및 대학원의 번역과 통역 프로그램이 급속하게 확산되었으며, 이들 프로그램은 현재 매우 큰 인기를 누리고 있다. 이러한 급속한 성장에는 장단점이 있게 마련인데, 우선 여전히 해결되지 못한 부분을 비롯해 문제점을 간략히 언급하고자 한다.

학부 학위 프로그램 설립

스페인의 교육 시스템은 중앙 정부에 의해 엄격하게 운영되고 있으며, 마드리드에 있는 교육부(Ministerio de Educacion)가 제정하는 법령, 규칙, 규정에 크게 영향을 받는다. 이러한 법규는 관보(Boletin Oficial del Estado, B.O.E)를 통해 발표되며, 카탈루냐의 경우 한 단계를 더 거쳐 카탈루냐어 관련 사안을 규정하는 카탈루냐 자치정부 공식문서(Document Oficial de la Generalitat de Catalunya, DOGC)를 통해 발표된다.[1)]

모든 자치주가 번역을 두 개의 공식 언어로 제공해야 하며, 따라서 필요한 시간, 과목, 교수자의 수는 물론 프로그램의 비용도 증가하게 된다.

대학 단계에서 제공되는 과목은 네 가지 유형, 즉 (i) 핵심 과목(troncales): 교육부가 결정하고 스페인 전역에서 의무적으로 제공되는 과목 (ii) 필수 과목(obligatorias de universidad): 각 학부가 결정하고 대학이 승인하는 필수 과목 (iii) 선택 과목(optativas): 각 학과가 신청하고 학부와 대학이 승인하는 과목 (iv) 자유 선택 과목(de libre elección): 각 대학의 다른 학생들이 선택하는 과목으로 분류된다. 1987년부터 학생들은 최소 300학점을 이수해야 학위를 취득할 수 있는데,[2] 이를 위해 통상 2개 사이클로 구성된 4년제 프로그램을 마쳐야 한다. B.O.E.를 통해 규정된 바에 따르면 교과목은 대부분 4.5학점으로 4개월 동안 진행되며, 일부는 9학점으로 1년 동안 제공된다. 1987년 이전에는 학점이 아닌 교과목에 초점을 맞춘 5~6년제 프로그램을 이수해야 학위를 취득할 수 있었다.[3]

1970~80년대 스페인에서는 바르셀로나, 카나리아 군도 라스 팔마스, 그라나다의 자치대학 등 3개 대학에서 번역학이 교육되었다. 다만, 이들 프로그램은 완전한 4~5년제 학위 과정(licenciatura)이 아니라 3년제 학위 과정(diplomaturas)이었다. 하지만 1991년 번역학이 완전한 학위 과정이 되면서 상황은 급격하게 변하기 시작했으며, 이에 따라 현재 스페인에는 19개 번역 학위 과정은 물론 11개 대학원 과정과 9개 박사 학위 과정이 있다. 이와 직접적으로 관련해 1993년에는 스페인 대학들의 통번역 센터 및 번역 학술 활동의 진흥과 협력을 위해 스페인 통번역 센터 및 학과 협회(Conferencia de Centros y Departamentos Universitarios de Traduccion e Interpretacion del Estado Espanol-www.confetrad.org)가 설립되기도 했다. 이 협회는 교육부와는 독립적으로 운영되고 있으며 1년에 1회 (필요할 경우 1회 이상) 회의를 개최해 신규 프로그램 설계 등 구체적인 사안을 논의한다. 통번역 관련 학부가 성공적으로 운영되면서 스

페인 전통에 깊숙이 자리잡고 있는 개념인 꼴레히오(Colegio), 즉 전문 협회의 설립 가능성도 높이고 있다. 현재 카탈루냐, 그라나다, 라스 팔마스에는 영향력 있는 협회가 운영되고 있는데 향후 2년 안에 이들 협회를 통해 꼴레히오가 설립될 가능성이 높다.

번역은 유일한 외국어 관련 학위 과정인 언어학 내 선택 과목으로 시작되었다. 하지만 번역 연구는 다양한 언어와의 접촉, 실무 지향적 특성, 다양한 직업 선택 가능성, 그리고 스페인어로의 번역, 스페인에서 사용되는 다른 언어로의 번역 등 스페인의 연간 번역 생산 규모가 매우 크다는 점 등 언어학과는 차별되는 다양한 측면으로 인해 엄청난 인기를 끌게 되었다. 2003년 스페인 내 출판물 가운데 약 26%가 번역서였는데,[4] 이러한 비중은 1994년부터 계속 유지되고 있다. 여기에는 관련 시장 규모가 확대되고 있는 스페인 내 사용 언어 간 번역서도 포함되어 있다. 번역이 가장 많이 이루어지는 언어는 영어, 스페인어, 프랑스어, 독일어 등이며 이 가운데 17%가 문학 번역이다. 영어권 국가의 경우, 통상 전체 출판물 대비 번역서의 비중은 연간 3~5%에 그치며 대부분 문학 번역이다(베누티(Venuti), 1995; 벨로스(Bellos), 1999).

스페인에서 가장 자주 출판되는 주제는 사회과학과 인문학이며, 문학, 교과서 등의 교육, 과학 및 기술이 그 뒤를 잇는다.[5] 학부 교과과정을 설계할 때는 통상 시장 동향도 고려해야 하기 때문에 이러한 선호도 역시 제공되는 전문 번역 과목 선정에 영향을 주었다. 하지만 과목 선정은 실무적, 학문적 전문성을 기준으로 섭외 가능한 교강사진의 프로필에 영향을 받는 경우가 많다. 전세계 대부분의 대학에서와 마찬가지로 스페인 대학의 학과와 교과과정은 통상 언어에 따라 분류되고 언어 조합을 중심으로 제공되고 있는데, 많은 학자들이 이러한 구조를 바꿔야 한다고 주장하고 있다. 예를 들어, 로빈슨(Robinson, 1999)은 이러한 구조의 기저를 이루는 영토의 문화가 번역사에게 중재자(intermediaries)로서의 역할을 촉구하는 전문적 또는 학문적 문화로 바꿔어야 한다고 역설했다. 교육 구조가 그러한 방향으로 전환될 경우, 번역 교육 기관은 국가 대 국가 번역에 초점을 맞추던 기존 관행에서 벗어나 법률, 상업, 또는 과학 번역 등의 학과를 설립하게 될 수도 있다.

1998년 런던에서 개최된 POSI(Praxis-orienterte Studieninhalte/Practice-oriented study content for the training of translators)[6]회의에서는 국가마다 번역 교육에 대해 선호하는 접근법이 각기 다름을 확인할 수 있었다. 일부 국가에서 번역 교육은 학부 과정으로 인식되고 있는 반면, 다른 국가, 특히 영어권 국가에서는 주로 대학원 과정에서 제공되고 있다. 스페인의 경우, 번역을 수료 과정에서 학위 과정으로 변경한 1991년 법령은 '바르셀로나, 그라나다, 라스 팔마스, 교육부 사이에 끈질긴 협상(비비(Beeby), 1996, p. 119)'을 거친 후에나 나올 수 있었다. 학문적, 정치적 반발이 매우 거셌기 때문인데, 번역과 통역을 대학의 틀에서 제공하기에는 적합하지 않은 '비학술적' 학문으로 보는 시각이 팽배했고, 언어학과의 경우 학생 수 감소를 우려하면서 크게 반대했다. 기존 통번역사 협회 역시 학위 과정 설립으로 잠재적인 경쟁자가 늘어날 수 있다는 이유로 반대 의사를 표했다.

한편, 통번역 교육이 학위 과정으로 1년 연장됐다는 사실은 통번역이 이제 학술 연구에 적합한 분야로 인정되고 있음을 의미할 뿐 아니라 교육 분야에서 새로운 고용 창출의 가능성이 높아졌음을 시사하는 것이기도 하다. 또, 대학의 비정년 교수자들에게는 전혀 새로운 연구 분야가 열리게 되었다. 각 대학은 개혁을 통해 기술 의존도가 높아진 사회와 의사소통적 학습 방식에 익숙한 젊은 학생들에게 적응할 수 있는 기회를 가질 수 있게 되었다. 하지만 아이러니하게도 전문 번역사들 사이에는 신규 교수자 채용에 지원할만한 자격을 갖춘 사람이 충분치 않았다. 스페인에서 대학 교수자로 채용되기 위해서는 박사 학위를 소지하고 국가 공인 시험에 합격해야 하기 때문이었다. 결국, 1999년까지 스페인 대학의 통번역 교수자 가운데는 통번역 전공자를 찾아볼 수 없었다.

이러한 문제에 대한 해결책 중 하나가 대학 학위, 주로 언어학 박사 학위를 소지한 파트 타임 번역사를 준 교수자로 채용하는 방법이었다. 스페인 내 대학의 번역학과에서는 이러한 방법으로 교수진을 구성하는 것이 일반적인데, 이로 인해 교수자와 학생은 서로 다른 목표를 설정하게 될 수 있다. 이들의 대학 교육에 대한 기대가 각기 다르기 때문이다. 즉 교수자들은 언어학에 기반을 두고 있기 때문에 교과과정에서 언어학과 문학이 많이 포함되기를 바라는 반면 실무에 관심이 많은 학생들은 이론보다는 실습이 좀 더 많이 포함되기를 희망한다.

중등 교육기관의 외국어 교수자들은 전통적으로 성적이 가장 우수한 학생들은 언어학 분야로 진출할 것이라는 가정 하에 교육을 진행했고, 따라서 번역 활동은 수업에 많이 포함되지 않았다. 하지만 통번역이 완전한 대학 학위 과정으로 도입된 후부터는 일부 변화의 신호가 감지되고 있다. 일례로, 스페인 내 외국어 교육 컨퍼런스에서 외국어 학습 과정에서의 번역에 대한 언급이 늘어나고 있고 관련 워크샵도 자주 개최되고 있다.

학부생 대상 교육

학부생을 대상으로 번역을 가르칠 때는 학생들, 특히 1학년들이 매우 전통적이고 비전문가적인 관점을 바탕으로 번역에 접근하는 것을 자주 볼 수 있다. 학부 프로그램을 설계할 때 '우리가 학부 학생들에게 기대하는 것은 무엇인가?'와 '학부 학생들이 우리에게 기대하는 것은 무엇인가?'라는 두 가지 문제를 매우 중요하게 고려해야 하는 이유가 바로 여기에 있다. 번역 경험이 많지 않은 학생들에게 필요한 부분은 일반적으로 좀 더 나이가 많고 성숙하며 실무 경력이 있는 대학원생들과는 다르다. 학부에서 번역을 전공하지 않고 대학원 과정에 등록한 학생들의 경우, 번역학과 졸업생이라면 일반적으로 갖추고 있을 법한 자원 활용 기술, 번역 전략의 적용과 같은 좀 더 인지적인 기술 등의 기술이 부족한 경우가 많다. 반면, 번역을 전공한 학생들은 다양한 학문 분야에 대한 지식 관리와 대부분의 텍스트 유형과 학문 분야에 적용 가능한 문제 발견 및 해결 기술에 대한 교육을 받는다. 실무 세계에서는 번역이 예술보다는 비즈니스로 인식되며 다양한 분야를 다루는 번역사에 대한 수요가 매우 높기 때문에 이러한 기술은 큰 경쟁력이 된다(바호 외 7명(Bajo et al.), 2001; 곤잘레즈 데이비스와 스콧-테넷(González Davies & Scott-Tennet) 2001; 곤잘레즈 데이비스와 스콧-테넷 2005; 쿠스마울(Kussmaul), 1995; 뢰르셔(Lörscher), 1991, 1992; 오로스코(Orozco), 2000; 스콧-테넷과 곤잘레즈 데이비스, 2000; 세기노트(Sèguinot) 1991; 티르콘넨-콘디트(Tirkkonen-Condit), 2001 등 참고). 학부를 마친 뒤 대학원에서 번역 과정을 처음 시작하는 학생들은 용어에 대한 지식과 특정 분야에 대한 개념은 더 많이 갖추고 있지만, 4년 동안 번역을 연습하고 연구했던 사람보다 유연성이나 번역 기술은 부족하다.

통번역을 학문으로 가르치는 교수자들이 겪는 또 한 가지 어려움은 번역 교육의 전통이 길지 않기 때문에 학부생에 초점을 맞춘 교재가 매우 드물다는 사실이다. 교육에 대한 논문이나 서적은 대부분 대학원 과정 교수자들이나 경력이 있는 번역사들을 대상으로 하고 있다. 하지만 번역 교육은 이제 교수자와 텍스트를 중심으로 '읽고 번역하도록' 지시하는 전통적인 방식에서 의사소통적, 인문주의적, 사회구성주의적인 접근법(키랄리(Kiraly), 1995, 2000; 곤잘레즈 데이비스(González Davies), 2004)으로, 과업 기반 학습과 같이 교육에 대한 시스템적 접근법을 선호하는 방법에서 훈련, 학습자 자율성, 팀워크 등의 방법(우르타도(Hurtado), 2000; 곤잘레즈 데이비스(González Davies), 2003)으로 초점이 이동하고 있다.

끝으로, 번역 능력은 어디에서 나오는 것이고 번역을 적절히 수행하기 위해 학습자들에게 필요한 기본적인 도구는 무엇이며 학부 과정의 번역 학습자들의 특징은 무엇인지, 어떠한 활동이 학습자의 동기를 유발하고 이들이 자율적으로 문제를 해결하거나 문제를 발견하고 해결하도록 도우며 텍스트 유형, 관습, 스타일을 파악하고 존중하거나 번역 작업 및 독자의 중요성을 이해할 수 있도록 하는지 등의 문제에 대한 해답을 찾을 필요가 있다.

또, 교과과정에 포함되어야 할 번역 이론의 분량이라는, 여전히 논란이 많은 문제에 대한 해답 역시 찾아야 한다. 예를 들어, 최근 한 연구는 1학년 때 번역 이론 수업을 수강한 학생들이 해당 수업을 나중에 들은 학생들보다 성적이 우수함을 시사했다(오로스코(Orozco), 2000).

다음은 빅 대학교(University of Vic)의 인문, 번역, 문헌 학부(Facultat de Ciències Humanes, Traducció i Documentació)가 제시하는 학부 번역 과정의 목표로 스페인 내 다른 대학의 목표 역시 대체로 이와 유사하다.

a. 2개 이상의 외국어를 다루는 통번역사를 양성하고 학생들이 고도의 지적, 전문적 기술을 요하는 시장에서 경쟁력을 갖출 수 있도록 돕는다.
b. 출판 업무를 수행할 수 있는 원어민 언어 편집 인력 및 스타일 교정 인력을 양성한다.
c. 졸업생들이 언론, 방송 및 영화(더빙 및 자막),[7] 라디오, 홍보, 관광, 국제 관계 관련 기업 등의 분야로 진출할 수 있는 기반을 마련한다.
d. 학생들이 외국어 및 모국어 교육 분야[8]로의 진출을 준비할 수 있도록 돕는다.
e. 학생들이 대학원 진학을 준비할 수 있도록 돕는다.

학습 과정: 번역

번역 교육의 첫 단계에서는 연령, 성숙도, 세계 지식, 번역에 대한 관점 등의 변수가 결정적인 영향을 미친다. 외국어 과목 수강생 가운데 상당수는 아직도 번역이 기본적으로 언어 간 비교나 사전과 관련된 것이라고 생각한다(곤잘레즈 데이비스와 코토너(González Davies& Cotoner), 1999). 스페인 여러 지역의 외국어 학습자들은 시험을 제외하면 수업 시간에 번역을 어떤 식으로든 사용하지 못하도록 하는 의사소통적 접근법에 익숙하다. 따라서 번역에 대한 이들의 태도는 매우 모호한 경우가 많다. 즉 번역이 '쉽거나' 완전히 반대로 '고통스러운 경험'(더프(Duff), 1993, p. 17)이라고 생각한다. 이는 학습자들이 특정한 맥락이 아닌 오류 파악 중심의 시험이나 교정을 통해서만 번역을 경험해보았기 때문이다. 이와 관련해 뢰르셔는 다음과 같이 주장했다(1992, p. 111).

> 필자가 외국어 학습자들의 번역물을 대상으로 구축한 코퍼스에서는 기호 중심 번역의 흔적이 자주 발견된다. 기호 또는 형태 중심 번역에서 학습자들은 원천 언어(source-language, SL) 분절의 형태에 초점을 맞추고 이를 목표 언어의 형태로 대체한다. 이러한 형태/기호의 전환은 관련된 두 개 분절의 의미에는 큰 관심을 두지 않고 이루어진다.

학습자들은 '정확성/등가'의 개념을 확실히 정립하지 못한 채 이를 달성하려고 하며 여기에 사전이 크게 도움이 될 것이라고 믿는다. 따라서, 가장 우선적으로는 학생들이 다음의 두 가지 측면을 인식할 수 있도록 해야 한다.

a. 번역에서는 과정이 결과물만큼 중요하다.
b. 번역 시 직역과 의역 사이에서 선택할 수 있는 충실성의 정도는 번역 과업

등 다양한 요소에 따라 결정된다.

2학년 수업에서는 학습자들이 문제를 인식하거나 최소한 문제에 주의를 기울이는 단계로 발전할 수 있도록 이러한 모든 요소를 좀 더 세부적으로 다뤄야 한다.

스페인 대학 학부의 1~2학년 대상 교과목은 전통적으로 다음과 같이 분류된다.

a. A언어: 모국어로, 자치주에서는 두 개 언어가 사용된다. 학습자들은 주요 번역 과목에서 수강하고자 하는 A언어를 의무적으로 선택해야 하며, 선택 과목으로 그 밖의 A언어를 배울 수 있다(210 시간).
b. B언어 또는 C언어: 외국어. B는 우수한 구사력, C는 낮은 구사력을 의미한다(240/285시간).
c. B언어에서 각자가 선택한 A언어로의 번역(210시간)
d. 번역 이론 입문, 번역에 활용 가능한 컴퓨터 기술 등 배경 지식

현재 스페인 대학의 학부 대부분이 이러한 분류를 수정하고 있으며, C언어, 역방향 번역, 모국어 학습 등에 더 많은 시간을 배분하고자 한다. A언어 구사력이 미흡해 번역물의 품질이 저하되는 경우가 자주 발견되었기 때문이다.

3학년 수업의 경우, 더빙 및 자막, 과학, 법률, 상업, 문학 텍스트 등 다양한 전문 번역의 방식에 대한 입문 교육을 제공해야 한다. C언어로부터의 번역, 전문 용어 활용에 대한 수업도 이 시기부터 시작되어야 한다.

특히 3학년 학생들은 번역과 통역 가운데 하나를 선택해 각 분야에 집중해야 하는데, 선택이 쉽지 않은 경우가 많다. 높은 장비 가격, 교수자 섭외 문제, 통역 선택 학생 수 부족 등으로 통역 수업의 학점 수가 대

학마다 다르기 때문에[9] 학생들의 수준도 천차만별일 수 있다.

번역에 대한 학습자들의 태도와 접근법은 3~4학년 때 대체로 긍정적으로 변하며, 특히 자신감, 다양한 문제 해결 방법에 대한 인식(자원 활용 기술, 번역 선택에 대한 타당한 설명 등) 등이 향상된다. 이 시기에는 그동안 배웠던 것을 공고히 다지면서 세 번째 사이클이나 실무로의 진출을 준비해야 한다.

결국, 현재의 학부 과정은 다음과 같은 측면에 기반하고 있고 초점을 맞추고 있다고 볼 수 있다.

a. 도구 활용(예: 신 기술 등 사용 가능한 도구 및 자원 활용)
b. 예비 전문화(예: 향후 어떠한 전문 분야든 대처할 수 있는 유연성 향상을 위한 다양한 분야에 대한 입문)
c. 대부분의 언어 조합에 적용 가능한 전환 기술(예: 전략 선택, 동기가 부여된 선택에 기반한 의사 결정, 관습 및 문화적 표지에 대한 인식)
d. 번역에 대한 완전히 기계적인 연습에서 성찰적 연습과 지속적 업데이트로 전환할 수 있는 능력

이러한 측면은 다음과 같은 과목을 교과과정에 골고루 포함해 실무적 문제와 학문적 문제 간 균형을 도모함으로써 교육할 수 있다.

1. 언어 학습: SL 및 TL의 지속적인 습득 및 향상, 언어 간 전환의 존재와 위험에 대한 인식
2. 주제 분야: 다양한 학문 분야에 대한 백과사전식 지식에 대한 입문, SL 및 TL의 관습에 대한 인식, 용어 관리에 대한 입문
3. 번역 기술: 문제 발견 및 문제 해결, 번역사로서의 창의력 및 자신감 고취, 전략 인식 및 활용, 번역 과업 및 텍스트 기능에 따른 충실성의 정도 결정 능력, 고객의 기대 부응 방법 학습, 신속한 양질의 번역물 생산 능력, 제약

극복, 실제 시장 수요에 부응하는 순방향 및 역방향 번역 연습, 자기 및 동료 평가 기술

4. 자원 활용 기술: 지면, 전자, 인적 자원
5. 컴퓨터 활용 기술: 번역사 워크벤치, 컴퓨터 보조 번역, 인간 보조 자동 번역, 데이터베이스 및 디지털 정보 접근, 일방향(예: 웹페이지) 및 양방향(예: 이메일) 원거리 통신 등의 전자 자원 등
6. 전문가 기술: 번역사의 권리, 계약, 보수에 대한 인식, 다양한 편집 과정 연습, 최소한 마지막 2년 동안은 가급적 실제 상황과 유사한 실무 연습

이러한 측면들은 1997년 벨기에서 개최된 POSI 회의를 현실적으로 구체화시킨 것이라고 할 수 있다. 이 회의에서 참석자들은 번역사 교육과정 설계에 필요한 기본 요소에 대해 논의했으며, 바람직한 교과과정은 실무 중심적이어야 하고 입학 시험과 수업에 번역 방법론과 번역 이론을 포함해야 한다는 결론을 도출했다. 특히 이 모든 과정에서 세계화에 따른 (모국어로의 번역뿐 아니라) 다양한 언어로의 우수한 번역에 대한 수요 확대, 언어 관련 기술 및 컴퓨터 과목 포함, 전문화 심화에 따른 과목의 모듈화, 문서 작성 및 용어, 인턴십 등을 염두에 두어야 한다.

1998년 열린 스페인 통번역 센터 및 학과 협회 회의에서 참석 대학들은 졸업생들의 활동 분야를 추적해 각 교과과정의 적절성을 평가하는 설문조사를 실시하기로 결정했다. 이듬해 회의 개최 시점까지 세 개 대학은 설문조사를 완료했고 나머지는 진행 중이었다. 이들 세 개 대학이 도출한 결과는 유사했으며, 이는 지난 4년 동안 크게 달라지지 않았다. 즉 졸업생 가운데 약 20%는 학업을 계속하고 있다고 답변했고, 40%는 통번역과 직접적으로 관련된 일을, 20%는 통번역은 아니지만 공부했던 언어와 관련된 일을 하고 있다고 말했다.

대학원 연구 과정

대학 과정의 세 번째 사이클은 대학원, 석사, 박사 과정이다. 스페인은 각 대학의 대학원과 석사 프로그램 설립을 크게 규제하지 않는다.[10) 반면, 박사 프로그램은 B.O.E. 20.4.98 하에서 엄격한 규제를 받고 있다. 박사 과정은 수업 및 강의(20학점)와 논문(12학점)의 두 개 과정으로 구성되어 있다. 박사 과정은 그 동안 매우 학문적이며 학자가 되고자 하는 학습자들에게만 적합한 것으로 인식되어 왔다. 하지만 학문 외의 직업 진출에도 도움이 되도록 하기 위해 현재 박사 과정은 대학원이나 석사 과정과 유사하게 변모하고 있으며, 각 과정을 마칠 때마다 수료증이 수여된다.[11) 이는 박사 프로그램이 특히 법률, 의학, 번역 등 실무 중심적 학문에서는 석사 프로그램과 같은 기능도 수행함을 의미한다. 즉 이러한 변화 속에서 박사 프로그램에 진학하는 학습자에게는 반드시 박사 학위 취득이 목표는 아니라는 것이다. 이와 유사한 것이 프랑스 대학들에 의해 설계된 '독또랄리아'(Doctoralia) 과정이다. 이 과정은 박사 과정생과 산업 간 연계 도모에 목표를 두고 있는데, 여기에서 연구와 실무 교육을 구분해야 한다면 그 경계를 어디로 설정해야 하는지, 각 학위 과정이 각기 다른 자격 요건을 두어야 하는지 등의 문제가 즉각적으로 제기된다.

B.O.E.(1998)에 따르면 박사 과정의 주요 목표는 다음과 같다.

a. 신진 연구자 교육
b. 연구팀 진흥
c. 신진 교수자 교육
d. 직업적, 학술적, 기술적, 예술적 발전 도모

하지만 이러한 변화가 아직 초기 단계에 있는 만큼 박사 프로그램에 진학하는 학생들은 여전히 실무보다 연구에 관심이 많다. 루시에키(Rusiecki, 1999, p. 9)에 따르면 연구는 두 가지 유형으로 분류할 수 있다. 우선 '새로운 발견, 일반화, 이론을 위한 연구로서 인간 지식의 한계를 확장하는' 'A 유형의 독창적 연구'가 있고, 두 번째로는 '이미 알려진 사실을 새로운 방식으로 구성하고 일반적으로 수용되는 이론을 새로운 관점으로 제시하며 충분히 연구된 사회 또는 문학 현상을 다른 문화의 관찰자와 같은 시선으로 고찰하는 능력'과 관련한 'B 유형의 독창적 연구'가 있다. 학부 과정에서 배운 분야 중 하나 또는 일부를 분석하고 해석하는 데 초점을 맞추는 스페인 대학의 박사 논문에서는 이들 두 가지 유형의 연구를 모두 발견할 수 있다.

스페인에서는 학부에 번역 과정이 개설되어 있지 않은 대학도 번역에 대한 박사 프로그램을 제공하고 있다. 또, 언어학과와 번역학부가 제공하는 프로그램 사이에는 분명한 차이가 있다. 전자의 경우 문학과 번역의 역사에 좀 더 초점을 맞추고 있으며, 후자는 학문적 주제와 실무 기술을 적절히 조합해 제공되고 있다.

스페인에는 대학원 과정(posgrado)과 석사 과정(másteria)등 두 가지 유형의 비박사 대학원 과정이 있다. 전자는 1년 과정으로 약 200시간의 수업으로 구성되어 있으며, 후자는 2년 과정으로 300시간 이상의 수업을 수강한 후 100시간의 논문 또는 인턴십 과정을 이수해야 한다. 이들 과정은 거의 대부분 학생들에게 시장에서 일자리를 얻을 수 있는 기술과 지식을 제공한다는 실무적 측면을 주요 목표로 삼고 있다.

대학의 관점에서 이러한 프로그램은 프로그램의 내용 측면에서, 그리고 번역 교수자 가운데 상당수가 실무 번역사라는 점에서 대학과 산업 간 협력 확대에 기여한다. 과목은 대부분 비문학 분야에 관련된 것이고, 문학 중심 과목이라고 하더라도 학부가 개설할 경우 출판 관행에 초점을 맞추는 경우가 대부분이다. 일례로, 한 대학원의 문학번역 과목(2000~2001)은 '학습자에게 문학 번역 출판 과정의 다양한 단계에 참여해볼 수 있도록 돕는 것'을 목표로 제시하고 있다. 이러한 과목에서 수업은 문학 번역 관련 주제와 '문학 번역에서 선택할 수 있는 직업' 등의 다른 주제를 결합하는 방식으로 진행된다.

1991년 발렌시아 대학교(University of Valencia)에서 개최된 한 회의에서는 28개 대학이 참석해[12] 당시 스페인에서는 잘 알려지지 않았으며 미국에서 온 것으로 인식되던 대학원 과정의 확산에 대한 대응 방안을 논의했다. 당시 대학원 과정에 등록하려면 학위를 소지하고 경제적으로도 풍족해야 했다. 이러한 상황은 지금도 크게 변하지 않았다. 대학원 과정의 학비가 대학 내 다른 과정보다 훨씬 비싸기 때문이다. 1990년대 초 대학원 과정은 최소 50학점으로 이루어져 있었다. 사설 교육기관 역시 대학원 과정을 제공해왔지만, 최근에는 명성과 신뢰를 얻기 위해 대학과 연계해야 할 필요성이 높아지고 있다. 이들 과정은 졸업생을 채용할 가능성이 높은 기업들이 설계하는 경우가 많은데, 이처럼 향후 취업 기회가 보장된다는 측면에서 높은 학비가 '정당화'된다.

대학원생 대상 교육

대학원 과정 학생들은 목표가 분명하다. 이들은 학부 과정에서 다룬 분야 중 하나 또는 일부를 좀 더 전문적으로 배우거나 학부 과정에서 습득하지 못했던 능력을 함양하기 위해, 새로운 직업적 수요에 부응하거나 해당 분야의 최신 지식을 습득하거나 새로운 진로를 모색하기 위해, 또는 단순히 학생으로서의 삶을 좀 더 즐기기 위해 대학원 과정에 등록한다. 이유가 무엇이건 이들의 최종 목표는 대체로 특정 직업 분야로 진출하는 것이다. 따라서 대학원 과정은 언어 학습, 주제 분야, 번역 기술, 자원 활용 기술, 컴퓨터 활용 기술, 전문가 기술 등 학부 과정에서 다룬 분야에 대한 이해를 좀 더 정교하게 다듬고 향상시키는 데 초점을 맞춘다. 대학원생들은 학부를 졸업했기 때문에 취업에 대한 법적 제약이 없으며,[13] 따라서 실무 경험을 좀 더 쉽게 쌓을 수 있다. 또, 이들 가운데 상당수는 이미 번역사로 일하고 있다.

아울러, 대학원 번역 프로그램의 대상이 언어학과 학생들인지, 번역학과 졸업생들인지도 고려할 필요가 있다. 학문적 배경에 따른 학생들의 수요에 맞춰 프로그램의 과목과 주제도 달라져야 하기 때문이다.

그렇다면 대학원생들의 일반적인 목표는 다음과 같이 요약될 수 있을 것이다.

a. 전문화 및 지식 관리
b. 전환가능한 기술 정교화
c. 기대와 기준이 다양한 고객과 기업이 있는 생산성 시장에 대한 적응

결론

그렇다면 대학의 번역 프로그램이 어떤 단계에서든 제공할 수 있는 것은 무엇인가? 신경학 연구 결과들에 따르면 특정 기술이 빨리 개발될수록 두뇌는 해당 기술을 좀 더 쉽게 받아들이고 이에 좀 더 잘 적응하게 된다. 따라서 학생들이 번역 과정을 이해하는 방법과 성찰적 학습을 통해 결과물을 평가하는 방법을 배운다면, 이들은 중요한 기술을 발전시키면서 자신의 번역에 대해 직관적인 수준 이상으로 설명할 수 있게 될 것이다. 그리고, 이러한 능력은 해당 과정을 거치지 않은 대부분의 번역사보다 훨씬 빨리, 좀 더 탄탄한 기반 하에서 습득될 수 있을 것이다. 따라서 학생들은 첫 단계에서 절차적 지식('어떻게'에 대한 것)에 초점을 맞춰 일반 기술을 습득할 수 있다. 이는 학생들이 직업 중심의 대학원 프로그램과 연구 중심의 박사 프로그램 사이에서 선택을 해

야 할 때 도움이 될 수 있다. 어떤 프로그램을 선택하건 학생들은 적절한 서술적 지식('무엇을'에 대한 것) 습득 단계로 넘어가게 되고, 학부 과정에서 학습했던 절차적 지식을 확장하면서 전문성을 기르게 된다.

현재 번역 교육에서는 기존 프로그램을 개선하고, 번역물 품질 평가, 로컬리제이션 및 글로벌리제이션, 전문 과목의 일부였으나 이제 모든 과목에서 어떤 방식으로든 활용되고 있는 컴퓨터 활용 기술 등에 대한 교육을 제공하며, 교수자들에 대한 정기적인 교육을 실시하는 것 등이 새로운 과제로 남아있다. 교육 기술을 최적화하는 것 역시 전통이 짧은 학문에서는 반드시 해결해야 할 부분이다. 즉 번역 수업은 학부생, 대학원생, 전문 번역사 등 해당 수업이 누구를 대상으로 하고 있는지에 따라 적절한 교육 또는 직업 활동에 초점을 맞춤으로써 학습자들에 특화되어야 하고 다양한 교육적 접근법을 아울러야 한다. 교육 방법의 경우, 의미 있는 학습에 좀 더 초점을 맞춰야 하며 모든 단계에서 학습자들의 자율성을 존중해야 할 것이다. 대부분의 학자들은 현재 우리가 '방법 이후의 상태'(Post-Method Condition)(블록(Block), 2000)에 있다는데 견해를 같이 하고 있다. 즉 여러 연구 결과가 외국어 및 제2언어 습득에서 유일한 최상의 방법은 없지만 교수자가 담당 학습자들과 과목에 적응하면서 각각의 교육 맥락에 가장 적절한 방법을 택하고 학습자들과 실질적으로 의사소통하는 것이 가장 중요함을 보여주는 듯 하다는 것이다.

교수자와 연구자는 학문과 직업의 영역에 대한 좀 더 경험적이고 실험적인 연구를 통해 이론, 실무, 학습자와 자신의 사회적, 직업적 인식 간 간극을 메울 필요가 있다.

번역 프로그램, 나아가 대학이 제공하는 그 밖의 모든 직업 중심 프로그램을 설계할 때 가장 근본적으로 제기되는 질문은 실무와 학문을 분리해야 할지, 아니면 함께 제공해야 할지 여부다. 여기서 우리가 할 일은 일단 첫 단계에서 학생들에게 이 두 가지 영역을 모두 소개함으로써 이들이 졸업 후 스스로 둘 중 하나를 선택할 수 있도록 돕는 것이다.

미주

1) 예를 들어, 법정 번역사 인증을 받기 위한 학부 과정 이수 요건의 경우 스페인어로의 번역(B.O.E. 23.2.96 및 B.O.E.2.4.97)과 카탈루냐어로의 번역(DOGC 30.3.00)이 약간 다르다.

2) 1학점 당 10시간.

3) 이러한 제반 여건은 2010년 스페인 대학 시스템이 유럽학점제(European Credit System)로 통합됨에 따라 변경될 가능성도 있다.

4) 2003년 9월 스페인 교육부가 발표한 수치로, 본 고 집필 시점에서 확인 가능한 최신 공식 통계이다.

5) 출처는 '통계: 도서, 기록 및 도서관, 2003. 문화부(Estadisticas: Libros, Archivos y Bibliotecas, 2003. Ministerio de Cultura)'.

6) 번역사 교육 프로그램의 질과 통일성 향상을 주된 목표로 하는 유럽 내 프로젝트.

7) 스페인은 상당한 규모의 영어 영화와 미디어물을 수입하고 있기 때문에 관련 시장이 영어권 국가 시장보다 훨씬 크다.

8) 번역 교육도 여기에 포함될 수 있다.

9) B.O.E에 따르면 모든 학부는 16학점을 제공해야 한다.

10) 1983, 1987, 1998 B.O.E.는 "대학들은...특히 실무적인 문제에 초점을 맞춰... 졸업생들을 위한 과정을 제공할 수 있다(제17조)"고 규정하는 등 각 대학이 이들 프로그램을 설립하는 것을 허용하고 있다.

11) 관련 법령(30.4.98) 공표 후 대부분의 스페인 신문에는 다음과 유사한 헤드라인이 게재되었다. "교육부, 학부 과정과 박사 과정 사이에 전문 자격취득 과정 신설"(El Ministerio de Educacion crea un titulo de especializacion entre la licenciatura y el doctorado)(라 방과르디아(La Vanguardia), 1998년 5월1일), '박사 과정 진학 시 취업에 유리"(Fer un doctorat tambe ajudara a trobar feina)(가세타 우니베르시따리아(Gaceta Universitaria), 1998년 5월3일)

12) 출처는 테네리페(Tenerife) 라 라구나 대학교(Universidad de La Laguna) 대

학원의 프란시스코 가르시아 맨리케(Francisco García Manrique) 부원장.

13) 최소한 스페인에서는 실무자들의 업무 차질 우려로 학부생에게 인턴십 기회를 제공하기가 쉽지 않다. 따라서 대학들은 인턴십 대신 전통적 교실에, 또는 일부 학부의 경우 특별히 마련된 공간에 실무 환경을 조성하는 방식으로 학생들에게 유사한 경험을 제공하고 있다.

참고문헌

Bajo, T., Padilla, P., Muñoz, R., Padilla. F., Gómez, C., Puerta. C., Gonzalvo, P., & Macizo, P. (2001). "Comprehension and memory processes in translation and interpreting". *Quaderns. Revista de Traducció,* 6, 27-31.

Bassnett, S. (1996). "The Meek or the Mighty: Reappraising the Role of the Translator". In R. Álvarez & C. A. Vidal (Eds.). *Translation. Power, Subversion* (Topics in Translation, 8). Clevedon: Multilingual Matters.

Beeby, A. (1996). "Barcelona: Licenciatura en traducción e interpretación" *The Translator, 2* (1), 113 -126.

Bellos, D. (1999). "Nfuestra lengua propia y ajena. El panorama de la traducción literaria en Gran Bretaña en los años noventa". *Vasos Comunicantes, 13,* 26-34. Translation by Celia Filipetto.

Block, D. (2000). "Is Method Really Dead?". *A.P.A.C. of News, 34* (June), 5-10.

Garcia Manrique, F. In the radio programme "De par en par", RNE-1 (Radio Nacional de España), 12.4.91.

Duff, A. (1993). "Our Interviews: Alan Duff"; In Davies M. González (Ed.), A.P.A.C. *of News,* 19, 17-19. *Estadísticas: Libros, archivos y Bibliotecas* (2003). Ministerio de Cultura. www.mcu.es/ libro

González Davies, M. & Cotoner, L. (1999). "Aproximación a una metodología activa en las clases de traducción" *Traducción, Interpretación, Lenguaje,* Madrid: Actilibre .

González Davies, M., & Scott-Tennent, C., & Rodríguez, F. (2001). "Training in the Application of Translation Strategies for Undergraduate Scientific Translation Students': *Meta, 46* (4), 737-744.

González Davies, M. (Ed.). (2003). *Secuencias. Tareas para el Aprendizaje Interactivo de la Traducción Especializada.* Barcelona: Octaedro.

González Davies, M. & Scott-Tennent, C. (2005). "A problem-solving and student-centred ap proach to the translation of cultural references". *Meta,* 50 (1). Special Issue: *Enseignement de la traduction dans le monde.*

González Davies, M. (2004). *Multiple Voices in the Translation Classroom. Activities, Tasks and Projects.* Amsterdam and Philadelphia: John Benjamins.

Hurtado, A. (Dir.). (2000). *Enseñar a traducir. Metodología en la formación de traductores e intérpretes.* Madrid: EDELSA.

Kiraly; D. (1995). *Pathways to Translation.* Kent, Ohio and London: The Kent State University Press.

Kiraly, D. (2000). *A Social Constructivist Approach to Translator Education. Empowerment from Theory* to *Practice.* Manchester: St. Jerome.

Kussmaul, P. (1995). *Training the Translator.* Amsterdam & Philadelphia: John Benjamins.

Lörscher, W. (1991). *Translation Performance, Translation Process, and Translation Strategies. A Psycholinguistic Investigation.* Tübingen: Narr.

Lörscher, W. (1992). "Process -oriented research into translation and its implications for translation teaching". *Interface, Journal for Applied Linguistics,* 6 (2), 105- 117.

Orozco, M. (2000). *Instrumentos de medida de la adquisición de la competencia traductora: Construcción y validación,* unpublished PhD, Universitat Autònoma de Barcelona.]

POSI (1997). "Making Translator Training More Practical': *Language Today,* December, 4- 5.

Robinson, D. (1999). "La formació de traductors al nou milleni. Globalització i localització"

Round Table organised by the *Facultat de Ciències Humanes, Traducció i Documentació,* University of Vic, Spain. 21.10.99.

Rusiecki, J. (1999). "Postgraduate Study of English in Europe". *The European English Messenger, VIII* (2), 7-12.

Scott-Tennent, C. & Gonzalez Davies, M. (2000). "Translation Strategies and Translation Solutions: Design of a didactic prototype and empirical study of results". In A. Beeby, D. Ensinger, & M. Presas (Eds.), *Investigating Translation* (pp. 107- 117). Amsterdam and Philadelphia: John Benjamins

Séguinot, C. (1991). "A Study of Student Translation Strategies". In S. Tirkkonen-Condit(Ed.), *Empirical Research in Translation and Intercultural Studies*(pp. 79-88). Tübingen: Gunter Narr.

Tirkkonen-Condit, S. (2001). "Metaphors in Translation Processes an d Products", *Quaderns. Revista de Traducció,* 6, 11-15.

Venuti, L. (1995). *The Translator's Invisibility.* London and New York: Routledge.

7장

어학과 문학 교과과정의 틀 속에서 번역 교육의 역할

소냐 프렐로즈니코바(Soňa Preložníková),
콘래드 토프트(Conrad Toft)

많은 사람들이 번역 교과과정 자체는 완전한 학부 프로그램이나 대학원 프로그램을 통해서만 교육되어야 한다고 생각한다. 이러한 과정을 통해서만 전문 번역사들이 시장 진출을 준비할 수 있다고 보기 때문이다. 본 고 역시 그러한 생각이 이상적이라는 데 이의를 제기하지 않는다. 다만, 각국의 상황에 따라 그러한 이상을 달성하기가 쉽지 않을 수도 있음을 보여주고 다양한 조건을 절충해야 하는 상황에서 번역 교과과정에 대해 선택할 수 있는 최상의 접근법을 제시하고자 한다. 이러한 접근법은 또, 전문 번역사를 양성하는 것까지는 아니더라도 어학과 문학 교과과정의 의미 있는 일부로서 가치를 지닐 수 있다.

배경

본 고에 소개된 다양한 사례들은 필자들이 슬로바키아 니트라의 콘스탄틴 대학교(University of Constantine the Philosopher) 영미학과에서 학생들을 가르쳤던 경험을 기반으로 하고 있다. 슬로바키아 국어인 슬로바키아어는 사용 인구가 전 세계적으로 600만 명을 밑돌며 대부분은 슬로바키아에 살고 있다. 유럽 내에서 최소 35개 주요 언어(EU 가입국의 국어)가 사용되고 있음을 감안할 때(BBC, 2001), 슬로바키아어가 '희귀(small)' 언어로서 그리 특별한 위치를 점하고 있는 것은 아님을 알 수 있다. 그 밖의 다른 언어 역시 상황은 유사한데, 이는 특히 중유럽 및 서유럽 내 여러 국가에서 일반적이다. 하지만 유럽 내 구사 인구 수가 적은 언어가 모두 동일한 상황을 겪고 있는 것은 아니다. 슬로베니아어, 웨일즈어 등의 사례에서 볼 수 있듯이 각 국의 지리적, 정치적 여건으로 인해 이들 언어에 대한 번역 교육 기관들의 선호도가 높아지고 있으며 시장의 수요를 충족시키기 위해 더 많은 번역사들이 양성되고 있다.

슬로바키아와 주변 국가들이 유럽연합(European Union, EU)에 통합되면서 통번역 실무 교육을 제공하는 번역 교육 기관의 졸업생들은 정부 기관이나 EU에 채용되고 있다. 현재 EU 정책에 따르면 EU 내 주요 언어는 모두 공식 언어의 지위를 갖는다. 즉 슬로바키아가 EU에 가입하면서 슬로바키아어 통번역사들은 그 밖의 모든 EU 내 주요 언어를 다뤄야 하는 것이다. 최근까지 슬로바키아에서는 수도 브라티슬라바 소재 번역 연구소가 유일한 슬로바키아어 번역 교육 기관이었다(프라하 카롤로 대학교(University of Charles) 번역학 연구소(Institute of Translation Studies)와 함께 구 체코슬로바키아에 설립되었던 두 개 번역 교육 기관 중 하나). 따라서 (이 기관이 모든 언어에 대한 교육을 제공했다고 하더라도) 시장에서 필요한 만큼 충분한 번역사가 양성되지는 못하고 있으며, 이에 최근 슬로바키아의 대학 사이에는 자체적인 번역 과정을 개설하는 움직임이 시작되고 있다. 하지만 이러한 신규 교육의 효과가 단기 내에 가시적으로 나타나기는 어려울 것이다. 그래도 슬로바키아는 다른 EU 신규 가입국에 비해 상황이 나은 편이다. 2003년 유럽집행위원회(European

Commission, EC)가 대규모 통번역사 채용을 진행했을 때 엄청난 수의 지원자가 몰렸지만 실제 업무에 필요한 기술을 갖춘 훈련된 번역사는 소수에 그친 것으로 나타났다. 당시 EU는 각 신규 가입국으로부터 보조 번역사 135명씩을 채용하고자 했으나, 시험 합격자는 리투아니아어가 필요한 수의 절반, 몰타어의 경우 37명에 불과했다. 반면, 슬로바키아어는 합격자가 필요한 수의 두 배 이상에 달했다(SME, 2004).

슬로바키아 내에서도 번역사에 대한 수요가 늘어나고 있다. 여기에, 외국어 관련 학과 졸업생이 전반적으로 부족하고 각국 기업들의 사업 분야가 점차 국제화되면서 번역 실무 훈련을 받은 인력들에게는 (번역사로서가 아니라) 번역 외의 다른 업무를 수행하면서 훨씬 높은 급여를 받거나 해외로 취업할 수 있는 기회가 늘어나고 있다. 다만, 번역이 대체로 직업으로 인식되지 않는 다른 여러 국가들과 마찬가지로 슬로바키아에서도 번역사는 급여 수준과 지위가 낮기 때문에 상황이 크게 나아지지는 않고 있다. 또, 1980년대 공산주의의 몰락 이후 많은 전통 산업이 사양화되면서 이들 국가의 정부는 (성과는 각기 다르지만) 관광 산업 육성에 주력하고 있다. 결국, 이러한 모든 변화로 인해 전문 번역사에 대한 수요와 공급 간 격차는 점차 크게 벌어지고 있다.

이러한 격차가 줄어들 때까지 부족한 전문 번역사의 공백은 훈련 받지 않은 번역사가 메우게 될 것이나 결과는 매우 심각할 수 있다. 공식 문서 번역 인증을 받은 번역사를 제외하면 번역사들은 규제를 받지 않으며 누구든 번역사로 활동할 수 있다. 실제로, 정부 기관들은 번역이 매우 중요한 업무임에도 불구하고 적절한 훈련을 받지 않은, 어학, 문학 등의 다른 전공 졸업생들을 채용해 (사내 교육을 통해 훈련시킨 후) 해당 업무를 맡기고 있다. 콘스탄틴 대학교의 경우 교원 양성에 주안점을 두고 있지만, (중등학교 교사의 낮은 급여 수준 등의 이유로) 졸업생 상당수가 비전업으로 번역을 하고 있다.

이미 여러 대학들이 이러한 수요에 부응하기 위해서는 좀 더 많은 번역 교육 기관이 설립되어야 한다는 인식 하에 행동에 나서고 있다. 이는 바람직한 장기적 해결 방안이긴 하지만 교원 양성과 다른 유럽 기관들의 도움을 필요로 한다. 콘스탄틴 대학교는 2002년 학부 통번역 과정을 개설했지만, 2007년까지 졸업생을 배출하지 못했다.

그러는 동안 수요는 계속 늘어나고 있다. 슬로바키아에서는 이를 해결하기 위해 파트타임 대학원 번역 프로그램이 마련되었다. 이 프로그램은 1999년 프랑스어, 영어, 독일어를 대상으로 네 개 대학에서 처음 개설되었다. 하지만 이러한 프로그램조차 첫 4년 동안 배출한 졸업생이 100명에도 못 미쳤다. 졸업생이 생산한 번역물이 최소한 기본적인 요건은 충족시키도록 하기 위한 일시적 조치로 어학 전공 프로그램에 번역을 포함해 공급 부족을 해소할 수도 있다. 시장이 성숙하더라도 어학 전공 졸업생들에게 최소한 번역에 대한 입문 교육을 제공할 필요성은 늘어날 것이다. 졸업생들이 부수입을 얻기 위해 또는 부가 업무로 수시로 번역을 할 가능성이 높기 때문이다. 프로그램의 한계를 충분히 인식하고 설계가 신중하게 이뤄진다면 어학이나 문학 과정에 번역 수업을 선택 과목으로 포함하는 방법 역시 적절한 해결 방안이 될 수 있다. 학생들이 졸업 후 전문 번역사가 되고자 한다면 앞서 언급한 대학원 프로그램이나 현장 교육을 통해 그러한 목표를 달성할 수 있을 것이다.

전반적 목표

교육 과정을 통해 전통과 과거 경험의 결실을 전수하는 것도 중요하지만 미래 전문가들의 평생 학습을 도와야 할 필요성 역시 점차 높아지고 있다. 즉 새로운 수요에 부응하기 위해 이미 존재하는 도구를 유연하게 활용하고 향후 처음 겪는 문제가 발생할 때는 새로운 도구를 구축할 수 있는 능력을 갖추도록 도와야 하는 것이다. (키랄리(Kiraly), 2000a, p. 26)

현재의 프로그램을 통해 전문 번역사를 양성하기는 어렵겠지만 '능력 있는' 번역사 양성을 목표로 할 수는 있다. 이를 위해 졸업생들은 텍스트에 접근하는 방법과 향후 품질 개선을 위해 작업 완료 후 자신의 결과물을 평가하는 방법을 알고 있어야 한다. 언제 의뢰를 거절해야 하는 지 등 스스로의 한계를 인식하는 방법도 충분히 배워야 한다. 콘스탄틴 대학교의 졸업생들은 주변적인(periphery) 번역 업무를 할 가능성이 높다. 즉 전반적인 업무를 수행하는 과정에서 비즈니스 레터나 회사 내부 문서를 번역하거나[1] 부수입을 얻기 위해 개인적으로 번역을 하는 경우가 많을 것으로 예상된다. 따라서 이러한 사실을 염두에 두고, 주어진 제한된 시간 안에 학생들에게 번역 과정에 노출될 수 있는 기회를 가급적 많이 제공하고 앞으로 번역할 가능성이 있는 다양한 텍스트 유형을 소개해야 한다.

시장에 통역사에 대한 수요가 상당함에도 불구하고, 프로그램에 통역을 포함시키려는 노력은 아직까지 이루어지지 않고 있다. 프로그램에 이미 많은 다른 내용이 포함되어 있는 상태에서 오래 걸리는 통역사 기술 개발에 충분한 시간을 할애하기는 어렵다. 따라서 통역사 교육은 모든 시간과 내용을 관련 능력 개발에 집중할 수 있는 완전한 학위 과정을 통해 제공되어야 한다.

이러한 프로그램에서는 수업 중 토론이 제2언어(L2)로 진행되는 경우가 많기 때문에 그 과정에서 L2 능력이 자연스럽게 향상될 수 있으며, 일부 학생들의 경우 이를 목표로 수업을 듣는 경우가 많다. 하지만 L2 능력 향상은 이 프로그램의 목표가 아니며, L2 능력이 매우 부족한 경우 프로그램 내 어학 과정이나 학습자 스스로의 노력을 통해 달성되어야 한다.

프로그램의 내용을 논의하기에 앞서 L2로의 번역 문제에 대해 생각해볼 필요가 있다. 다시 한 번 말하지만 학습자들은 모국어(L1)로부터의 번역을 하지 않는 것이 이상적이다. 하지만 핀란드어의 상황에 대해 설명하면서 매켄지(Mackenzie)가 지적한 바와 같이 이러한 이상은 "세계 주요 언어가 사용되고 있고, 번역할 능력과 의지가 있는 외국어 원어민의 공급이 거의 무제한적인"(1998, p. 17) 일부 국가에서만 실현되고 있다. 모국어가 주요 언어인 스페인에서조차 "전문 번역사 업무의 절반 이상이 L2로의 번역이다"(웨더비(Weatherby), 1998, p. 21). L2의 원어민 수가 매우 적은 (그리고 이들 사이에 전문 번역사가 없는) 경우 L2로의 번역은 안타깝게도 불가피하며, 따라서 학습자들이 이러한 문제를 해결하는 데 필요한 도구를 갖출 수 있도록 도와야 한다.

교과과정의 제약

어학과 문학 과정에 번역을 포함하기 위해서는 여러 가지 문제가 해소되어야 하는데, 이 가운데가장 큰 부분이 시간과 동기다.

번역 연구소에서는 5년 이상의 과정 동안 최대 300시간의 수업을 제공할 수 있다. 반면 전체 수업 시간이 이와 유사한 어학이나 문학 과정의 경우, 번역에는 매우 적은 시간만이 할당될 가능성이 높다. 또, 첫 해에는 학습자들의 전반적인 L2 수준이 낮아 번역에서 이항 오류(binary errors)가 자주 발생하기 때문에 학습 효과가 크지 않을 수 있다. 핌(Pym, 1992, p. 285)은 "학습자들이 이항 오류를 많이 낼 때 번역을 가르치는 것"이 가능하다고 주장했지만, 실제로 이러한 오류를 해결하는 데는 시간이 어느 정도 필요하며 따라서 언어가 특정 수준 이하일 경우에는 비이항 오류(non-binary errors)에 초점을 맞출 시간이 부족하게 된다. 본 교의 경우 학생들은 두 개 전공에 각각 82시간씩의 수업(그리고 일정 시간의 일반 교육학 수업)을 듣고 있으며, 따라서 번역에만 할애할 수 있는 시간은 24시간에 불과하다. (다만, 어학과 문화학 과목에도 일부 관련 수업이 있다.)

이처럼 시간이 부족하기 때문에 번역 수업은 앞으로 번역할 가능성이 있는 주요 텍스트 유형에 중점을 두고 매우 집중적으로 이루어져야 한다. 본 교는 문체보다는 번역 과정, 언어적 정확성, 텍스트의 기능에 좀 더 초점을 맞추고 있다. 번역업계 자체를 심층적으로 토론하는 데 많은 시간을 할애하지는 않는다. 이러한 부분은 대학원 번역 프로그램과 같이 학생들이 해당 업계에 곧바로 진출할 수 있도록 돕는 과정에서 다루는 것이 가장 좋기 때문이다.

번역을 필수 과목으로 개설할지, 선택 과목으로 개설할지 역시 고려해야 한다. 앞서 언급한 바와 같이 본 교 학생들은 졸업 후 어느 정도는 번역을 하게 될 가능성이 높은데, 이는 번역이 필수 과목으로 제공되어야 함을 시사한다. 하지만 (본 교와 같이) 교원 양성을 목표로 하는 프로그램에서는, 그리고 지금처럼 전업 번역사로 일하는 졸업생이 많지 않은 상황에서는 이러한 시도를 정당화하기 어렵다. 반면 번역을 선택 과목으로 제공할 경우, 수강 신청이 선택에 따라 이루어지기 때문에 수업에 대한 수강생들의 관심이 기본적으로 높다는 장점이 있다. 이러한 방법은 이론적으로 동기의 문제를 어느 정도 해결해줄 수 있다. 선택 과목은 대체로 인기가 있는데, 이는 수강생 상당수가 해당 과목에서 습득할 수 있는 기술이 필요하며 향후 진로와 관련이 있음을 알고 있기 때문이다. 다만, 선택 과목은 다른 과목에 비해 중요도가 떨어지는 것으로 인식될 수 있으며, 수업이 어렵고 학업량이 상대적으로 많을 경우 수강생들의 열정도 점차 식을 가능성이 높다. 처음 몇 시간의 입문 수업 후 수강생들이 당초 가졌던 번역에 대한 생각이 바뀔 수도 있다. 하지만 해당 과목이 적성에 맞는다면, 이들은 수업을 계속 들을 것이고 대학원 과정에 진학할 수도 있다.

교과과정의 전반적 틀

어학과 문학 전공 학생들은 (L2의) 형태론, 통사론, 어휘론, 문체론 등 번역학과 관련된 몇 가지 의무 교육을 수강해야 한다. 아울러, 자세히 읽기, 텍스트 분석, 대조 언어학, 기호학, 기능문법론, 비즈니스 언어, 문화학과 같이 전공에 도움이 되는 다양한 선택 과목도 수강할 수 있다.

최근 법률 개정에 따라 번역학 전공 과정은 대학의 다른 전공 과정과 마찬가지로 (학사와 석사) 두 단계로 분류되는데, 기본 과정을 성공적으로 이수한(그리고 우수한 성적을 받은) 학생들만 상위 과정에 진학할 수 있으며 상위 과정을 마치고 국가 고시에 합격해야만 '번역학'이라는 명칭의 학위를 받을 수 있다.

학생들이 이수해야 할 처음 두 과정은 실무 과목을 중심으로 구성된다. 우선, 학생들은 기초적인 번역 문제에 대한 단순한 연습 중심의 입문 교육을 받고, 그 다음으로 실제 텍스트, 즉 아마추어 번역사로서 접할 수 있는 다양한 범주의 텍스트를 기반으로 학습한다. 이어, 언론 번역, 문학 번역, 전문 번역, L2로의 번역 등 좀 더 구체적인 텍스트 유형에 초점을 맞춰 연습을 진행한다. 전문 번역에서는 전문 용어가 자주 나오는 기술 문서와 같이 시장에서 흔히 번역되는 텍스트를 다룬다. 다만, 법률 등 특수 용어에 대한 풍부한 지식을 요하는 텍스트나 정부 텍스트와 같이 통상 내부 인력이 번역하는 텍스트는 포함되지 않는다. 문학 번역의 경우, 완전한 통번역 과목이 개설되기 전부터 있었다는 이유 등으로 포함됐지만(문학 번역사가 될 것으로 보이는 학생은 많지 않다), 학생들이 번역에서 문학 텍스트와 그 밖의 텍스트 유형 사이에 존재하는 엄청난 차이점을 인지할 수 있도록 도울 수 있다. 또, 다양한 문학 관련 과목에서 습득한 지식을 여러 방면에 적용할 수도 있다.

번역 이론은 학생들이 이러한 실무 과목을 모두 이수한 후에 제공된다. 이론을 맥락에 적용하기 위해서는 실무를 충분히 경험해보아야 하기 때문이다. 이론 과목에는 번역학 입문, 번역의 역사, 번역 방법론, 문학적 해석 등이 있다.

L1 과목의 경우 형태론, 통사론, 문체론, 어휘론 등을 포함한다.

이 프로그램에 대한 좀 더 세부적인 정보는 그로모바와 뮤글로바 (Gromová & Müglová, 2001) 또는 본 교 홈페이지(http://www.ff.ukf.sk/kaaa)를 참고하면 된다.

인식 전환

번역 교과과정 초기에는 번역에 대한 학생들의 기본적 인식 전환을 목표로 삼아야 한다. 여기서 (러시아와 독일을 제외하고) 슬로바키아와 같은 과거 공산주의 국가들은 유리한 점이 한 가지 있는데, 대부분의 언어에 대한 중등학교 수준의 교육이 최근에서야 보편화되기 시작했다는 사실이다. 이에 따라 수업은 대체로 의사소통적인 방식으로 이루어지고 있으며, 학생들은 문법-번역 방법의 교육에 익숙하지 않다. 결국, 학생들이 번역에 대해 추정을 하기는 하지만 고정관념을 갖고 있는 경우는 많지 않다.

학생들의 인식 전환을 위해서는 가장 먼저 번역사의 업무가 단순히 단어를 대체하는 것이 아니라 (언어와 문화가 다른) 또 다른 독자를 위해 아이디어를 표현하는 것임을 가르칠 필요가 있다. 학생들은 자신이 텍스트의 저자가 아니며 목표 독자에 따라 텍스트의 의미를 충실하게 표현해야 한다는 점도 알아야 한다. 또, 번역은 과학이 아니라 예술임을, 즉 번역에 유일한 '정답'은 없음을 깨달을 필요가 있다.

이중 언어 사전에 의존하는 습관도 고치도록 해야 한다. 번역 전공 신입생들은 대부분 이러한 사전을 참고하는 것이 등가 표현을 찾는 최선의 방법이라고 생각한다. 하지만 시중에 나와 있는 슬로바키아어 이중언어 사전의 품질이 매우 낮다는 점 등을 감안할 때 학생들에게 그 밖의 참고자료(단일어 사전, 백과사전)와 병렬 텍스트를 활용하는 것이 바람직하다는 사실을 알려줄 필요가 있다. 동시에, 학생들이 텍스트의 메시지보다 단어 자체에 지나치게 집중하지 않도록 하는 데에도 만전을 기해야 한다.

학생들은 자신의 L2 실력이 부족하다는 사실은 잘 알고 있지만 모국어에 대해서는 그렇지 못하다. 따라서, 이들이 모국어의 이해와 표현에서도 문제가 있음을 인식하도록 도울 필요가 있다. 슬로바키아어는 문법 체계가 복잡하기 때문에 이러한 부분이 특히 중요하다. 학생들은 또, 이렇게 모국어의 오류를 파악하고 고치는 것이 번역 과정에서 매우 중요한 부분이라는 사실도 알아야 한다. 이와 관련해 본 교 번역 교과과정에는 한 가지 문제가 있는데, 헝가리 소수언어를 사용하는 학생들에게 L2인 슬로바키아어에 대한 교육만 제공하고 있다는 점이다.

전략과 기술

번역 교과과정은 번역결과물보다 번역 과정에 초점을 맞출 필요가 있다. 이는 (다음 절에서 논의하겠지만) 학생들의 동기를 유지하는 데 도움이 될 뿐 아니라, 단순하게는 '우리가 가르치고자 하는 것이 바로 과정'이기 때문이다. 이와 관련해 질(Gile, 1995, p. 11)은 다음과 같이 주장했다.

> ...... 과정 중심 접근법은 프로그램의 초반 또는 번역 관련 문제에 대한 인식 제고가 목표인 프로그램에는 적합하지만 학생들이 번역과 관련해 높은 수준의 직업적 전문성을 기르도록 돕는 유일한 도구로서는 충분치 않다.

본 교의 프로그램은 위에서 언급한 높은 수준의 전문성 달성에 목표를 두고 있지 않으며, 따라서 과정 중심 접근법을 택하는 것이 적절하다.

전략의 경우, 그 자체를 소개하는 것만으로는 충분치 않을 수 있으며 학생들이 이를 내재화할 수 있도록 지속적으로 상기시킬 필요가 있다.

텍스트 선정

번역 교과과정에서는 시간이 부족하기 때문에 학습할 텍스트를 선정하는 작업이 매우 중요하다. 텍스트는 학생들이 다양한 번역 문제를 경험할 수 있을 만큼 충분히 길어야 하지만 교수자와 학생들이 이러한 문제를 함께 살펴보고 논의할 수 있는 분량 이상으로 길어서는 안 된다. 우리는 이를 위해 통상 학생들에게 전체 텍스트를 나눠주되 특정 부분만 번역하도록 하고 있다. 이러한 방법의 문제라면 모든 학생들이 텍스트 전체를 읽지 않고 번역을 시작한다는 점인데, 이러한 문제를 해결하기 위해 1차 텍스트 분석이 끝나기 전까지는 어떤 부분을 번역할 지 알려주지 않는다. 앞서 수 차례 언급한 바와 같이 실제로 사용되는 최신 텍스트를 선택하는 것이 중요하다. 또, 적절한 난이도와 시장 여건을 고려해야 한다. 본 교 졸업생들이 번역할 가능성이 있는 텍스트는 전문 번역사들이 번역할 텍스트와 다르다는 점 역시 감안할 필요가 있다. 예를 들어, 정부의 상근 번역사가 수행하는 정부 문서 번역을 연습할 이유는 없다. 또, 학생들이 전문 번역사가 되기 위해 학업을 계속하기로 할 경우 자신이 선호하는 분야를 찾도록 돕기 위해 (문학 텍스트와 같은) 특정 텍스트도 포함하고 있다. 아래 표 1은 이러한 모든 측면을 감안해 본 교가 다루고 있는 텍스트 유형을 나열한 것이다.

표 1.

	L1로의 번역	L2로의 번역
사용 설명서	✓	
언론 텍스트	✓	
간단한 전문 텍스트	✓	
문학 텍스트	✓	
비즈니스 레터	✓	✓
관광 텍스트		✓
메뉴		✓

여기에 특히 관광 텍스트와 메뉴가 포함되어 있는 것은 슬로바키아의 특수성 때문이다. 슬로바키아에서는 번역 요율이 높고 가용 번역 인력은 부족하기 때문에 관광 레저 업계의 많은 중소 기업들이 비전문 번역사에게 번역을 의뢰하고 있다.

학습자 동기 부여

본 교가 당면하고 있는 심각한 과제 가운데 하나는 학습자 동기를 유지하는 것이다. 이는 학습자들이 단순하다고 믿고 있는 어떤 것이 사실은 얼마나 어렵고 복잡한 지를 보여주어야 하기 때문일 수도 있다. 그런데 놀랍게도 학습자에게 동기를 부여하기 위한 최상의 방법은 이들에게 어려움을 겪는 것이 혼자가 아님을 알려주는 것이다. 학습자들은 번역에서 실수를 할 때 의욕을 잃지만 다른 학습자, 또는 공식적으로 번역된 문서 상의 실수를 보면서 자신감을 갖기도 한다.

학습자들이 교수자를 '모든 지식의 출처'로 인식하지 않도록 하는 것도 중요하다. 교수자는 단순히 등가의 어휘나 구문을 제시하기보다 자신이 수업에서 문제를 해결해나가는 과정을 학습자들이 보고 배우도록 해야 한다. 키랄리(2000a, p. 22) 역시 전달 관점(transmission perspective)(교수자에서 학습자로의 지식 전달)과 변환 관점(transformation perspective)(학습자 스스로의 지식 구성)을 설명하면서 이러한 측면에 대해 논의한 바 있다. 교수자가 수업 시간에 참고자료와 병렬 텍스트를 사용할 경우 학습자는 이들 자료의 장단점을 파악할 수 있을 것이다. 특히 교수자가 사용하는 자료 역시 완벽하지 않다는 사실을 알게 된다면 학습자들은 좀 더 자신감을 갖게 될 것이다. 동일한 문제를 3~4개의 수업에서 논의하다 보면 답을 주고 싶은 충동을 느낄 수 있다. 하지만 이 경우 학습자들은 의욕을 상실할 수 있을 것이며 유사한 어휘를 다루는 기술을 익히지 못한 채 단순히 특정 어휘에 대해서만 배우게 될 것이다.

수업 진행 방식

우리는 수업 시간에 다양한 교수법을 활용하면서 전반적인 텍스트 분석부터 번역을 위한 세부적인 텍스트 분석, 번역결과물 검토, 수정에 이르는 각 번역 과정의 문제를 해결하고자 한다. 특히, 노르트(Nord, 1998)의 번역 관련 텍스트 분석에 따라 원천텍스트(source text, ST)와 목표텍스트(target text, TT)의 기능에 초점을 맞추고 있으며, 번역 문제의 네 가지 범주(문화 특정적, 언어 쌍 특정적, 텍스트 특정적, 실용적 문제)에 대해서도 논의한다.

수업은 대부분 소그룹 토론, 수업 전체 토론 등 대화로 진행된다. 학습자들은 이러한 토론을 통해 서로에게 배우게 된다. 하지만 이러한 과정이 좀 더 효과적으로 이루어지도록 하기 위해서는 학습자들이 의사표현을 두려워하지 않을 수 있도록 우호적인 환경을 조성할 필요가 있다.

우리 수업에서도 사용되고 있는 것으로, 이러한 환경을 조성하기 위한 한 가지 방법은 학습자들에게 과제로 번역을 수행한 뒤 수업 시간에 소그룹으로 모여 이를 토대로 하나의 최종본을 완성하도록 하는 것이다. 학습자들은 토론을 통해 합의에 도달하는 과정에서 (토론이 합의로 이어지지 않는 경우는 드물다) 특정한 번역 결정을 내리기 위해 어떤 방법을 사용했는지를 설명하면서 자신의 선택을 정당화한다. 다만, 여기서 발생할 수 있는 한 가지 문제는 최종 결과물이 가장 적절한 대안이라기보다 소그룹 내에서 목소리가 강한 학습자들의 의견을 반영한 텍스트인 경우가 많다는 점이다. 번역사 교육에서의 협동, 팀 워크, 그룹 워크에 대한 한 온라인 토론에서 언급된 바와 같이 "그룹의 분위기가 최종 결과물[을 결정한다]. 즉 자신 있게 주장을 펼치는 학습자들이 소극적인 학습자들보다 더 많은 몫을 얻는다"(키랄리, 2000b). 따라서 수업에서는 학습자들이 생산한 그 밖의 모든 결과물도 철저히 검토할 필요가 있다.

학습자들이 1차 번역본을 완성한 후에 질문하는 내용은 양질의 번역물 생산보다 다음과 같은 부분을 파악하는 데 목표가 있다.

- 번역을 준비하면서 당면한 문제
- 이러한 문제를 해소한 또는 해소할 수 있는 방법
- 향후 번역 수행과 관련해 이러한 과정이 주는 시사점

항공 운항 관련 텍스트에 대한 영어 → 슬로바키아어 번역 연습 사례를 예로 들어 설명해보자. 수업 시간에 학습자들은 공통적으로 텍스트에 있는 '허브 공항'[2)]이라는 용어를 번역하기가 어려웠다고 말했다. 이에 우리는 학습자들에게 해당 용어에 대한 번역 대안을 몇 가지 제시하도록 한 뒤 이들 대안의 출처와 가독성에 미치는 영향을 논의해보았다. 학습자들은 이러한 과정을 통해 어려운 용어 조사를 위한 자신만의 모델을 구축할 수 있었고, 이후 이 모델에 기반해 생소한 용어를 찾는 과정을 간략히 설명하는 연습도 진행했다.

우리는 또 수업 시간에 학습자들에게 다양한 문체의 차이점을 구분하도록 하고 있다. 예를 들어, 관광 텍스트를 번역하기에 앞서 C1(L1를 사용하는 문화)과 C2로 된 관광 안내책자의 문체 간 차이점을 비교하도록 한다.

실습을 통해 다양한 독자를 대상으로 번역하는 연습도 진행한다. 우선, 학습자들에게 특정 텍스트의 잠재적인 독자는 누구이며 다른 독자를 대상으로 할 때는 어떻게 번역해야 하는 지를 질문한다. 이후 특정 독자층을 상정하고 이들을 대상으로 신문 기사를 요약하도록 한다(기사는 중요한 정치적, 경제적 의미를 지닌 것으로, 대상 독자 중 일부는 이미 알고 있을 법한 정보를 포함한다). 모든 번역 과정에서 ST와 TT의 독자를 구체적으로 명시하도록 하는데, 학습자들은 대체로 TT에 맞는 독자를 상정하고 있었다. 이러한 과정들은 적절한 TT 독자 파악 능력 개발에 도움이 될 수 있다.

두 명의 원어민 교수자

본 고는 지금까지 우리 프로그램이 안고 있는 문제점과 그 해결 방안에 대해 주로 논의했지만, 이 프로그램에는 한 가지 큰 장점이 있다. 일부 과목의 경우 수강생의 L1과 L2 각각에 대한 원어민 1명씩, 총 2명의 원어민 교수자가 수업을 진행한다는 점인데, 이들 교수자는 (텍스트 분석에서 수정에 이르는) 모든 번역 단계에 관여한다.

이러한 방법은 두 개 언어 사이의 문화적 차이에 대해 논의하고 수업 시간에 (학습자는 물론 학습자와 교수자가 서로) 언어 컨설턴트의 도움을 받을 수 있는 기회를 확대한다. 특히, 언어 컨설턴트의 도움을 통해 학습자들은 오래 시간을 들여 조사할 필요 없이 간단한 질문만으로 문제를 쉽게 해결할 수 있다. 또, 우리가 (2차적 함축, 문화적 함의 등) 특정 정보에 대해 서로 얼마나 의존하고 있는 지를 깨닫게 됨으로써 번역이 단순히 언어적 대체라는 인식을 전환할 수도 있다.

학습자 평가

우리는 학습자들에게 번역 일지를 작성하도록 함으로써 이들이 평가 과정을 통해서도 무언가를 배울 수 있도록 했다. 학습자들은 한 학기 동안 생산한 모든 번역물의 최종본을 코멘트와 함께 제출해야 한다. 이러한 수정 작업은 이들이 향후 번역을 수행하는 데 도움이 될 수 있으며, 코멘트는 개별 텍스트에 대한 번역 경험을 성찰해볼 수 있는 기회를 제공한다. 교수자의 경우, 학습자의 번역결과물뿐 아니라 번역 과정까지 평가할 수 있다. 또, 학습자들에게 과목 전반에 대한 코멘트를 하도록 함으로써 수업의 효과와 향후 개선 방향을 파악해볼 수도 있다. 일지를 평가한 후에는 학습자와 상담을 진행하며 (일지, 수업 참여, 출석에 기반해) 최종 점수를 결정한다.

일지는 한 학기 동안 꾸준히 작성해야 하지만 실제로 그렇게 하는 학습자는 많지 않다. 상당수가 매 주 수업이 끝나면 수업 시간에 다뤘던 번역물에 대해 잊어버리고, 할 일이 몰리는 학기 말이 돼서야 한꺼번에 일지를 작성하려고 한다. 때문에 코멘트는 세부적인 내용 없이 불완전한 경우가 많다. 결국, 학습자 스스로가 학기 내내 꾸준히 일지를 작성하려고 노력해야 하는 것은 물론 교수자 역시 학습자들이 그럴 수 있도록 도와야 한다.

결론

번역 교과과정은 주어진 제한된 시간을 최대한 활용해 설계되어야 한다. 시장에 L2로의 번역에 대한 수요가 높다면 프로그램에는 이러한 부분도 포함되어야 할 것이다. 텍스트 선정 시에는 비전문 번역사가 활동하는 시장의 상황을 반영해야 한다. 교수자는 학습자가 자신에게 맞는 최상의 방법을 찾을 수 있도록 동기와 의욕을 고취시켜야 하는데, 이는 평가용 번역 일지 활용을 통해 가능할 것이다.

일부 지역의 경우, 어학 전공 졸업생들이 업무 중 번역을 수행할 가능성이 높다. 따라서 어학 전공 프로그램 내에 어떤 형태로든 번역 교육을 포함할 필요가 있다. 그리고, 이러한 조치는 전문 번역사를 양성하기 위한 것이라기보다 좀 더 광범위한 시장에서 적극적인 역할을 수행할 수 있는 번역사를 양성함으로써 능력이 부족한 번역사의 서비스에 의존해야 하는 상황을 해소하기 위한 것이라는 점 역시 충분히 인식할 필요가 있다.

미주

1) 현재 슬로바키아에는 외국계 자본이 소유하고 있거나 고위 경영진이 외국인인 기업이 점차 늘어나고 있다.

2) 학습자들에게 이 용어가 특히 어려웠던 이유는 이들 중 비행기 여행을 경험한 사람이 많지 않았고 슬로바키아에는 비교 대상으로 삼을 수 있는 허브 공항이 없기 때문이다.

BBC (2001). *BBC Education - Languages - Languages of Europe.* London: BBC. Available online at http://www.bbc.co.uk/education/languages/european_languages/languages/index.shtml Cited at 9:40 GMT, 5th June 2001.

Gile, D. (1995). *Basic Concepts and Models for Interpreter and Translator Training.* Amsterdam and Philadelphia: John Benjamins.

Gromová, E. & Müglová, D. (2001). "New Trends in Translator Training in Slovakia". In *Proceedings from III Conference on Training and Career Development in Translating and Interpreting.* Madrid: Universidad Europea de Madrid.

Kiraly, D. (2000a). *A Social Constructivist Approach to Translator Education: Empowerment From Theory to Practice,* Manchester: St. Jerome.

Kiraly, D. (2000b), "Summary of Discussion on Collaboration, Teamwork and Group Work". In *Innovation in Translator and Interpretor Training (ITIT). An on-line symposium 17-25 January 2000.* Taragona. Available online at http://www.www.fut.es/~apym/symp/s-team.html. Cited at 11:20 GMT, 18th May 2001.

Mackenzie, R. (1998). "The Place of Language Teaching in a Quality Oriented Translators' Training Programme". In K. Malmkjær (Ed.), *Translation and Language Teaching: Language Teaching and Translation.* Manchester: St. Jerome.

Nord, C. (1998). "Textanalyse: pragmatisch/funktional". In M. Snell-Hornby (Ed.), *Hand- buch Translation* (p. 350). Tubingen: Stauffenburg-Verlag Brigitte Narr GmbH.

Pym, A. (1992). "Translation Error Analysis and the Interface with Language Teaching". In C. Dollerup & A. Loddegaard (Eds.),

Teaching Translation aud Interpreting: Training Talent and Experience. Amsterdam and Philadelphia: John Benjamins.

SME (2004). "EÚ chýbajú z nových krajín audítori, právnici i sekretárky" ("EU Lacks Audtiors, Laywers and Secretaries from Accession Countries"). In *SME Online: Európska Únia.* Bratislava. Available online at http://eu.sme.sk/clanok.asp?cl=1250688. Cited at 6:20 GMT, 23rd March 2004.

Weatherby, J. (1998). "Teaching Translation into L2". In K. Malmkjær (Ed.), *Translation and Language Teaching:* Language *Teaching and Translation.* Manchester: St. Jerome.

8장

번역사 교육을 위한 코퍼스 기반 언어 교수법

실비아 베르나르디니(Silvia Bernardini)

1. 서론

기술 발전이 가속화되고 언어 능력에서 어휘화와 기억의 역할에 대한 신뢰가 지속적으로 높아지면서 최근 몇 년 동안 언어 코퍼스의 교육적 활용이 주요 연구 주제로 부상하고 있다. 코퍼스 자체도 이와 비슷한 이유로 번역 이론과 실무에서 상당한 관심을 받으면서 번역의 도구와 방법 부족이라는 공백을 메우고 있다. 그런 의미에서 언어 교육과 번역 연구의 중간에 위치한 번역사 교육은 코퍼스 활용의 효과를 가장 많이 볼 수 있는 분야 중 하나일 것이며, 이에 따라 실제로 여러 학자들이 번역 교육의 보조 수단으로서 코퍼스 역할의 중요성을 검증하는 연구를 진행해왔다(바우커(Bowker), 2000; 가비올리(Gavioli), 2001; 바란톨라(Varantola), 2003; 자네틴(Zanettin), 1998).

본 고는 이와는 다르지만 밀접한 관련이 있는 관점을 기반으로 '번역 교육'이 아닌 '번역사 교육을 위한 언어 교수법'에서 코퍼스의 역할을 고찰하고자 한다. 여기서는 코퍼스가 번역사 교육에서 중요한 역할, 즉 여러 연구에서 검증된 바와 같이 번역 보조 수단으로서, 학습 활동과 언어에 대한 지식의 기반으로서, 그리고 좀 더 중요하게는 언어 교육과 번역 교육에 대한 접근법을 번역사 교육에 적합한 공통의 목표와 방법론 아래 하나로 응집성 있게 통합하는 도구로서 중요한 역할을 수행한다는 결론이 도출될 것이다.

이와 밀접하게 관련된 교육과 번역의 문제를 논하기에 앞서 우선 코퍼스의 개념과 코퍼스 분석의 이론적 필요성을 뒷받침하는 언어적 접근법을 간략히 소개하기로 한다.

2. 코퍼스 언어학은 왜 필요한가?

일반적인 의미의 코퍼스 언어학은 방대한 언어 사용 샘플에 대한 전산화된 분석에 기반해 언어를 기술하고 이론화하는 접근법을 의미한다. 여기에는 언어학 연구의 목적이라는 측면에서 의사소통 능력과 수행이 언어적 능력보다 중요하다는 믿음이 기저를 이루고 있다. 이러한 관점이 언어학의 목적 및 우선순위와 관련해 똑같이 설득력 있는 여타 관점과 어떻게 다른지를 설명하기 위해서는 최소한 소쉬르(Saussure)부터 오늘 날에 이르는 언어학 사상의 역사를 살펴보아야 하지만 이는 본 고의 범위를 넘어서는 것이다. 대신, 코퍼스 언어학이 "언어는 곧 문법이다" 또는 "언어학 이론은 완전히 단일한 언어 공동체 속에서 자신의 언어를 완전히 알고 있는 이상적 원어민 화자-청자에 대한 것"(촘스키(Chomsky), 1965, p. 3)이라는 관점을 반대했던 J.R.R. 퍼스(J.R.R. Firth)나 델 하임즈(Dell Hymes)와 같은 민족지학적, 사회문화적 언어학자의 연구를 따르고 있다는 설명만으로도 충분할 것이다. 이들 학자들에 따르면 '이상적 원어민'이라는 개념에는 문화와 사회의 영향이 배제되어 있으며, 따라서 언어학을 실제 세계에 적용하는 데는 이상적이지 않은 일반화다. 이에 대해 퍼스는 다음과 같이 말한다.

> 우리가 일상적으로 담당하는 각각의 사회적 역할을 수행하는 방식은 우리 스스로 만들어내는 것이 아니라 많은 경우 우리의 문화 유형에 의해 정형화되고 협소하게 조건 지워진 상태로 이미 존재한다. (퍼스, 1935, p. 69)

언어가 유형화되는 것이며 그 사용은 언어를 완전히 처음부터 새롭게 조합하는 것이라기보다 기억하는 것이라면(볼링거(Bolinger), 1976; 폴리와 사이더(Pawley & Syder), 1983 등) 언어학은 맥락이 배제된 문장의 문법을 원어민에게 묻는 것보다 방대한 문어나 구어 텍스트의 데이터베이스를 학습하는 데 좀 더 중점을 두어야 할 것이다. 코퍼스 분석이 중요한 이유가 바로 여기에 있다.

이러한 이론적 근거 외에, 오늘날 두드러지게 나타나고 있는 컴퓨터 기술의 급격한 발달 역시 코퍼스 언어학의 성공에 큰 영향을 주고 있다. 특히, 저렴한 저장 공간, 신속한 프로세싱, 교환의 편의를 위해 규격화된 전자 문서 등에 힘입어 대기업과 연구소는 물론 개인까지 코퍼스를 구축하고 분석하는 것이 가능해졌다. 게다가, 컴퓨터 보조 언어학에 대한 연구가 소리, 이미지, 동영상 등의 텍스트적, 맥락적 특징으로까지 확대되면서 사용자들은 좀 더 다양한 도구를 활용할 수 있게 되었다(멕키너리와 윌슨(McEnery & Wilson), 1997; 호프란트(Hofland), 2003).

이처럼 사용 가능한 도구가 다양해지고 코퍼스 구축이 점차 용이해지면서 코퍼스 활용에 대한 독창적인 이론적, 실무적 연구도 활발히 진행되고 있다. 코퍼스를 기반으로 한 연구 성과와 분석 방법은 사전학(「콜린스 코빌드(*Collins Cobuild*)」 시리즈 이후 최근 출간되는 영어 사전들은 대부분 코퍼스에 기반하고 있다), 어역 분석(스터브스(Stubbs), 1996), 법언어학(쿨사드와 프렌치(*Coulthard & French*), 1994), 그리고 우리와 좀 더 관련이 있는 번역 연구와 언어 교육 등의 발전에 크게 기여하고 있다.

3. 코퍼스 기반 번역 연구

오늘날 코퍼스 기반 번역 연구는 번역학의 기술, 이론, 응용 분야에서 체계적이고 유망한 접근법으로 자리잡고 있다. 예를 들어, 라비오사(Laviosa, 1998)는 다양한 출처를 기반으로 구축된 단일 언어 비교 코퍼스(영어 비교 코퍼스(English Comparable Corpus, ECC)) 분석을 통해 영어로 번역된 내러티브와 신문 기사 텍스트에 비번역 비교 텍스트와는 다른 다음과 같은 전형적인 패턴을 발견할 수 있었다. 이러한 패턴은 번역된 영어 텍스트 전반의 특징을 시사할 수도 있다.

1. 낮은 어휘 밀도
2. 높은 빈출 어휘 비중
3. 잦은 빈출 어휘 반복
4. 낮은 부명제 출현 빈도

케니(Kenny, 2000) 역시 번역텍스트의 어휘 표준화와 관련해 라비오사와 유사한 결론을 도출했다. 그는 다른 방법론을 적용해 영어와 독일어 병렬 코퍼스를 원천 언어(source language, SL)와 도착 언어(target language, TL)에 대한 두 개의 비교 코퍼스와 함께 분석했는데, 이를 통해 번역텍스트가 원천텍스트(source text, ST)의 부정적인 의미운율을 중립적으로 바꾸면서 "건전화되는(sanitized)" 경향을 발견할 수 있었다.

지금까지 소개한 기술론적 번역 연구는 번역 규범(투리(Toury), 1995) 등 다양한 주제의 연구에 경험적 자료를 제공하면서 코퍼스 기반 연구가 좀 더 이론적으로 발전하는 데 기여할 수 있다. 베이커(Baker, 1999)는 코퍼스가 번역 수신자의 기대와 번역 연구자의 진술, 전문 번역사의 실무를 연결하는 방법을 제공할 수 있다면 이론적 번역 연구에 특히 강력한 연구 도구로 기능할 것이라고 말했다. 이 세 가지 측면은 서로 매우 밀접하게 관련되어 있기 때문에 통합적이고 체계적인 번역 연구를 진행하고자 할 때 간과되어서는 안 된다.

끝으로, 그 동안 병렬 코퍼스(L1으로 된 ST - L2로 된 TT)와 이중언어 비교 코퍼스(L1으로 된 ST - L2로 된 ST) 모두 번역 수업 시간에 다양하게 활용되어 왔다. 충분히 방대한 분량으로 다양하게 구축될 경우 병렬 코퍼스는 학습자들에게 예전에 다른 사람들은 특정 문제를 어떻게 해결했는지 등 번역 관행의 사례를 제시해줄 수 있으며, 결국 이들이 번역 전략을 관찰하고 평가하는 데 도움을 줄 수 있다(피어슨(Pearson), 2003). 비교 코퍼스의 경우, 번역 행위 특유의 제약으로 인해 발생할 수 있는 선입견 없이 "학습자들이 관련 언어 공동체의 기대, 경험, 지식을 고찰할 수 있도록" 한다(자네틴, 1998, p. 618). 비교 코퍼스는 또, 특정 주제 분야에 대한 배경 정보를 제공함으로써 학습자들이 번역될 텍스트를 좀 더 잘 이해할 수 있도록 도울 수 있다. 기술 번역 교육/학습 또는 L2로의 번역 교육과 같이 문체적/담화적 수용 가능성에 대한 직관이나 주제 지식이 충분히 확립되어 있지 않은 환경에서 학습자들이 겪을 수 있는 어려움을 감안할 때 수업 시간에 이러한 유형의 코퍼스를 활용하는 접근법은 분명 가치가 있을 것이다.

4. 코퍼스 기반 언어 교육

지금까지 번역 교육에서 언어의 유형화, 기대, 수용 가능성의 역할을 고려할 필요가 있음을 논의했는데, 이러한 고려는 언어 교육에서 훨씬 더 중요하다(이론적 개요는 레이(Wray, 2000)를, 수업 실습 사례는 파팅턴(Partington, 1998)을 참고).

담화에 참여하기 위해서는 특정 공동체를 규율하는 '사용 규칙'을 이해해야 한다(하임즈, 1972). 사용 규칙은 문법과 같은 범주화 규칙보다 경향과 관련성이 높으며, 확인하고 기술하기 어렵기 때문에 외국어 교재에 거의 포함되어 있지 않고 있더라도 체계가 없는 경우가 많다(뢰메르(Römer), 2004). 하지만 이러한 규칙은 화자의 행동에 지침을 제공하며 이들이 수용 가능성을 판단하는 데 상당한 영향을 미친다. 그런 의미에서 코퍼스는 외국어 원어민 화자의 자연스러운 행동에 접근함으로써 어떤 언어가 특정한 맥락에서 적절하게 사용되는 사례를 관찰할 수 있도록 한다는 점에서 교육의 보조 수단으로서 상당한 가치를 지닌다. 코퍼스는 나아가 교과과정을 설계할 때도 타당성을 제공할 수 있다. 이와 관련해 케네디(Kennedy, 1992, p. 335)는 다음과 같이 말했다.

> 코퍼스 언어학을 통해 우리는 어떤 것이 체계적으로 가능한 지는 물론, 어떤 것이 실제로 발생할 수 있는 지도 알 수 있다.[...] 잠재적 사용 가능성과 발생 가능성은 무엇을 가르치거나 배울 지를 결정하는 데 있어 매우 중요하게 인식되어 왔다.

하지만 코퍼스와 코퍼스 언어학의 연구 성과에만 기반해 언어 교육을 설계해야 한다고 단정해서는 안 된다. 즉 서술적 타당성을 교육적 중요성과 동일시해서는 안 된다는 것이다. 이러한 관점은 특히 '어휘 중심 교수요목(lexical syllabus)'(윌리스(Willis), 1990)을 지지하는 학자들 사이에 두드러지게 나타나는데, 위더슨(Widdowson, 1984, p. 240 등 참고)은 이를 다음과 같이 비판한 바 있다.

> 실제성(authenticity)은 실제 텍스트를 다룬다고 달성되는 것이 아니라 학습자들이 담화를 통해 발화 신호에서 문맥적 의미를 추출하는 능력을 연습함으로써 달성될 수 있다.[...] 실제성은 선택이 아니라 방법의 문제다.

위더슨은 코퍼스를 언어 교육에 활용하는 것 자체를 반대하는 것이 아니라, 스스로도 몇 차례 언급했듯이 코퍼스의 사용을 통해 얻은 새롭고 설득력 있는 연구 성과만을 토대로 언어 과목을 설계하는 것을 경계한다. 즉 응용 언어학적 고려 사항들을 무시하고 이론적이고 기술적인 언어학적 관찰 결과만 중시해서는 안 된다는 것이다.

어휘 중심 교수요목과는 다른 접근법으로, 위더슨의 견해에 좀 더 가깝고 본 고의 관점과 좀 더 관련이 있는 접근법은 존스(Johns)의 '데이터 기반 학습(data-driven learning)'이다. 여기에서는 코퍼스와 코퍼스 도구가 언어에 대한 서술적 사실의 데이터베이스일 뿐 아니라 아니라 교육 도구 자체로 인식되며, 학습자들은 (교수자가 중간에서 개입하기는 하지만) 코퍼스를 직접적으로 다룬다(존스, 1991 등 참고). 즉 (교수자가 선별하고 단순하게 수정한) 실제 코퍼스 데이터를 해석하고 귀납적으로, 그리고 토론을 거쳐 수업에서 다루는 특정한 언어적 문제에 대한 해결책을 도출한다.

이러한 접근법은 코퍼스가 어떤 언어에 대한 정보의 출처 역할을 하는 전통적, 교수자 중심의 교육 방식과 분명히 다르다. 도출된 해결책의 정확성은 절대적이라기보다는 상대적이다. 즉 코퍼스를 통한 학습 성과는 부분적으로, 제한적으로만 일반화될 수 있으며 따라서 기술적/이론적으로 완전히 정확한 것이 아니라 각 학습 단계에 교육적으로, 맥락적으로 적절한 것이라고 볼 수 있다. 좀 더 중요한 것은 학습자들이 교수자가 설명하는 규칙을 수동적으로 암기하는 대신 스스로 해석하는 과정에서 예전에는 별개의 요소로 다뤘던 언어 사용의 의미와 형태 모두에 초점을 맞추고 이 두 가지 측면을 조화시킬 수 있게 된다는 점이다.

5. 코퍼스 보조 발견 학습과 번역사 교육

필자는 존스의 관점에 따라, 코퍼스의 가장 확실한 교육적 가치는 기술적으로 탄탄한 설명을 제시하는 것이 아니라 귀납적 학습의 기회를 제공하는 데 있다고 생각한다. 따라서 연구 역시 존스와 마찬가지로 단순히 코퍼스를 통해 도출된 결과들을 언어 교육/학습에 포함하는 것보다 학습자와 코퍼스 간 상호작용에 좀 더 초점을 맞춰 진행해 왔다.

필자가 제시하는 '코퍼스 보조 발견 학습(corpus-aided discovery learning)'에서 학습자들은 코퍼스 분석이 포함된 다소 비구조적인 과업을 수행해야 한다. 과업은 외국어로 된 특정 어휘나 구문의 의미나 용법을 고찰하는 것과 같이 단순할 수도 있고, 경제학 텍스트에 나오는 동물 관련 관용어의 용법을 분석하는 것처럼 좀 더 복잡할 수도 있다. 사용 가능한 코퍼스의 규모와 유형, 학습자와 교수자의 상상력에 따라 가능성은 무한하다. 여기서 핵심은 과업이 목표보다는 자극을 제공해야 하며, 평가는 과업 완료 후 문제/자극에 대한 정답이 아니라 발생한 학습 기회와 효과에 기반해 이루어져야 한다는 사실이다. 이를 위해 학습자들에게는 (a) 자극 (b) 코퍼스 분석에 할애해야 하는 최소한의 시간 (c) 학습 경험에 대해 보고하고 결과를 기술할 의무 (d) 각 단계의 내용과 발표/토론 시 유용할 것으로 보이는 관찰 결과를 필기하는 것이 좋다는 조언만 지침으로 제시된다.

이러한 접근법은 학습자들에게 의도한 경로에서 벗어나 관심을 끄는 것이면 무엇이든 탐구해볼 것을 권장하기 때문에 표준적인 교육 관행을 따른다고 볼 수는 없다. 하지만 코퍼스 보조 발견 학습은 다음과 같이 다양하고 흥미로운 교육적 함의를 지닌다.

1. 과업이 학습자들의 현재 관심사에 기반해 선택되기 때문에 (학습자들은 자

극, 연구절차, 보고의 형태를 선택할 수 있다) 실질적인 효과를 낼 수 있다(authentic).

2. 담화를 관찰하는 것은 물론 생산할 수 있는 기회를 제공한다는 점에서 '실제와 같은 상황을 조성한다(authenticating)'.
3. 학습자들에게 책임감을 심어줌으로써 자율성과 동기 향상에 기여할 수 있다(크래브(Crabbe), 1992).
4. 다른 유형의 활동에 비해 체면손상 효과가 적으면서 의사소통적 효과는 강한 것으로 나타난 귀납적 '추론 갭(reasoning-gap)' 활동에 기반한다.
5. 학습자들이 언어적 제약, 의미 운율(다음 절 참고)과 같은 현상에 좀 더 주의를 기울이게 되는 것은 물론, '언어를 통해 보고'(카터(Carter), 1993) 텍스트를 그 배경이 되는 문화 속에서 고찰함으로써 텍스트의 의도와 전략을 파악할 수 있는 기술을 개발할 수 있게 된다는 점에서 중요한 의식 고취 기능이 있다.
6. 학습자들이 학습 방법을 배우는 데 완벽한 환경을 제공한다. 즉 학습자들은 실습을 통해 코퍼스를 능숙하게 사용하고 코퍼스의 잠재력에 대해 확신을 갖게 되면서 좀 더 큰 학습 효과를 얻을 수 있다. 이는 나아가 자동처리과정(bootstrapping process)을 활성화시킴으로써 학습자들이 경험을 축적하고 코퍼스 추출 방법 및 추출된 결과물 분석 방법을 개발하는 과정에서 방대한 데이터를 좀 더 신속하고 효율적으로 분석할 수 있도록 돕는다. 필자의 경험상 이러한 수준에 도달할 경우 학습자들은 의문이나 직관을 확인하기 위해 원어민에게 묻거나 사전을 참고하는 것만큼 코퍼스를 일상적으로 활용하게 된다.
7. 학습자들이 어휘와 담화 측면 모두에, 그리고 이들 두 가지 측면의 상호관계에 초점을 맞출 수 있도록 한다.

더 이상의 논의는 본 고의 범위를 넘어서는 것이나, 이러한 접근법이 언어 중재자 전반, 그리고 특히 번역사에 대한 교육에 특히 적합하다고 판단되는 만큼 그 장점을 몇 가지 소개할 필요는 있어 보인다.

번역사에 대한 언어 교육은 비표준적인 유형의 특수목적언어 교육(Language for Specific Purposes, LSP)이라고 볼 수 있다. 필자가 정확하게 이해하고 있다면 표준적인 LSP의 핵심 목표는 특정 주제 분야와 관련한 구체적인 언어 능력을 가르치는 데 있다. 번역사 교육에서는 (문서 작성, 교정, 프로젝트 관리 등을 포함하는) 가장 광범위한 의미의 번역 과정에서 요구되는 구체적인 역량을 개발하는 것이 무엇보다 중요하다. 그리고 이러한 역량 개발은 번역 수업에서만 기를 수 있는 것이 아니며 미래 번역사 양성을 위해 설계된 외국어 과목에서도 우선순위로 자리잡고 있다.

하나 이상의 코퍼스를 활용한 발견 (언어) 학습은 능력뿐 아니라 역량에, 학습 결과보다는 학습 과정에 초점을 맞추고 자율성 함양과 의식 고취를 중시한다는 점에서 목적이 대체로 유사한 번역사 교육에 큰 도움이 될 수 있다. 다음 절에서는 코퍼스 보조 발견 학습이 번역사 교육에서 특히 기여할 수 있는 몇 가지 영역을 제시하면서 이러한 관점을 좀 더 구체적으로 설명하기로 한다.

사례 1: 학습자 인식 제고

코퍼스 보조 발견 학습이 가장 큰 효과를 얻을 수 있는 영역은 언어적, 사회문화적, 담화적 인식의 개발일 것이나, 본 절에서 이러한 유형의 지식을 개발하기 위한 수 많은 코퍼스 활용 방법을 일일이 소개하기는 불가능하다. 다만, 여러 언어학자들이 소개하고 주로 코퍼스 분석을 통해 연구되어 온 네 가지 이론적 개념, 즉 연어(collocation), 결합(colligation), 의미 선호(semantic preference), 의미 운율(semantic prosody)(호이(Hoey), 1997; 로우(Louw), 1993; 싱클레어(Sinclair), 1991)에 대해서만 언급하도록 한다. 이러한 논의에서는 담화적 관점(베르나르디니, 2000; 호이, 1991; 스터브스, 1996) 역시 중요하지만 본 고에서는 편의를 위해 구문 수준에만 초점을 맞추기로 한다.

여기서는 볼로냐 대학교(University of Bologna) 통번역대학(School of Translators and Interpretation)의 통번역전공 4학년 대상 발견 학습 수업 사례를 소개한다. 이 수업에서 한 소그룹 학생들은 영국 국가 코퍼스(British National Corpus, BNC)에서 'cause'와 'reason'이라는 명사를 추출해 살펴본 뒤 'to cause'라는 동사의 부정적 의미 운율에 대한 과거 연구 결과(불리츠(Bulitz), 1995 등 참고)가 해당 명사에도 적용이 되는지, 이러한 특징을 기반으로 이들 (유사) 동의어를 구분할 수 있는지를 검토해보았다. 학생들은 특히 이들 명사 뒤에 전치사 'for'가 붙는 사례를 집중적으로 검토했는데, 여기서 다음과 같은 흥미로운 사실들을 발견할 수 있다.

1. 'cause for'는 실제로 부정적 의미가 내포된 명사들과 '연어를 이루는' 경향을 보인다. 하지만 콘코던스에서는 긍정적 의미가 내포된 일부 명사(예: hope, celebration)도 상당히 자주 발견됨으로써 해당 구문의 부정적 '의미 운율'과 반대되는 어휘화 단위가 존재할 수도 있음을 시사했다.
2. 'reason for'는 '~ing' 형태의 동사와 '결합'하는 경향을 보이는데, 'cause for'에서는 이러한 경향이 나타나지 않는다.
3. 'cause for'는 정신적/심리적 상태를 나타내는 추상 명사에 대한 '의미 선호' 경향을 보이는데, 'reason for'에서는 이러한 경향이 나타나지 않는다.

이러한 경향은 콘코던스 1을 통해 구체적으로 확인할 수 있다.

lambs she fed with youthful pride. Her family saw no cause for alarm —— how could it do her any harm w
classical recourse of the bourgeois in trouble or with cause for complaint was to exercise or ask for perso
ofessional tournament tennis), Tretorn has justifiable cause for concern. It has it in writing from the LTA tha
an and Diana Travers. On the face of it there was no cause for concern. Theresa Nolan, after having a me
n set, but even now she managed to retain sufficient cause for indignation, and the quality of her feeling fc
ss, and also children. Children were recognized as a cause for long-lasting happiness, so they are include
r bacterial decomposition, is very seldom indeed the cause for worry. Nitrogen shortage normally shows o
estriction. I can't agree with any of those things. The reason for bringing forward this policy was because i
rything quicker and saves money so there is a good reason for businesses to switch to EDC,' says Micha
didn't care a fig what she looked like, but that was no reason for him to tighten the purse-strings. ' Don't be
within a social context of some kind. The immediate reason for not using Labov's concept is that the vern
at lack of scientific certainty should not be used as a reason for postponing cost-effective measures to ha
uth of the Tropic of Cancer was not to be taken as a reason for resuming hostilities in Europe. This clause
these pieces often speaks for itself, and is the main reason for them being collectable. Unfortunately, the
nce, loving Brief Encounter is one such marker. One reason for this, I would suggest, is that Brief Encount
t rear cross member instead of the angled type. The reason for this is the provision of lifting eyes on the e

콘코던스 1. BNC에서 'cause for'와 'reason for'의 출현 사례

학습자들의 관찰 결과는 이론가만큼 명확하고 경제적이지 않으며 부분적이고 직관에 기반한 일반화인 경우가 많기 때문에 근거가 발견될 때마다 확인하고 수정하고 보완하는 작업을 거칠 필요가 있다. 학습 방법을 학습하는 과정에서의 인식 제고라는 측면에서 가장 중요한 것은 학습자들이 연어, 결합, 의미 선호 및 의미 운율과 같은 현상, 나아가 관용구가 포함된 텍스트를 생산하고 이해하는 데 있어 자신이 수행하는 역할에 좀 더 주의를 기울이도록 하는 것이다.

또 다른 사례에서는 코퍼스 학습을 통해 구문 수준에서 나타나는 형태적, 분포적 변화에 대한 인식도 기를 수 있음을 알 수 있다. 이러한 인식은 특히 학습자들이 맥락과 문맥의 신호에 기반해 특정 어휘 항목의 의미와 기능을 예측하는 방법을 배울 수 있도록 한다는 장점이 있다. 앞서 소개한 수업에서 한 학생은 'the x behind the y'라는 구문의 패턴을 분석한 결과, 흥미로운 담화적 기능을 발견할 수 있었다고 발표했다. 이 학생은 통상 x와 y의 자리에 위치하는 명사의 유형과 이러한 패턴이 자주 사용될 것으로 보이는 텍스트의 유형을 검토했는데 수집된 데이터를 수업 시간에 함께 분석한 결과, 이러한 패턴이 중복되지만 분명히 다른 두 가지 양상을 중심으로 나타난다는 결론을 도출할 수

있었다. 첫 번째 양상은 아래 예문에서 알 수 있듯 주로 (1) 주제 위치/초점 기능 (2) 텍스트 유형 = 학술 산문 (3) 추상 명사의 x 위치 점유라는 세 가지 특징을 지닌다.

1. The intention behind the book is furthering...
2. The rationale behind the changes was to reduce...
3. The theory behind the methods untilising these bases is described...

두 번째 양상에서는 y 자리에 어떠한 주체를 나타내는 명사가, x 자리에는 이 주체를 관할하는 개인이나 기관이 위치한다. 이러한 양상은 언론 기사문의 전형적인 문체적 특징일 수 있으나 특정한 위치나 기능과 특별히 관련된 것으로 보이지는 않는다(콘코던스 2. 참고).

ee persons of the Christian Trinity. It is this being, the power behind the throne who acts as the unifying force
the Elephant & Castle, waiting for Guy Chadwick, the mastermind behind The House Of Love, purveyors of
. Lachman president Ron Lachman was of course the force behind the creation of WABI, Sun Microsystems
m those at the centre who seek control. However, the thinking behind the FMI was that if the budgetary proce
loper and investor Ewart. Burton Property Trust is the developer behind the Cornmill shopping centre in Darli
vels has been expressed in many quarters. This is the reason behind the launch of Amity News Service, publi
for prestige commercial and architectural lighting. The aim behind the range is to incorporate well-proven, st
w have to be fulfilled by a team from Manchester. The theory behind the cuts was that there was no point in
eem blindingly obvious, one non-NHS member of the team behind the strategy points out: 'Irrespective of th
orturer. The word is bald, impersonal. But what of the person behind the label? How did Andres Valenzuela
, semiconductors, and aqueous solutions of salts. The chemistry behind the formation of zeolites is still not c
inded something historic in Yorkshire. Barnes was the brain behind the South West's first Divisional 29-9 triur
ndidate for Parliament in the Maryhill Division, was the eminence grise behind the 'Hall of Laughing Mirrors' ar

콘코던스 2. BNC에서 'the _ behind the'의 출현 사례

다시 말하지만 본 절의 논의는 무엇을 완전히 설명하는 데 목적이 있는 기술언어학자의 관점이 아니라 설득력 있는 일반화와 모범 사례를 도출한 학습자의 관점을 바탕으로 하고 있다. 코퍼스는 완전한 전체 그림을 볼 수 있게 해준다기보다 그 일부만 제시해줄 뿐이다. 하지만 이는 한계가 아니라 장점이라고 볼 수 있는데, 그 이유는 다음과 같다. 첫

째, 비고츠키(Vigotsky) 학파의 여러 학자들(크라셴(Krashen), 1979 등 참고)이 제안한 바와 같이 학습은 학습자의 발달 상태에 맞는 연속적 접근을 통해 진행된다. 둘째, 학습자들은 코퍼스를 다루는 과정에서 교육학의 인위적인 이분법에 가려지는 경우가 많은 언어 구성의 확률론적 본질(2절의 논의 참고)을 좀 더 잘 이해하게 될 수도 있다.

사례 2. 의사소통 기술 개발

코퍼스 보조 발견 학습은 이처럼 광범위한 인식 제고 기능과 함께 번역사 교육에서 또 다른 중요한 역할을 수행한다. 즉 의사소통 및 학습 중심 기술을 개발할 수 있는 완벽한 환경을 조성할 수 있다.

번역은 매우 특수하긴 하지만 기본적으로 의사소통적 사건이기 때문에 성공적인 의사소통에 일반적으로 필요한 기술에 전적으로는 아니지만 상당 부분 의존할 수 밖에 없다. 발견 학습은 학습자들이 이러한 기술을 집중적으로 연습할 수 있는 여건을 조성한다. 예를 들어, 보그랑드와 드레슬러(Beaugrande & Dressler, 1981, p. 210)가 제시한 일련의 의사소통 역량을 생각해보자.

1. 문제 해결
2. 계획
3. 가설 수립, 검증, 수정
4. 패턴 매칭
5. 예상되거나 발생 가능성이 높은 상황에 대한 단순 프로세싱
6. 예상되지 않거나 발생 가능성이 낮은 상황에 대한 심층 프로세싱
7. 프로세싱 한계 극복을 위한 복잡성 완화
8. 선택적 주의 집중

9. 경험의 연속성 유지
10. 다른 상호작용 참여자에게 나타날 수 있는 이러한 다양한 성향 및 활동 예측 또는 추론

이러한 역량은 우선, 발견 학습 활동을 완수하는 과정에서 직접적으로 개발될 수 있다. 코퍼스에서 어떤 것을 수집해 분석할 지를 계획하고 수집한 데이터를 처리하며(관련 있는 행 선택 및 명령, 맥락 확장) 데이터를 해석하는 과정에서 가설을 수립하고 검증하는 등의 활동은 인지적으로 매우 힘든 과정으로, 이를 통해 이러한 역량 모두를 체계적으로 연습하고 발전시킬 수 있게 된다. 또, 발견 학습 활동은 학습자들이 동기가 있고 실제와 같은 상호작용에 다른 학습자들과 함께 참여하는 과정(활동 보고, 결과 토론, 이의 제기, 결정에 대한 근거 제시 등)에서 자극을 제공함으로써 이들이 실제 담화에서 이러한 역량을 발휘하는 데 간접적으로 도움을 줄 수도 있다.

사례 3. 학습 기술 개발

번역사 교육에서 발견 학습의 역할과 관련해 마지막으로 검토할 영역은 학습 자체라는 문제와 연결된다. 직업 세계에서 실무를 수행하더라도 지속적으로 새로운 지식을 습득하고 (인지적이지는 않더라도) 기술적인 기술을 개발해야 한다는 점을 감안할 때(본 서 제3장 참고) 번역사에 대한 모든 교육은 학습 역량 배양에 높은 우선순위를 두어야 한다. 이와 관련해 키랄리(Kiraly, 2000, p. 182)는 다음과 같이 주장했다.

> 우리의 가장 중요한 목표는 [번역 학습자들이] 현재는 능력과 자신감이 있고 자율적인 전문가가, 미래에는 평생 학습자가 되도록 돕는 것이다.

예를 들어, 스키한(Skehan, 1996, 1998)은 언어 학습이 분석과 종합의 지속적인 사이클을 거치면서, 또 형태, 의미, 그리고 이들 사이의 상호 관계에 균형 있게 초점을 맞춤으로써 진행된다고 말했다. '정확성'은 주로 분석과 형태에 대한 초점을 통해, '유창성'은 주로 종합과 의미에 대한 초점을 통해 개발되며, '재구성' 기술, 즉 "(개인의) 근간을 이루고 있으며 지속적으로 발전하는 언어 체계를 재구성하는 의지와 역량"(스키한, 1996, p. 22)을 개발하기 위해서는 분석과 종합을 통합적으로 진행하고 의미와 형태 모두에 초점을 맞추어야 한다. 본 고가 소개한 활동은 다음과 같은 측면에서 이러한 기술 개발에 기여할 수 있다.

정확성: 언어의 형태적 특징 분석을 위한 자극과 기회를 제공함으로써 개발
유창성: 보고 및 토론 활동을 통해 개발
재구성: 데이터 분석 및 결과 종합을 통해 형태와 기능/의미에 대한 관찰 결과를 서로 연결시킬 수 있는 기회를 제공함으로써 개발

미래의 번역사에게 필요한 다양한 학습 기술 가운데 또 한 가지 중요한 것은 '의식 기술(noticing skill)'이다. 다수의 학자들이 언어 학습은 무의식적으로 이루어질 수 없으며 특정 대상에 대한 의식, 즉 투입된 언어의 형태적 특징에 대한 의식에 크게 영향 받는다는 가설에 기반해 연구를 진행해왔다(슈미트(Schmidt), 1990; 로빈슨(Robinson), 1995; 포토스(Fotos), 1993; 류(Leow), 2000). 이러한 특징은 과업에 핵심적인 정보를 포함하고 있거나, 이상적으로는 학습자들의 의식 속에 이미 존재하고 있어야 관심을 받을 수 있다. 이 경우 학습자들은 TL의 형태를 감지하고 이를 부호화해 단기 기억에 저장할 가능성이 높다. 그리고 이러한 정보가 장기 기억으로 이동해야만 학습이 이루어진다. 이와 관련해 로빈슨(1995, p. 298)은 다음과 같이 말했다.

특정 정보가 장기 기억에 좀 더 영구적으로 부호화되는 과정은 해당 정보가 단기 기억에서 활성화되는 정도에 영향 받는다. 그리고 정보의 단기 기억 내 활성화는 연습과 정교화에 영향 받는다.

코퍼스 보조 발견 학습 과업은 형태적 특징에 초점을 둔다는 점에서 '의식' 개발에 도움이 될 수 있다. 여기서는 (과업 자체가 언어적 분석을 중심으로 진행되기 때문에) 형태적 특징이 과업 완수에 매우 중요하며 (형태적 특징이 콘코던스 결과에 반복적으로 나타나기 때문에) 학습자의 의식 속에 자리잡게 된다. 또, 과업을 완수하기 위해 필요한 인지 노력으로 단기 기억 안에 있는 정보가 강력하게 활성화될 수 있으며 이에 따라 기억, 즉 장기 기억에 부호화해 저장하는 과정도 가속화될 수 있다.

발견 학습 활동이 번역사 교육에 제공하는 효과를 본 고에서 모두 논의하는 것은 불가능하다. 다만, 지금까지 소개한 몇 가지 사례를 통해 이러한 효과가 얼마나 무궁무진한지 파악할 수 있게 되기를 희망한다.

6. 결론

지금까지의 논의 내용에 기반할 때 코퍼스는 번역 보조 수단으로서, 그리고 발견 학습 활동의 기반으로서 미래의 번역사에게 다양한 효과를 제공해준다고 볼 수 있다. 필자는 코퍼스가 학습자들에게 (a) 언어적, 사회문화적, 담화적 인식을 제고하고 (b) 성공적 커뮤니케이션(나아가 번역)에 필요한 다양한 기술을 개발하며 (c) 좀 더 효과적이고 자율적인 학습 방법을 학습함으로써 현재 성공적인 언어 사용자이자 언어 학습자가 되는 것은 물론, 미래에 성공적인 언어 전문가로 성장하는 기반을 마련할 수 있는 기회를 제공한다고 생각한다.

번역 교육과 언어 교육은 전통적으로 별개의 학문 분야로 인식되어

왔다. 이는 번역을 코드변환 과정으로, 번역 교육을 훈련 과정으로 보는 관점에 기반하고 있다. 하지만 번역이 중재 활동이며 미래의 번역사들은 훈련이 아니라 교육되어야 한다는 관점에서 본다면, 언어 교육은 번역사 교육 과정에 필수적인 일부가 되어야 하는 동시에 번역 교육과 함께 번역사 교육 환경에 적합한 목표와 방법론을 공유하면서 응집성 있는 하나로 통합되어야 할 것이다.

번역 교육이 확실한 효과를 거두기 위해서는 이러한 번역사 교육 환경의 특성을 결정하고 (사회언어적, 인지적) 기술과 능력이라는 측면에서 (실무적, 교육적으로) 번역 학습자들에게 필요한 요건을 파악함으로써 결과적으로 번역 수업, 언어 수업, 그리고 번역사 교육을 위한 그 밖의 어떤 수업에서든 이론적으로 신중하게 설계된 통합적 접근법을 마련해야 한다. 코퍼스 보조 발견 학습은 의사소통, 학습, 번역 역량과 함께 언어 능력 향상을 목표로 하는, 번역 학습자를 위해 특별히 설계된 외국어 학습 과업을 제공함으로써 그러한 접근법을 마련하는 데 있어 의미 있는 첫 걸음이 될 수 있다.

참고문헌

Baker, M. (1999). "The role of corpora in investigating the linguistic behaviour of professional translators". *International Journal of Corpus Linguistics, 4* (2), 281-298.

Bernardini, S. (2000). *Competence, Capacity, Corpora. A Study in Corpus-aided language Learning.* Bologna: CLUEB.

Bolinger, D. (1976). "Meaning and memory". *Forum Linguisticum, 1* (1), 1-10.

Bowker, L. (2000). "Towards a methodology for exploiting specialized target language corpora as translation resources". *International Journal of Corpus Linguistics, 5* (1), 17-52.

British National Corpus Version 1.0. Oxford: Oxford University Computing Services.

Bublitz, W. (1995). "Semantic prosody and cohesive company: Somewhat predictable". *Universitat Duisburg Gesamthochschule, L.A.U.D.,* 1-23.

Carter, R. (1993). "Language awareness and language learning". In M. Hoey (Ed.), *Data, Description, Discourse* (pp. 139-149). London: Harper Collins.

Chomsky, N. (1965). *Aspects of the Theory of Syntax.* Cambridge, MA: MIT Press.

Coulthard, M. & French, P. (Eds.). *Forensic Linguistics. The International Journal of Speech, Language and the Law.* Birmingham: Birmingham University Press.

Crabbe, D. (1993). "Fostering autonomy from within the classroom: The teacher's responsibility". *System, 21* (4). 443-452.

Firth, J. R. (1935). "On sociological linguistics". Extracted from Firth, J.

R. *The Technique of Semantics - Transactions of the Royal Society.* Reprinted in Hymes, D. (Ed.). (1964). *Language in Culture and Society* (pp. 66-70). New York: Harper International.

Fotos, S. (1993). "Consciousness-raising and noticing through focus on form: Grammar task performance versus formal instruction". *Applied Linguistics, 14* (4), 385-403.

Gavioli, L. (2001). "The learner as researcher. Introducing corpus concordancing in the classroom". In G. Aston (Ed.), *Learning with Corpora* (pp. 108-137). Houston, TX: Athelstan.

Hoey, M. (1991). *Patterns of Lexis in Text* Oxford: Oxford University Press.

Hoey, M. (1997). "From concordance to text structure: New uses for computer corpora". In B. B. Lewandowska-Tomaszczyk & P. J. Melia (Eds.), *Practical Applications in language corpora - Proceedings* (pp. 2-23). Lodz: Lodz University Press.

Hymes, D. (1972). "On communicative competence". In J. B. Pride & J. Holmes (Eds.), *Sociolinguistics* (pp. 269-293). London: Penguin.

Johns, T. (1991). "Should you be persuaded - Two samples of data-driven learning materials". In T. Johns & P. King (Eds.)*Classroom concordancing. ELR Journal, 4* (pp. 1-16). Birmingham: University of Birmingham.

Kennedy, G. (1992). "Preferred ways of putting things with implications for language teaching". In J. Svartvik (Ed.), *Directions in Corpus Linguistics* (pp. 335-373). Berlin: Mouton de Gruyter.

Kenny, D. (2001). *Lexis and Creativity in Translation,* Manchester: St. Jerome.

Kiraly, D. (2000). *A Social Constructivist Approach to Translator Education.* Manchester: St. Jerome.

Laviosa, S. (1998). "Core patterns of lexical use in a comparable corpus of English narrative prose". *Meta, 43* (4), 557-570.

Leow, R. P. (2000). "A study of the role of awareness in foreign language behavior: Aware versus unaware learners". *Studies in Second Language Acquisition, 22* (4), 557-584.

Louw, B. (1993). "The diagnostic potential of semantic prosodies". In M. Baker, G. Francis, & E. Tognini Bonelli (Eds.), *Text and technology* (pp. 157-176). Amsterdam and Philadelphia: John Benjamins.

McEnery, T. & Wilson, A. (1997). "Multimedia corpora". In B. Lewandowska-Tomaszczyk & P. J. Melia (Eds.), *Practical Applications in Language Corpora-Proceedings* (pp. 24-33). Lódź: Lódź University Press.

Partington, A. (1998). *Patterns and Meanings.* Amsterdam and Philadelphia: John Benjamins.

Pawley, A. & Syder, R H. (1983). "Two puzzles for linguistic theory: Native-like selection and native-like fluency". In J. C. Richards & R. W. Schmidt (Eds.), *Language and Communication* (pp. 191-227). London: Longman.

Pearson, J. (2003). "Using parallel texts in the translator training environment". In F. Zanettin, S. Bernardini, & D. Stewart (Eds.), *Corpora in Translator Education* (pp. 15-24). Manchester: St. Jerome

Prabhu, N. S. (1987). *Second Language Pedagogy.* Oxford: Oxford University Press

Robinson, P. (1995). "Attention, memory, and the 'noticing hypothesis'". *Language Learning, 45* (2), 283-331.

Römer, U. (2004). "Comparing real and ideal language learner input: The use of an EFL textbook corpus in corpus linguistics and language teaching". In G. Aston, S. Bernardini, & D. Stewart (Eds.), *Corpora and Language Learners* (pp. 153-170). Amsterdam and Philadelphia: John Benjamins.

Schmidt, R. W. (1990). "The role of consciousness in second language learning". *Applied Linguistics, 11* (2), 129-155.

Sinclair, J. (1991). *Corpus, Concordance, Collocation.* Oxford: Oxford University Press.

Skehan, P. (1996). "Second language acquisition and task-based instruction". In J. Willis & D. Willis (Eds.), *challenge and Change in Language Teaching* (pp. 17-30). Oxford: Heinemann.

Skehan, P. (1998). *A Cognitive Approach to Language Learning.* Oxford: Oxford University Press.

Stubbs, M. (1996). *Text and Corpus Analysis.* Oxford: Blackwell.

Toury, G. (1995). *Descriptive Translation Studies and Beyond.* Amsterdam and Philadelphia: John Benjamins.

Varantola, K. (2003). "Translators and disposable corpora". In F. Zanettin, S. Bernardini, & D. Stewart (Eds.), *Corpora Translator Education* (pp. 55-70). Manchester: St. Jerome.

Widdowson, H. G. (1984). *Explorations in Applied Linguistics 2.* Oxford: Oxford University Press.

Willis, J. D. (1990). *The Lexical Syllabus.* London: Collins.

Wray, A. (2000). "Formulaic sequences in second language teaching: Principle and practice". *Applied Linguistics, 21* (4), 463-489.

Zanettin, F. (1998). "Bilingual comparable corpora and the training of translators". *Meta, 43*(4), 616-630.

9장

번역에 대한 개념 정립 없이 전문 번역 능력 개발하기

크리스티나 셰프너(Christina Schäffner)

서론: 연구 대상 및 실무로서의 번역

어떤 학문에서든 연구의 대상을 정의하는 것은 매우 중요한 문제다. 번역학 연구의 대상으로서 번역은 다양하게 정의되어 왔으며(자세한 논의는 슈톨츠(Stolze), 1994; 문데이(Munday), 2001; 세프너, 출간 예정 등 참고) 이는 결과적으로 연구 방법과 데이터 선정에 영향을 주었다. 예를 들어, 콜러(Koller, 1979, 1993)는 본원적 번역(translation proper)와 번안(adaptation)을 구분하면서 번역을 원천텍스트(source text, ST)와 목표텍스트(target text, TT) 사이의 등가 관계에 기반해 정의해야 한다고 주장했다. 또, 번역학자들이 그러한 등가 관계에 대한 객관적인 범주를 설정할 필요가 있다고 밝혔다. 이를 통해서만 번역(즉 본원적 번역)은 여타 파생 텍스트 생산 사례와 뚜렷하게 구분될 수 있다는 것이다. 반면, 투리(Toury)는 어떤 학문에서든 범주 설정이 첫 단계가 되어서는 안 된다고 주장했다. 그에게 있어 번역이란 "특정 시점에 특정 문화 공동체가 번역이라고 간주하는 것(1995, p.32)"이다. 헤르만스(Hermans, 1985, p. 13) 역시 번역 연구자는 "'번역'이 무엇인지, 정확히 무엇을 기준으로 번역과 비번역을 구분해야 하는지 등에 대한 선입견 없이 연구를 수행"해야 한다고 주장했다. 또, "그러한 선입견은 결국 규범적이고 제한적일 수 밖에 없다"고 지적했다(헤르만스, 1985).[1)]

실제로, 연구 목적을 위해 구체적인 방식으로 번역을 정의하는 것은 제한적일 수 있다. 일부 텍스트가 처음부터 배제되면서 사회적, 인지적 활동으로서의 번역 현상에 대해 제한적인 연구 결과만 도출될 수 있기 때문이다. 하지만 번역은 연구의 대상일 뿐 아니라 오늘날 많은 사람들이 일정한 교육과 훈련의 과정을 거친 후 진출하고 있는 실무이자 직업이며 번역 교육 과목들은 대체로 매우 분명하게 정의된 번역의 개념을 기반으로 제공되고 있다. 노이베르트(Neubert, 1997, p.85)는 "번역을 실제로 해보는 것을 통해서만 배울 수 있다는 일반적인 통념은 대대적으로 수정되어야 하고 재평가되어야 한다"고 강조했으며, 필자 역시 번역 능력이 특정한 이론적 틀 속에서 개발된다면 학습자들은 향후 전문적으로 번역 실무를 수행할 때 좀 더 적절한 결정을 내릴 수 있게 될 것이라고 주장해왔다(세프너, 2000; 세프너와 비제만(Schäffner & Wiesemann), 2001 참고). 번역을 연습하는 학습자들은 번역 과정과 해당 과정의 결과물, 즉 TT로서의 번역물에 대한 기대를 알고 있어야 한다. 하지만 그렇다고 훈련 과정에서 처음부터 번역의 정의(필자가 생각하기에, 목적이 있는 행위로서의 번역(노르트(Nord), 1997 참고)에 대한 이해가 가장 이상적이다)가 제시되어야 하는 것은 아니다. 오히려 번역의 정의를 훨씬 나중에 제시하는 것이 바람직한데 본 고에서는 이를 위한 두 가지 방법론적 접근법을 소개하고자 한다.

교육 환경에서의 번역 능력 개발: 두 가지 시나리오

대학에서 번역을 공부하기로 결정하는 학생들은 대체로 과거에 번역을 즐겁게 수행해본 경험이 있다. 이들이 갖고 있는 번역의 개념은 주로 학교에서 습득되며 번역을 언어 학습 모듈의 일부로서 연습을 통해 교육하는 대학에서 강화되거나 수정될 수 있다. 이들 학생들은 높은 기술 의존도, 업계에서 인정되고 적용되는 품질보증기준 준수 노력, 엄청나게 빠듯한 기한 등 전문 번역사로서 실무를 수행하는 데 필요한 요건에 대한 지식이 없다. 따라서 번역사 지망생으로서 현실 세계의 상황에 대처할 준비를 해야 하는데, 여기에는 이들이 이수하는 프로그램의 유형에 따라 (최소한) 두 가지 방법을 생각해볼 수 있다.

시나리오 1: 어학 프로그램의 일부로 제공되는 번역 교육

아스톤 대학교(University of Aston)의 학부 어학 프로그램 학생들은 4학년 때 '고급 번역(Advanced Translation)' 모듈을 수강할 수 있다. 이들은 대부분 해외에서 1년 정도를 보낸 경험이 있기 때문에 제2언어(L2)(여기서는 독일어)에 대한 지식과 문화 능력이 대체로 매우 우수하다. 학생들은 그 전까지 문어 모듈의 일부로 번역을 연습해왔으며, 4학년 때도 문어 수업에서 번역을 수행해야 한다. 다만, 이들 모듈에서 번역의 주요 목적은 다음과 같은 부분을 확인하는 데 있다.

- 학습자들이 L1으로 번역되는 L2 ST의 내용과 언어 구조를 이해했는지
- 학습자들이 L1으로부터의 번역에서 L2의 언어 규칙과 관습을 준수하면서 구조가 탄탄한 L2 텍스트를 생산할 수 있는지
- 학습자들이 L2로 된 텍스트의 메시지를 완전히 이해했는지, 그리고 이러한 메시지

를 L1의 언어 규칙과 관습을 준수하면서 구조가 탄탄한 L1 텍스트 속에 재생산할 수 있는지

반면, 고급 번역 모듈의 목표는 학습자들에게 번역 실무와 관련된 다양한 측면과 요건을 소개함으로써 번역 능력을 기를 수 있도록 돕는 데 있다. 해당 모듈에 배정된 시간이 많지 않기 때문에(12주 과정, 주당 약 2시간) 이러한 목표를 달성할 수 있는 가장 효율적인 방법을 찾아야 하는데, 필자의 경험에 따르면 다음과 같은 모델이 효과적이다.

1주차에는 학습자들에게 다음과 같은 진술에 대해 생각해보도록 한다. 이들 진술은 대부분 회니히와 쿠스마울(Hönig & Kussmaul, 1991, pp. 15-16)에 제시되어 있는 내용을 약간 변형한 것으로 학습자들에게 '그렇다', '그렇지 않다', '모르겠다'로 답하도록 한다.

(1) 어떤 텍스트의 독자를 모른다면 번역할 수 없다.

(2) 번역물임이 분명하게 드러나는 텍스트는 좋은 번역물이 아니다.

(3) 과학이나 기술 텍스트에는 익숙하지 않은 어휘들이 훨씬 많기 때문에 이러한 텍스트를 번역하는 것이 일반, 일상적 텍스트를 번역하는 것보다 어렵다.

(4) 의역은 특정한 어휘의 본원적 의미에서 벗어나도록 할 수 있기 때문에 항상 직역보다 위험하다.

(5) 이중언어 사전은 어떤 어휘를, 어디에 사용해야 할지를 알려주기 때문에 번역사에게 필요하다.

(6) 원문텍스트를 해당 독자가 이해할 수 있는 수준 이상으로 번역텍스트를 해당 독자가 이해하기 쉽게 만드는 것은 번역사의 일이 될 수 없다.

(7) 원칙적으로, 역번역(back translation)은 원문텍스트를 재생산할 수 있다.

(8) 일상 언어 가운데 일부는 번역이 불가능하다.

(9) 경력이 많은 번역사 두 명이 하나의 동일한 텍스트를 번역하더라도 번역결과물은 달라질 것이다. 이는 주관성과 개인적 선호가 번역에 상당히 큰 영

향을 미치며, 따라서 번역 현상을 객관적인 모델에 기반해 설명하는 것은 불가능할 수 있음을 시사한다.

(10) ST는 번역물의 품질을 측정하는 기준이 된다.

다음으로는 이들 진술에 대한 답과 이를 뒷받침하는 근거가 제시된다. 이는 흥미롭고 매우 활발한 토론으로 이어지는데, 이를 통해 학습자들이 번역에 대해 갖고 있는 선입견을 파악할 수 있다. 학습자들은 대체로 (1)에 대해서는 '그렇지 않다', (2), (3), (9)에 대해서는 '그렇다'고 답했으며 나머지에 대해서는 ('모르겠다'를 포함해) 다양한 답을 택했다. 이러한 토론은 학습자 대부분이 번역을 내용과 형태 측면 모두에서 ST에 대한 충실한 재생산으로 인식하고 있음을 보여준다. 이는 필자가 해당 모듈을 통해 학습자들이 확립하기를 원하는 번역에 대한 개념이 아니다. 하지만 이 단계에서 좀 더 중요한 것은 학습자들이 이러한 진술에 답하는 것 자체가 아니라 이어지는 토론을 통해 다양한 문제에 대한 인식을 제고하고 이들 진술[2)]에 대해 지속적으로 생각하는 기회를 갖는 것이다.

그 다음 주부터는 관광 안내문, 영화평, 사용 설명서, 정치 연설, 통속 과학, 법률 텍스트, 문학 텍스트, 광고 등 다양한 장르의 텍스트를 번역하게 되며, 장르 별로 구체적인 번역 과업이 주어진다. 학습자들은 연구(즉 번역학 문헌 연구)에 기반해 각 장르에 따라 반복적으로 발생하는 문제와 TT 생산 시 고려할 수 있는 전략에 대해 간략히 발표한다. 이어 이들이 생산한 TT의 적절성에 대한 논의를 진행하는데, 이 과정에서 명시적, 암시적으로 앞서 살펴본 진술을 다시 살펴본다. 예를 들어, 헤어 드라이기 사용 설명서를 검토하면서 장르 관습(예: 설명서의 경우 독일어에서는 동사 원형을, 영어에서는 명령형을 사용한다. 좀 더 구체적으로, 독일어에서는 '*Für Kinder unzugänglich aufbewahren!*', 영어에서는 'Keep out of the reach of children'과 같은 구문이 관습적으로 사용된다)에 대해 고찰한다. 원천 문화와 목표 문화의 전압과 배선이나 애프터서비스 설명서도 검토한다. 관광 안내문의 경우, 고유 명사와 문화특수적 용어를 처리하는 전략(예: 관광객들이 찾기 쉽도록 특정 지명을 독일어로 유지할지, 문화특수적 개념에 대한 정보를 얼마나 제공할 것인지 등의 문제)에 대해 논의하고, 법률 텍스트와 관련해서는 텍스트의 수신자를 고려하면서 법률 문서를 상호참조하는 방법을 살펴본다(예: 특정 기업이 영국에서 영업을 하는지, 독일에서 영업을 하는지에 따라 독일 민법에 대한 참조의 중요성이 달라진다). 정치 연설, 예를 들어 텔레비전을 통해 방송되는 독일 총리의 신년 연설에 대해서는 텍스트의 목적 변경(예: 독일 대중에 대한 설득적 텍스트에서 영국 정치인들에 대한 정보적 텍스트로의 변경)과 번역에 미치는 영향에 대한 논의가 이루어진다. 문학 텍스트의 경우, 문체, 리듬, 각운 등이 주요 검토 대상이다(예: 학습자들은 브레히트(Brecht)의 「서푼 짜리 오페라(*Dreigroschenoper*)」에 나오는 노래 한 곡을 영어로 번역하는 과정에서 노래로 불릴 수 있는 텍스트를 생산하는 데 큰 어려움을 겪었다). 광고 텍스트와 관련해서는 광고 전략(이미지 판매를 통한 제품 판매), 언어 정보와 비언어 정보 간 관계 등의 문제를 고찰한다. 결국, 학습자들이 생산한 TT의 적절성(의 정도)에 대한 이러한 논의 과정을 통해 다음과 같은 부분이 검토된다.

- TT의 목적
- TT의 수신자
- 수신자의 문화특수적 배경 지식
- 수신자의 장르 관습에 대한 기대
- 텍스트 수용의 시간과 장소 등의 측면

또 다양한 종류의 사전, 병렬 텍스트, 백과사전, 전문 문헌, 인적 자원, 인터넷 등 참고 도구를 가장 효과적으로 활용하는 방법에 대해서도 논의한다. 예를 들어, 병렬 텍스트, 즉 "거의 동일한 의사소통 상황에서 생산되어 온 동등한 정보성을 지닌 L1 및 L2 텍스트(노이베르트, 1985, p. 75)"는 사실상 모든 장르, 특히 사용 설명서와 관광 안내문에서 유용한 것으로 나타났다. 관광 안내문에서 각 도시의 지도는 방향을 파악하는 데 도움이 된다(예: 라인강(Rhine) 동쪽에서 호엔촐레른(Hohenzollern) 다리를 건너 쾰른(Cologne)의 유명 쇼핑지역으로 가는 길을 시각적으로 보여줄 수 있다). 인터넷은 모든 종류의 정보 검색에 매우 효과적인 도구다. 예를 들어, 인터넷을 활용하면 같은 영화에 대해 독일어와 영어로 된 평론을 모두 찾아볼 수 있다.

번역물의 품질 평가와 번역 비평에도 한 주가 할애된다. 이 시간에는 실제 실무에서 생산된 번역물을 검토하면서 그 품질에 대해 논의하는데, 이 과정에서 DIN 2345(번역사 교육 기관, 전문 번역사 단체, 고객 간 합의를 거쳐 마련된 후 독일, 오스트리아, 스위스 등이 번역 프로젝트 설계 시 고객과 번역사에 대한 지침으로 1996년 도입. 슈미트(Schmidt), 1998 참고)와 같은 품질 표준을 참고한다. 마지막 주에는 첫 주에 검토한 10개 진술로 돌아가 답을 다시 제시하도록 한다. 여기서는 번역에 대한 학습자들의 견해가 첫 주와는 분명히 달라진 것을 확인할 수 있다. 또 학습자들이 새로 습득한 능력을 확인하기 위해 시험으로 각각 400단어 정도 분량의 텍스트 두 개를 48시간 내에 독일어에서 영어로 번역하는 과제를 제출하도록 한다. 여기서는 번역 브리프가 제공되며, 학습자들은 가능한 모든 도구를 활용할 수 있지만 번역은 개별적으로 수행해야 한다. 시험 결과는 대체로 매우 좋은 편이며, 학습자들이 수용 가능한 수준의 전문가 능력을 실제로 습득했음을 보여준다. 일부는 이처럼 상대적으로 자유로운 접근법이 학습자들의 번역 점수에 부정적 영향을 줄 수 있다는 우려를 제기하기도 한다. 하지만 이러한 불안감은 학습자들이 의무적으로 주석을 달아 자신의 번역에 대해 설명하도록 하는 방법을 통해 해소될 수 있다. 또, 학습자들이 이전에 시행된 시험에 대해 평가하고 점수를 주도록 할 수도 있다.

앞서 언급한 바와 같이, 학습자들은 이 모듈 수업을 통해 번역을 목적이 있는 행위로 인식하기 시작한다. 하지만 이러한 단계와 절차를 내재화하고 이를 과업에 실제로 적용하는 것은 발전적인 과정으로, 주어진 수업 시간 내에 완료될 수 없다. 게다가 이러한 모듈은 어학 학습을 위해 번역을 연습하는 언어 기술 모듈과 함께 제공되기 때문에 효과가 제한적일 수 밖에 없다. 교과과정 자체가 언어 프로그램인 만큼 학습자 가운데 전문 번역사가 되기를 희망하는 사람이 적을 가능성이 높긴 하지만 어쨌든 번역이 단순히 원천 언어(source language, SL)의 어휘와 통사 구조를 목표 언어(target language, TL)의 어휘와 통사 구조로 대체하는 것 이상임을 인식하도록 하는 적극적인 노력은 4학년에 가서야 시작된다.

하지만 번역업계의 수요 증가를 감안할 때 이러한 번역 능력 개발 과정은 좀 더 가속화될 필요가 있다. 실제로 1990년대 영국 대학들 사이에는 학부 차원의 번역 프로그램 도입 움직임이 활발하게 나타났는데, 다음 절에서는 그러한 프로그램의 모범 사례를 소개한다.

시나리오 2: 번역 프로그램의 일부로 제공되는 번역 교육

아스톤 대학교에서는 학부 차원에서 '현대어(Modern Language)'를 번역과 함께 배울 수 있다. 이 프로그램은 약 3분의 1을 번역에 특화된 수업에 할애하고 있으며, 학습자들에게 처음부터 번역의 실무적 측면을 소개한다.

이 프로그램의 학습자들 역시 학교에서의 번역 연습 경험을 통해 축적된 번역에 대한 선입견이 있다. 또, 어학 프로그램 학습자들과 함께 언어 기술 모듈을 수강하며 문어 수업에서는 언어 학습의 일부로 번역 연습이 활용된다. 하지만 어학 프로그램과 달리 이 번역 프로그램은 학습자들에게 번역에 대한 좀 더 기능주의적인 접근법을 가급적 일찍 소개하는 데 목표를 두고 있다.

이 프로그램은 1학년 때 기본적인 번역학의 개념과 번역에 대한 접근법을 소개함으로써 학습자들이 번역 과정 내 체계적인 분석과 의사결정의 근간을 이루는 이론적 개념에 대해 이해하도록 한다. 이후 몇 년 동안 심층적으로 발전시킬 수 있는 일부 기초 능력을 개발하도록 하기 위해서다. 첫 수업에서 학습자들은 번역된 텍스트를 읽은 경험이 있는지, 해당 텍스트가 번역물임을 어떻게 알았는지, 번역물은 어떠해야 한다고 생각하는지 등 번역물과 번역에 대한 경험, 그리고 번역과 번역사의 필요성에 대해 토론한다. 이러한 토론을 통해 학습자들이 대체로 1학년 때는 ST와 TT는 내용이 완전히 동일해야 하고, TT는 ST를 다른 언어로 재생산하는 것이어야 하며, TT는 가독성과 이해도가 좋아야 한다고 생각하고 있음을 알 수 있다.

토론 후에는 학습자들에게 원하는 모든 사전과 도구를 활용해 L2로 된 텍스트를 영어로 번역하는 과제를 내주고, 다음 시간에 이를 기반으로 수업을 진행한다. 번역할 텍스트는 호텔 투숙객에게 배포하는 작은 안내 카드 중에서 선정된다. 수업 시간에는 각자가 번역한 과제물을 비교하고 토론한 뒤 이를 다시 독일어 ST, 그리고 원래 카드에 실제로 제시되어 있던 영어 및 프랑스어 번역텍스트와 비교한다.

> *Für Telefongespräche ausserhalb des Hauses drücken Sie bitte die Taste "Amt/Self Dial" und die Taste "Rezeption" verbindet Sie mit dem Empfang.*
>
> *Die Haftung für im Zimmer belassene Wertsachen und Geld ist nach BGB Bestimmungen beschränkt. Ein Safe steht Ihnen unentgeltlich zur Verfügung.*
>
> *Am Tage Ihrer Abreise ersuchen wir Sie, das Zimmer bis 11.45 Uhr zu*

räumen.

For outgoing calls please press the button "Amt/Self Dial", if you have any questions touch the key "Rezeption".
You are requested not to leave money or valuables in your room, since our liability is limited by law. They may be kept in our safe, free of charge.
The day of your departure kindly vacate the room by 11.45.

Pour télephoner vous presses le buton "Amt/Self Dial" pour une ligne extérieure et la touche "Rezeption" si vous avez des questions.
L'hotel n'est pas responsible d'argent et des objects de valeur dans la chambre. A la disposition de not clients se trouve un coffre-fort.
Le jour de votre depart nous vous prions de libérer la chambre avant 11.45.

학습자들은 여기서 자신의 번역물과 영어 TT 사이에, 그리고 카드에 있는 세 가지 텍스트 사이에 차이가 있음을 인지하게 된다. 이어지는 흥미로운 토론에서는 일반적으로 다음과 같은 질문이 제기된다.

영어 텍스트에는 'button', 'key' 등 두 개의 어휘가 제시된 반면 독일어 텍스트에는 '*Taste*' 하나만 제시된 이유는 무엇인가? '*Amt*/Self Dial'과 '*Rezeption*'이 이들 텍스트에서 모두 발견되는 이유는 무엇인가? 이들 용어가 번역되지 않은 이유는 무엇인가? 독일어 텍스트에 있는 BGB(*Bürgerliches Cesetzbuch*, 독일 민법)가 프랑스어 텍스트에서는 사라지고 영어 텍스트에서는 'law'로 특정 법이 아닌 일반적인 법처럼 처리된 이유는 무엇인가? 학습자들은 또, 격식성과 공손성의 정도(영어 텍스트는 인칭 대명사를 사용함으로써 좀 더 개인적인 반면 독일어 텍스트는 좀 더 정중하면서도 권위가 있다), 통사 구조에도 차이가 있음을 인지하게 된다.

이러한 토론은 결국 다음과 같은 질문으로 귀결된다. 이들 텍스트는 좋은 번역물인가? 그리고 이러한 텍스트를 과연 번역으로 부를 수 있는가? 아니면 번안, 개작(re-writing) 등 다른 이름으로 지칭해야 하는가? 이러한 질문에 대해 학습자들은 대부분 '이들 텍스트는 표면 구조가 상당히 다르기 때문에 본원적 번역은 아니지만, 영어 텍스트는 타당하다고 볼 수 있으며 이를 통해 독자들은 필요한 가장 중요한 정보를 얻을 수 있다'는 견해를 제시한다. 이러한 토론 과정에서 교수자는 수신자, 기능, 상황, 문화, 관습, 독자의 지식과 기대 등의 핵심 개념을 소개하고 학습자들에게 이들 개념을 지속적으로 염두에 둘 것을 당부한다.

총 12주로 구성된 이 모듈의 나머지 기간 동안 학습자들은 위에서 검토한 텍스트와 그 밖의 다른 텍스트를 기반으로 다음과 같은 주제에 대해 토론한다.

- 번역의 역사와 자국 언어 및 문화에 대한 번역사들의 기여에 대한 간략한 개괄(딜라일과 우즈워스(Delisle & Woodsworth), 1995에 기반)
- 언어학적 개념, 언어 간 전환으로서 번역, 번역과 등가(비네와 다블네(Vinay & Darblenet), 1958; 뉴마크(Newmark), 1981; 카데(Kade), 1968 등 참고)
- 텍스트언어학과 번역, 텍스트 유형, 장르 관습과 번역(라이스(Reiss, 1991)의 번역 중심 텍스트 유형과(노이베르트(1985)의 병렬 텍스트 개념)
- 번역에 대한 기능주의적 접근법: 문화 간 의사소통으로서의 번역, 목적이 있는 행위로서의 번역(페르미어(Vermeer, 1996))의 '스코포스' 개념, 노르트(1991, 1997)의 번역 문제의 네 가지 유형, 체스터만(Chesterman, 1997)의 번역 전략, 회니히와 쿠스마울(1991)의 Funktionskonstanz와 Funktionsveränderung(같은 기능과 다른 기능)의 개념, (홀츠-맨태리(Holz-Mänttäri, 1984)의 번역 행위 개념 등 참고)

학습자들은 또, 번역사가 사용하는 도구(다양한 유형의 사전을 포함하며 특히 인터넷을 통해 제공되는 모든 가능성)에 대해서도 배우게 된다. 이 모듈이 번역물을 실제로 생산하는 데 초점을 두고 있는 만큼, 기술론적 번역학(Descriptive Translation Studies)과 문화연구(Cultural Studies) 분야의 중요한 성과들도 간략하게 소개된다.

수업 시간은 대부분 번역 중심 텍스트 분석, 즉 텍스트 외적, 내적 특징과 이러한 특징에 따라 번역에서 고려할 점에 대해 파악하고 논의하는 데 할애된다. 좀 더 구체적으로는, 텍스트 유형에 따라 번역 문제(실용적, 문화 간, 언어 간, 텍스트 특정적 문제, 노르트(Nord), 1991 참고)를 파악하고 가능한 번역 대안을 논의한 뒤 텍스트에서 해당 장르의 관습을 파악하고 병렬 텍스트를 활용해 발췌본을 번역해본다. 모든 연습에는 항상 실제 텍스트가 사용되며 학습자들에게는 반드시 번역 과제가 주어진다. 학습자들이 이 과정에서 언어 기술도 함께 기르기 때문에 이들이 (추정된) 목적을 감안해 적용된 전략과 그 효과에 대해 토론할 때 기반으로 했던 ST와 실제 번역결과물을 활용하는 경우가 많다. 여기에서는 다국어 텍스트가 특히 유용하다. 이들 텍스트를 기반으로, 비네와 다블네(1958)가 처음 제시한 용어로서 체스터만(1997, p. 92-116) 등이 적용한 '번역 전략에 대한 꼬리표 붙이기(labels for translation strategies)'를 연습한다. 구체적인 예시는 다음과 같다.

(i) 'by scientifically capturing' – *en capturant de façon scientifique* – *es ist uns gelungen ... mit wissenschaftlichen Methoden einzufangen*

예문 (i)는 프랑스어와 독일어의 변조(구체화/명시화)('façon', 'Methoden' 등과 같이 '방법'이라는 개념 추가)와 독일어의 전치(영어와 프랑스어 텍스트는 동명사를 사용한 반면, 독일어 텍스트는 직설법의 동사 형태 사용, 인격화에 따른 행위주체 첨가) 사례를 보여준다.

(ii) 'cools and uplifts tired eyes' – *apaise et tonifie les yeux fatiqués* – *kühlt die Augenpartie und macht müde Augen wieder munter*

예문 (ii)는 독일어 텍스트의 변조, 예를 들어 구체화('*die Augenpartie*'), 반의어 번역('*munter*' 와 달리 'tired', '*fatiqués*' 사용), 두운법과 연상('*Milch macht müde Männer munter*'(우유는 피곤에 지친 사람에게 힘을 준다)라는 유명한 문구를 연상시키는 '*macht müde Augen wieder munter*' 사용) 등의 사례를 보여준다.

(iii) 'please note' – *veuillez noter – zur Beachtung*

예문 (iii)의 경우, 여러 언어의 장르 관습에서 요구되는 다양한 형태의 사례를 제시한다.

(iv) 'Slip thumbs inside a leg and gather to the stitching at the toes'- *Rollen Sie nun ein Strumpfbein bis zur Spitze zusammen – Glissez vos à l'intérieur d'une des jambs de votre collant. Retroussez cette jambe jusqu'à son extrémité*

예문 (iv)를 통해서는 영어 및 프랑스어 텍스트와 비교한 독일어 텍스트에서의 분포 변화(함축화), 영어 ST에 대한 프랑스어 텍스트의 구체화 등을 확인할 수 있다.

학습자들은 이러한 일련의 과정을 통해 번역은 의사결정 과정이며 의사결정은 수신자, TT의 목적, 상황과 맥락, 장르 관습에 대한 고찰에 기반해 내려져야 한다는 사실을 스스로 깨닫게 된다. 이와 함께, 자신들이 문어 수업에서 연습하는 것은 특정한 목적(언어 학습)을 위한 특정한 유형의 번역(언어학적 번역)이라는 사실도 알게 된다. 즉 번역 모듈과 어학 모듈에서 이들이 경험하는 번역은 서로 상충되거나 모순되는 것이 아니라 각기 다른 목적을 달성하기 위한 활동이라고 볼 수 있다.

학습자들은 250단어 분량의 텍스트를 모국어로 번역하는 시험을 치른다. 시험은 학습자들이 텍스트와 SL을 직접 선택해 몇 주 동안 TT를 생산하고 학기 말에 제출하는 방식으로 진행된다. 마지막 주에는 자신의 번역을 '변호'하는 구두 시험이 15~20분 정도 실시된다. 학습자들은 3~4개 정도의 번역 문제를 선정하고 이에 대해 특정한 번역 전략을 선택한 이유를 설명하는데, 필요할 경우 근거를 제시해야 한다(예를 들어, 장르에 따른 특징을 어떻게 처리했는지, 수신자의 다양한 배경 지식을 어떻게 파악했는지, 번역을 위해 어떠한 조사를 진행했고 어떠한 유형의 사전을 사용했는지 등을 병렬 텍스트 기반으로 설명할 수 있다). 배점은 번역 시험이 60%, 구두 시험이 40%이다. 아직 1학년인 만큼 학습자들이 결점 없는 텍스트를 생산하기를 기대할 수는 없지만, 이들의 번역 능력이 조금씩 개발되고 있다는 신호는 확인할 수 있다(세프너, 2000 참고).

다음 해부터는 학습자들이 1학년 때 습득한 지식과 기술을 기반으로 좀 더 구체적인 모듈이 제공된다. 우선, 2학년 때는 '번역 중심 문화 간 텍스트 비교(Translation-oriented intercultural text comparison)'(세프너, 2002 참고) 모듈을 통해 텍스트의 규칙성 및 관습, 장르, 텍스트 유형에 대한 지식 등 텍스트 능력을, '번역사를 위한 전문용어(Terminology for translators)' 모듈을 통해 전문 분야 지식과 같은 영역 특정적 능력을 좀 더 발전시킨다. 3학년 때는 의무적으로 해외에서 1년을 보내야 하는데, 교환학생으로 외국 대학에서 번역 수업을 듣거나 해외 프로젝트를 통해 모국어로 역주(譯註)를 수행한다. 4학년 때는 '고급 번역(Advanced Translation)', '특수목적언어-번역(LSP-Translation)', '통역(Interpreting)', '현대 번역 이론(Contemporary Translation Theories)' 등을 수강하면서 번역 능력을 좀 더 강화한다.

두 가지 시나리오에 대한 평가

지금까지 소개한 두 가지 시나리오의 공통점은 프로그램 초기에 학습자들이 번역을 ST에 대한 충실한 재생산으로 인식한다는 사실이다. 또 시간이 가면서, 즉 모듈이 진행되는 동안 이러한 개념이 바뀌면서 학습자들은 번역을 구체적인 목적이 있는 텍스트 생산으로 바라보고 번역에서 상황과 문화, 수신자의 지식과 기대, 장르 관습 등을 고려하며 가능한 언어적 수단에 대해 고찰하게 된다. 자료 조사 전략 역시 점차 다변화하면서 번역을 시작할 때 주로 의존하는 이중언어 사전에서 벗어나 그 밖의 다양한 도구(예: 병렬 텍스트, 인터넷, 참고 서적)도 활용할 수 있게 된다. 결국, 모듈이 끝날 때 나타나는 결과도 동일하다. 즉 학습자들은 번역 능력이 목표 수신자를 위한 구체적인 기능을 적절하게 수행하는 TT를 생산하는 데 필요한 모든 요소를 인식하고 의식적으로 고찰하는 과정과 관련된 복잡한 개념이라는 사실을 인식(하기 시작)하게 된다. 하지만 각 시나리오는 시간적 측면에서 차이가 있다. 첫 번째 시나리오에서 (소수이긴 해도) 번역사로서 실무 세계에 진출하고자 하는 학습자들에게는 번역에 대한 새로운 개념을 적용할 시간이 불과 12주 밖에 주어지지 않는다. 반면, 두 번째 시나리오에서는 1학년 때 12주 동안 번역에 대한 개념을 정립하고 이후 3년 동안 이를 좀 더 강화할 수 있다. 물론, ST를 이해하는 데 도움이 되는 언어 및 문화 능력은 4학년 때 좀 더 우수할 것이나 이 시기에는 이미 정립된 번역 절차를 '잊고(unlearn)' 번역에 대한 접근을 바꿔야 한다. 반면, 1학년 때는 언어나 문화 측면의 능력이 아직 충분하지 않을 수 있지만 복잡한 번역 능력의 개념을 소개하고 필요한 조사 기술을 완전히 처음부터 적용해보도록 하는 것이 좀 더 용이하며, 따라서 언어, 문화, 텍스트, 조사, 번역 능력이 동시에 습득될 수 있다.

두 가지 시나리오를 통해 번역의 정의를 교과과정의 초반이 아니라

후반에 제시하는 것이 방법론적으로 유용함을 확인할 수 있었다. 학습자들이 장르 관습, 수신자의 지식, 텍스트 기능 등의 중요성을 인식하게 되면 다음과 같은 정의를 받아들이기가 훨씬 쉬워지기 때문이다.

> 번역을 하는 것은 목표 환경의 목표 목적과 목표 수신자를 위해 목표 조건 하에서 텍스트를 생산하는 것을 의미한다. (페르미어, 1987, p. 29)

> 번역은 의도되거나 요구되는 TT의 기능에 따라 규정된 ST와 TT의 관계를 유지하면서 기능적인 TT를 생산하는 것이다. (노르트, 1991, p. 28)

이러한 발견 과정은 지식의 도입이 아닌 지식의 의식적인 습득(성찰적 학습)을 가능하게 한다. 이는 본 고에서 소개한 것과 같은 학부 번역 프로그램의 목적과 목표를 달성하는 데, 즉 번역에 대한 기능주의적 접근법을 토대로 마련한 이론적 틀 속에서 성찰적 연습을 통해 번역 능력을 개발하는 데 도움이 될 것이다.

그런 의미에서 본 고의 제목을 좀 더 구체적으로 풀어 표현해보자면 '번역 행위를 비판적으로 성찰하는 과정에서 번역에 대한 개념을 정립함으로써 번역 능력 개발하기' 정도가 될 수 있을 것이다.

미주

1) 필자는 "'선입견 없는' 연구가 과연 가능한지에 대해서는 의문이 제기될 수 있다. 사실 그러한 시도는 순진한 경험주의인 것 같다"는 뷰오리넨(Vuorinen, 1996, p. 21)의 주장에 어느 정도 동의한다.

2) 회니히와 쿠스마울(1991, p. 147-153)에는 이들 진술에 대한 답과 다양한 코멘트가 제시되어 있다. 이 연구는 번역에 대한 기능주의적 접근법에 기반해 (1)에 대해서는 '그렇다', (9)를 제외한 나머지에 대해서는 '그렇지 않다'가, (9)에 대해서는 '그 자체로 꼭 그렇지는 않다'는 답이 적절하다고 보았다.

참고
문헌

Chesterman, A. (1997). *Memes of Translation,* Amsterdam and Philadelphia: John Benjamins.

Delisle, J. & Woodsworth, J. (Eds.). (1995). *Translators through History.* Amsterdam and Philadelphia: John Benjamins, UNESCO Publishing.

Hermans, T. (Ed.). (1985), *The Manipulation of Literature: Studies in Literary Translation.* London: Croom Helm.

Holz-Mänttäri, J. (1984). *Translatorisches Handeln. Theorie und Methode.* Helsinki: Suomalainen Tiedeakatemia.

Hönig, H. & Kussmaul, P. (1991). *Strategie der Übersetzung. Ein Lehr- und Arbeitsbuch.* Tübingen: Narr.

Kade, O. (1968). *Zufall und Gesetzmäßigkeit in der Übersetzung* (Beiheft I zur Zeitschrift *Fremdsprachen).* Leipzig: Enzyklopädie.

Koller, W. (1979). *Einfuhrung in die Übersetzungswissenschaft.* Heidelberg: Quelle & Meyer.

Koller, W. (1993). "Zum Begriff der eigentlichen Übersetzung". In J. Holz-Mänttäri & C. Nord (Eds.), *Traducere Navem. Festschrift für Katharina Reiss zum 70. Geburtstag.* Tampere: Tampereen Yliopisto (studia translatologica A 3).

Munday, J. (2001). *Introducing Translation Studies. Theories and Applications.* London and New York: Routledge.

Neubert, A. (1985). *Text and Translation*(Übersetzungswissenschaftliche Beiträge 8). Leipzig: Enzyklopädie.

Neubert, A. (1997). "Teaching Translation as text". In H. Drescher (Ed.), *Transfer. Übersetzen - Dolmetschen - Interkulturalitat.* Frankfurt/Main: Peter Lang.

Newmark, P. *(1981). Approaches to Translation.* Oxford: Pergamon

Nord, C. (1991). *Text Analysis in Translation.* Amsterdam: Rodopi.

Nord, C. (1997). *Translating as a Purposeful Activity. Functionalist Approaches Explained.* Manchester: St. Jerome.

Reiss, K. (1971). *Möglichkeiten und Grenzen der Übersetzungskritik.* Munchen: Hueber.

Schäffner, C. (2000). "Running before Walking? Designing a Translation Programme at Undergraduate Levels In C. Schäffner & B. Adab (Eds.), *Developing Translation Competence.* Amsterdam and Philadelphia: John Benjamins.

Schäffner, C. with Wiesemann, U. (2001). *Annotated texts for translation: English-German. Functionalist Approaches Illustrated.* Clevedon: Multilingual Matters.

Schäffner, C. (2002). "Entwicklung von Übersetzungsorientierter Textkompetenz". In C. Feyrer & P. Holzer (Eds.), *Translation: Didaktik im Kontext.* Frankfurt Main: Peter Lang.

Schäffner, C. (in press). "Systematische Übersetzungsdefinitionen". In A. P. Frank, N. Greiner, T. Hermans, H. Kittel, W. Koller, J. Lambert, & F. Paul (Eds.), *Übersetzung - Translation - Traduction. An International Handbook of Translation Studies.* Berlin: de Gruyter.

Schmitt, P. A. (1998). "Qualitätsmanagement". In M. Snell-Hornby, H. G. Hönig, P. Kussmaul, & P. A. Schmitt (Eds.), *Haudbuch Translation.* Tübingen: Stauffenburg.

Stolze, R. (1994). *Übersetzungstheorien. Eine Einführung.* Tubingen: Narr.

Toury, G. (1995). *Descriptive Translation Studies and Beyond.*

Amsterdam and Philadelphia: John Benjamins.

Vermeer, H. J. (1987). "What does it mean to translate?" *Indian Journal of Applied Linguistics.* 13, 25-33.

Vermeer, H. J. (1996). A *Skopos Theory of Translation (Some Arguments For and Against).* Heidelberg: TEXTconTEXT.

Vinay, J.-P. & Darbelnet, J. (1958). *Stylistique comparée du francais et de Panglais. Méthode de traduction.* Paris: Didier.

Vourinen, E. (1996). *Crossing Cultural Boundaries in International News Transmission - a Translational Approach.* University of Tampere, unpublished Licentiate thesis.

10장

L2 학습자들이 번역에서 실수를 더 많이 하는가?*

앤 숄다거(Anne Schjoldager)

서론

다른 여러 국가와 마찬가지로 덴마크에서도 번역은 오랫동안 대학 및 중고등 교육기관의 외국어 교육과 시험에서 의무적으로 활용되어왔다. 흥미로운 점은, 최근 몇 년 동안 언어 수업 현장에서 번역의 역할에 대한 재평가가 최소한 일부나마 있었음에도 불구하고 현재 언어 교육 분야의 지배적인 관점은 이러한 움직임을 전혀 반영하지 않고 있다는 사실이다. 언어 교육을 연구하는 학자 대부분은 여전히 번역은 불충분하며 심지어 해로울 수도 있는 교육 및 시험 수단이라고 생각하는 듯하다. 번역학자들의 관점 역시 크게 다르지 않다. 이들은 언어 학습과 전문 번역 학습이 당연히 서로 다른 활동이라고 생각한다. 즉 번역을 할 때 언어에 대한 지식은 문화와 주제 분야에 대한 지식과 마찬가지로 목적이 아닌 수단이라고 보는 것이다.

그렇다면 번역은 외국어(L2) 교과과정에 포함되어야 하는가? 실무적으로는 그런 것 같지만, 이론적으로는 그렇지 않다. 안타깝게도, 아직까지 이러한 문제에 대해 경험적으로 고찰된 바가 많지 않기 때문에 어떠한 관점이 좀 더 정확한지를 뒷받침할만한 증거는 충분하지 않다. 본고가 이에 대해 확실한 답을 제시할 수는 없겠지만, L2 학습자들을 위한 활동으로서 번역의 장점과 단점에 대한 현재의 논의를 좀 더 활성화할 수 있는 계기는 제공할 수 있기를 희망한다.

우선, 언어 교육에서 번역의 역할을 좀 더 구체적으로 살펴보고자 한다. 이에 대한 과거와 현재의 관점을 간략히 소개하고 찬반 주장을 인용한 뒤 관련 경험적 연구 몇 건에 대해 논의한다. 이어 필자가 진행한 연구의 목적, 기본 전제, 절차, 일부 예비 결과 등을 설명한다. 필자의 연구는 대학생과 고등학생(gymnasieelever)을 대상으로 하며 결과물 중심 오류 분석을 위해 덴마크어(연구 대상의 L2)에서 영어로 번역된 텍스트와 그림을 언어화한 유사한 영어 텍스트를 비교했다. 예비 결과에 따르면, 번역을 수행한 학생이 그림을 언어화한 학생보다 절대적인 수 측면에서 더 많은 오류를 범한 것으로 나타났다. 또, 고등학생의 경우 번역텍스트에서 간섭 오류가 과도하게 많이 나타난 반면, 대학생은 그림 언어화 텍스트에서 더 많은 오류를 범하는 경향을 보였다.

언어 교육에서 번역의 역할

본 절에서는 언어 교육 전반에 대한 과거와 현재의 관점을 간략히 소개한 뒤 현재 덴마크의 언어교육에 대한 번역 활용 현황을 검토한다.

과거와 현재 이론

이론이라고 부르기에는 적절하지 않을 수도 있지만(리차드와 로저스

(Richards & Rodgers), 1986, p. 5) 문법-번역 방법은 20세기 이전 언어 교육에 대한 관점을 지배하는 접근법이었다. 이러한 접근법에 따르면 현대 언어는 라틴어 교육에서 적용되었던 것과 동일한 절차, 즉 추상적인 문법 규칙과 어휘 목록을 주입식으로 배우고 주요 문법을 적용해 만든 개별 문장을 번역하는 방법을 통해 교육되어야 한다(리차드와 로저스, 1986, p. 2). 이러한 접근법은 학습자들에게 L2 구술 능력을 교육하는 데는 관심이 없었고, 따라서 수업도 자연스럽게 학습자들의 모국어(L1)로 진행되었다.

하지만 문법-번역 방법은 이제 언어 교육 이론에서 지배적인 위치를 상실한 상태다. 이러한 방법에 처음으로 이론적 반기를 든 것은 19세기 중후반 개혁운동가들(members of Reform Movement)로서 이들은 언어 교육의 초점이 바뀌어야 한다고 주장했다. 즉 언어는 더 이상 추상적인 문법 규칙과 어휘 목록을 통해 교육되어서는 안되며 문법은 귀납적으로, 새로운 어휘는 L1와의 연관 관계가 아니라 L2 내에서의 연관 관계를 구축함으로써 습득되어야 한다고 강조했다. 또, 교육은 개별 문장이 아니라 전체 텍스트를 통해 실시되어야 하고 말하기와 듣기 기술이 중시되어야 하며 수업 진행도 기본적으로 L2로 이루어져야 한다고 주장했다. 그리고 이 모든 관점에 따라 번역은 자연스럽게 피해야 할 것으로 인식되었다(리차드와 로저스, 1986, p. 8).

리차드와 로저스(1986, p. 4)에 따르면, 이러한 개혁운동의 관점이 확산되면서 문법-번역 방법이 1940년대 언어 교육의 관행에서 지배적인 위치를 상실하긴 했지만 그렇다고 완전히 사라진 것은 아니다. 이미 언급한 바와 같이 이러한 접근법은 약간 변형된 형태로 지금도 여전히 전 세계 곳곳의 중등교육기관을 중심으로 적용되고 있다(리차드와 로저스, 1986, pp. 4-5, 쿡(Cook), 1998, p. 118 등 참고).

개혁운동의 관점이 확산됨에 따라 소위 '자연적 방식'으로 가장 널리 알려진 직접적 방식이 발전하게 되었다(리차드와 로저스, 1986, pp. 9-13).

직접적 방식은 명칭에서 알 수 있듯 L1를 참고하지 않고 L2를 교육하는 방법이다. 이러한 접근법에 따르면 L2 학습은 L1을 자연적으로 배우는 것과 유사하고 유사해야 하며, 따라서 수업에서 번역을 도구로 사용하는 것은 불가능하다.

현재 대부분의 이론이 이러한 직접적 방식과 관련이 있는 만큼(쿡, 1998, p. 118) 저명한 학자 상당수는 번역을 교육의 도구로 사용하는 것에 대해 여전히 부정적인 입장이다. 하지만 번역의 장점에 대한 재평가가 점차 관심을 받고 있다는 신호가 나타나고 있다(쿡, 1998, p. 119). 직접적 방식이 자연적 L1 학습과 교실에서 이루어지는 L2 학습 사이의 유사성을 지나치게 강조하고 왜곡한다는 비판이 제기되면서 수업을 L2만으로 진행하는 것이 현실적이지도, 추천할만하지도 않다는 인식이 널리 확산되고 있는 것이다. 그리고, 이처럼 L1이 결국 어떠한 역할을 수행해야 한다면 L1과 L2 간 번역을 배제할 이유가 없다.

덴마크의 현황

언어 교육에서 번역의 역할을 논의할 때는 문법-번역 방법이 번역을 교육의 도구로 활용하는 방법 중 하나일 뿐이라는 점을 명심할 필요가 있다. L2 수업에서 번역을 사용 방법을 비난하는 사람들은 이러한 측면을 간과하는 경향이 있기 때문이다(쿡, 1998, p. 119). 이에 필자는 번역을 포함하되 최소한 이론적으로는 각기 다른 방식으로 사용하는 교육 활동을 언어 교육, 번역 교육, 번역사 훈련 등 세 가지 유형으로 분류하고자 한다. 그리고 각 유형에 대해 덴마크에서 실시되고 있는 영어 교육의 사례를 예로 들어 설명하겠다.

언어 교육

수업에서 문법-번역 방법을 변형해 활용하는 교수자들은 번역을 주로 L2 능력을 교육하고 확인하는 수단으로 본다. 이들에게 L1에서 L2로의 번역은 L2 생산 기술을, 반대 방향, 즉 L1으로의 번역은 이해 기술을 확인하기 위한 것이다.

필자가 보기에 덴마크에서는 최소한 영어 교육에 관한 한 번역이 초등교육(folkeskole) 수준에서는 어떤 역할도 수행하지 않고 있는 반면 중등교육 수준에서는 여전히 매우 중요한 역할을 담당하고 있다. 중등교육 관계 법령(bekendtgørelse om gymnasiet, studenterkursus og enkeltfagseksamen 1999, Bilag 9, ENGELSK)에 따라 대부분의 시험은 학습자들의 L2 능력에 대한 보조 확인 수단으로 번역을 의무적으로 포함하고 있다. 좀 더 구체적으로, 모든 구술 시험은 L1 번역(문장구역)을, 대부분의 필기 시험은 L2 번역을 포함하고 있다.

번역 교육

번역은 언어 교육 프로그램에서 별개의 과정으로 교육될 수도 있다. 여기에서도 번역은 L2 능력을 교육하고 확인하는 수단으로 사용될 수 있지만, 보다 독립적인 위치가 주어지면서 번역 자체를 목적으로 가르칠 수 있는 여지가 좀 더 있다.

덴마크의 경우, 고등교육 수준에서는 그러한 번역 수업이 일반적으로 이루어지고 있다. 오르후스 대학교(University of Aarhus)의 언어 관련 학과들을 예로 들 수 있는데, 영어학과에서는 (양방향) 번역이 3학년 때 한 학기 과정으로 제공되며 그보다 높은 수준(석사)에서는 유일한 필수 과정이다.[1] 석사 과정의 경우, 기술로서의 번역에 초점을 맞추고 있긴 하지만 기말 시험의 전반적인 목표가 (아마) 여전히 L2 능력을 확인하는 데 있다는 사실을 부인하기는 어렵다. 최소한 시험 관련 규정에는 번역 능력 확인에 대한 언급은 없으며, 학습자들이 통사 구조, 문체, 어휘, 관용 표현 등이 특히 어려운 비전문 텍스트에 대한 문어 번역(덴마크어와 영어 간) 능력을 갖춰야 한다는 내용만 포함되어 있다(오르후스 대학교의 1999년 1월 영어 석사 교과과정(Studieordning Engelsk Kandidatuddannelse Jan. 1999, &52)).

번역사 훈련

끝으로, 번역은 실무 진출을 돕기 위해 교육될 수도 있다. 이 경우 관련 과목은 언어 교육을 어느 정도 포함할 수 있지만 언어 자체에 초점을 두지는 않는다(세프너, 1998, p. 131-132 등 참고). 통상 번역사 지망생에 대해 그러한 직업 훈련을 제공하는 기관들은 세계통번역대학(원)협회(Conférence International d'instituts Universitaires de Traducteurs et Interprètes, 이하 CIUTI) 회원이며 이들 학교의 번역 석사 과정을 졸업하면 공인 통번역사가 될 수 있는 자격을 취득하게 된다.

다른 국가의 경우 대체로 대학을 통해 이러한 목적을 위한 번역 교육이 제공되고 있지만, 덴마크 대학들은 번역을 별도의 과목으로 제공하더라도 언어 프로그램 내 교육 수단으로만 활용하는 데 그치는 경우가 많다(앞의 논의 참고).[2)] 덴마크에서는 번역사를 위한 석사 수준의 직업 교육이 그 외의 대학 수준 교육기관, 구체적으로는 오르후스 대학교와 코펜하겐 대학의 비즈니스 스쿨(덴마크 내 두 개뿐인 CIUTI 회원 기관)에서 제공된다. 이러한 과정에서는 언어적 지식이 목적이 아닌 수단으로 인식되기 때문에 본 고의 나머지 부분에서는 번역사 훈련에 대해 다루지 않겠다.

번역 활용에 대한 찬성 및 반대 의견

언어 교육에서 번역을 활용하는 것에 대한 구체적인 찬반 의견을 검토하기에 앞서 번역 활용이 용인되고 있는 이유와 거세게 비판 받고 있는 이유를 실용적 관점에서 간략히 살펴보고자 한다.

먼저 번역이 그토록 널리 활용되고 있는 이유는 무엇인가? 첫째, 전통의 영향력이 여전히 엄청나게 강력하기 때문이다(페더슨(Pedersen), 1974, p. 21). 예를 들어, 덴마크 내 L2 수업에서 번역은 교육 및 시험 도구로 너무 오랫동안 활용되어 왔기 때문에 교수자나 의사결정권자들에게 당연한 것으로 인식되는 경향이 있다. 둘째, 일부에서 실제로 문법-번역 접근법을 선호하기 때문일 수도 있다. 문법-번역 접근법은 변형을 가하지 않을 경우 교수자에게 큰 부담을 주지 않는다. 매년 같은 자료를 사용할 수 있는데다 학습자들이 거의 유사한 실수를 하기 때문에 교수자가 수정해주어야 할 내용도 크게 달라지지 않는다(리차드와 로저스, 1986, p. 4; 콜먼(Coleman), 1986, p. 102). 또, 문법 분석과 규칙 암기에 초점을 두기 때문에 언어에 대한 그러한 접근법을 선호하는 교수자나 학습자에게는 매력적인 방식일 수 있다.

그렇다면 반대로, 번역이 그처럼 거세게 비판 받는 이유는 무엇인가? 문법-번역 방법이 실시되었던, 그리고 실시되고 있는 방식 때문일 수 있다. 이러한 방법을 너무 엄격하게 적용할 경우, 평균적인 학습자에게 수업은 다소 지루하고 도움이 되지 않으며 심지어 부담이 될 수도 있다. 이와 관련, 리차드와 로저스(1986, p. 4)는 언어 교육의 역사를 전반적으로 개괄하면서 문법-번역 방법에 대해 다음과 같이 설명한다.

> 이러한 방법을 가장 과도하게 적용한 것은 프랑스어나 독일어 학습이 고전어 학습만큼 엄격하게 이루어져야 한다는 사실을 입증하고자 하는 사람들이었다. 이러한 시도로 인해 일부 문법-번역 수업은 수 천명의 학습자들에게 끔찍한 기억으로 남게 됐다. 즉 이들에게 외국어 학습은 쓸 데 없는 문법 규칙과 어휘 목록을 끝도 없이 암기하고 부자연스러운 문학 산문을 완벽하게 번역하려고 애쓰는 지루한 경험인 것이다.

하지만 문법-번역 접근법이 L2 수업에서의 번역에 대한 지배적인 관점이라고 하더라도 번역의 교육적 활용에 대해 찬성하거나 반대하기 위해서는 좀 더 설득력 있는 주장을 내놓을 필요가 있다. 이에 본 고는 현재까지 제기된 좀 더 일반적인 주장들을 소개하고자 한다. 특히, 편의를 위해 표 1에 제시되어 있는 세 가지 쟁점을 중심으로 논의를 진행하기로 한다.

표 1. 언어 교육에서의 번역 활용에 대한 찬성과 반대 의견

반대	찬성
번역은 쓸모 없다 번역은 L1 간섭을 강화한다 L2 번역은 비윤리적이다	번역은 유용하다 번역은 L1 간섭을 해소한다 L2 번역은 비윤리적이지 않다

번역 활용에 대한 반대 의견

앞서 언급한 바와 같이 언어 교육에서의 번역 활용에 대해 강한 비판이 제기되는 데는 문법-번역 접근법이 실시되었던, 그리고 실시되고 있는 방식에 원인이 있을 수 있다. 그렇다면 이제부터는 그러한 관점 외의 주장들을 살펴보도록 하겠다.

번역은 쓸모 없다

이 가운데는 번역이 교육 도구로서 비효율적일 뿐 아니라 쓸모 없기까지 하다는 주장이 지배적이다. 게이튼비(Gatenby, 1948/1967, p. 70)는 일반적인 수준에서 번역의 활용은 시간 낭비라고 주장하면서 "하나의 언어 학습에 허용된 시간도 그토록 짧은데 두 가지 언어를 사용할 이유가 있나?"라고 질문했다. 라도(Lado, 1964, p. 53)는 번역이 언어 교육의 진정한 목표인 언어 연습과는 다르다고 단호하게 주장했다. 크라센

(Krashen, 1987, p. 129) 역시 문법-번역 방법을 간략하게 분석한 후 번역을 통해서는 "매우 적은 능력만 습득할 수 있을 뿐"이라는 결론을 내렸다.

이러한 관점에서 특히 비판 받는 것이 L2로의 번역 수업이다. L2로의 번역 수업은 통상 L2 능력 향상을 목표로 하고 있지만 번역을 이러한 방식으로 활용할 경우 해당 목표를 달성하기 어렵다는 것이다. 이와 관련해 마시(Marsh, 1987, pp. 24-25)는 L2 번역만을 교육의 도구로 활용할 경우, 교수자가 실제로는 단순히 언어 시스템에 대한 지식만을 전달하고 있음에도 학습자들에게 L2로 의사소통하는 법을 가르치고 있다고 착각할 수 있다고 지적했다. 콜먼(Coleman, 1986, p. 101)의 경우, 그러한 교육에서 실시되는 시험을 '교통법규에 대한 질문으로 구성된 일종의 획일적인 운전면허 시험'과 같다고 표현하기도 했다.

번역은 L1 간섭을 강화한다

이렇게 번역 수업이 쓸모 없다는 주장 하나만으로도 충분히 강도가 높은데, 번역을 교육의 도구로 활용하는 것이 심지어 역효과를 낸다는 훨씬 부정적인 관점도 있다. 우선, 번역을 교육 도구로 활용할 경우 학습자들이 L1을 통한 처리에 의존하게 되면서 L1의 간섭이 강화될 수 있으며, 이에 따라 학습 과정이 억제될 수 있다는 주장을 들 수 있다(부전이(negative transfer)). 예를 들어, 게이튼비(1950/1967, p. 2)는 번역 수업은 학습자들이 '생각할 필요 없이' L2를 활용할 수 있는 단계로 올라서야 할 시점에 L1으로 사고하도록 한다는 점에서 '나쁜 교수법'이라고 표현했다. 라도(1964, p. 54) 역시 번역은 이중언어 구사자들이 자연스럽게 하는 것과는 상반되기 때문에 부자연스럽다고 지적했다. 즉 번역은 두 개의 대등한 시스템이 창출되어야 하는 상황에서 '종속적이고 과도하게 복잡한 제2언어의 기능적 체계'를 만들어낸다는 것이다.

둘째로, 번역만을 수업 도구로 활용할 경우 언어에 대한 학습자들의 관점에 부정적 영향을 미치기 때문에 역효과를 낸다는 주장도 있다. 예를 들어, 라도(1964, pp. 53-54)에 따르면 번역은 학습자들이 서로 다른 언어에서 완벽히 등가를 이루는 표현이 존재한다고 오해하도록 한다(맘크야어(Malmkjær), 1998, p. 6 참고). 라도(1964, p. 54)는 또, 교수자가 학습자들에게 단어 대 단어 번역을 하도록 할 경우(그는 실제로 학습자들이 그렇게 하고 있다고 믿고 있다) 부정확한 언어가 생산될 수 있다고 지적했다. 아이언스(Irons, 1998, p. 28)의 경우, 번역 수업이 (덴마크의 초등학교 영어 교사가 되기 위해 교육을 받고 있는) 학생들에게 유일하게 정확한 번역은 직역이라는 믿음을 심어주는 것 같다며 우려를 드러냈는데, 그는 직역이라는 용어 자체가 모순이라고 보았다. 콜먼(1986, p 102) 역시 번역이 개별 어휘에 집착하도록 함으로써 '실제로는 전반적인 언어 능력을 저해하는 습관과 전략을 기르도록 할 수 있다'고 주장했다.

L2 번역은 비윤리적이다

번역의 교육적 활용에 반대하는 사람들은 L2 번역 연습에 특히 비판적이다. L2 번역이 L1으로만 번역을 수행하는 실무 업계의 규범에 어긋난다는 주장이 대표적이다(마시, 1987, p. 24; 아이언스, 1998, p. 29 등 참고). 업계에 이러한 규범이 자리 잡고 있는 이유는 L1 번역사만이 전문가로서의 기준을 충족시킨다는 생각이 널리 확산되어 있기 때문이다. 즉, L2 수업 시간에 L2 번역을 활용하는 것은 쓸모 없거나 역효과를 낼 뿐 아니라, 학습자들에게 자신이 실무에서도 그러한 번역을 수행할 수 있는 자격을 갖추었다고 생각하도록 할 수 있다는 측면에서 비윤리적이기까지 하다는 것이다.

번역 활용에 대한 찬성 의견

앞서 언급한 바와 같이 언어 교육에서 번역의 역할에 대한 재평가가 점차 관심을 받고 있다는 신호가 나타나고 있다(쿡, 1998, p. 119). 실제로 상당 수의 학자들은 번역의 활용을 지지하는 주장을 활발히 내놓고 있는데, 일부를 소개하면 다음과 같다.

번역은 유용하다.

특히, 번역의 활용을 지지하는 학자 상당수가 문법-번역 방법에 대해 언급하지 않고 있다는 점에 주목할 필요가 있다. 즉 번역이 문법-번역 방법에서 지배적인 도구임에도 불구하고 여기서 소개할 학자들은 번역을 L2 수업에서 사용되는 다양한 도구 중 하나로만 보고 있는 것이다(맘크야어, 1998, p. 9 등 참고). 게다가, 번역이 이전까지는 언어 학습의 모든 단계에서 효과를 발휘하는 것으로 인식되었지만 이제는 고급 단계에서만 사용되는 것이 바람직하다는 관점도 확산되고 있다(스넬-혼비(Snell-Hornby), 1985, p. 21). 물론, 이에 대해 모든 사람들이 동의하는 것은 아니다(스티바드(Stibbard), 1994, p. 13). 이와 함께, 번역의 유용성을 주장하는 학자 대부분은 번역을 문법 연습이 아니라 텍스트 생산, 즉 의사소통의 한 특수한 유형으로 바라봐야 한다는 점을 강조하고 있다.

프레이저(Fraser, 1996)는 오늘날 제기되고 있는 L2 교육과 교육 도구로서 번역의 활용에 대한 관점들이 상충되지 않는다고 말한다. 프레이저는 L1 번역은 학습자들이 L2에 대한 소극적 지식을 습득할 수 있도록 돕는 전통적인 역할을 수행할 뿐 아니라 'L1과 L2가 동일한 의사소통 목적을 달성하기 위해 사용하는 서로 다른 방법'에 대해 생각해볼 수 있는 기회를 제공한다고 생각한다. 따라서 학습자들에게 아무 것도 없는 상태가 아니라 번역 브리프, 즉 상황에 대한 구체적인 정보와 번역 과업의 목적이 주어진 상태에서 번역을 하도록 할 것을 프레이저는 제안한다(1996, p. 127). 이와 유사하게, 클라인-브레일리와 프랭클린(Klein-Braley & Franklin, 1998, p.59)은 현실 세계에서 실제로 번역될 법한 텍스트만 번역 수업의 자료로 선정되어야 한다고 주장한다. 이러한 주장들은 현대 번역학, 특히 스코포스 이론(페르미어(Vermeer), 1989; 노르트(Nord), 1997)과 맞닿아 있다고 볼 수 있다.

번역에 대한 이러한 관점은 '영국 언어 교육에서 정통으로서의 지위를 차지한 것'으로 보이는(리차드와 로저스, 1986, p. 83) 의사소통적 언어 교육과도 유사하다. 위더슨(Widdowson, 1978/1983)은 「의사소통으로서의 언어 교육(*Teaching Language as Communication*)」이라는 저서에서 문법-번역 방법의 과업이 직역에 초점을 맞춤으로써 그가 '용법(usage)'이라고 지칭한 언어 시스템 단계에서만 작동한다는 주장을 처음으로 내놓았다. 이러한 방식으로 연습할 경우 번역은 쓸모 없을 뿐 아니라 해롭기까지 하다. 즉 "용법에만 지나치게 초점을 맞추는 방법은 해결해야 할 문제를 오히려 발생시킬 가능성이 높다"(위더슨, 1978/1983, p. 18)는 것이다. 반면, 학습자가 번역을 의사소통 행위로 인식한다면 번역은 이들이 다른 과목을 통해 습득한 지식을 번역할 수 있도록 하는 등 언어 교육에서 의미 있는 역할을 수행할 수 있다(위더슨, 1978/1983, p. 158).

지금까지의 주장을 간략하게 정리하면, 번역은 한 사람의 언어적 지식(시웰(Sewell), 1996, p. 142), 언어적 정확성(더프(Duff), 1989/1992), 언어적 민첩성(agility)(시웰, 1996, p. 142)의 향상에 기여하며 신중하고 비판적인 읽기에도 도움이 된다(스티바드, 1994, p. 15). 좀 더 구체적으로, L1 번역은 이해도를 확인하는 신속한 방법이며(스티바드, 1994, p. 15) 학습자들이 L2에 대한 소극적 지식을 습득할 수 있도록 돕는다(프레이저, 1996, p. 112). L2 번역의 경우 L2에 대한 "지식과 적극적인 숙달"을 완성한다(스넬-혼비, 1985, p. 21). 번역이 L2 수업에서 이처럼 가치를 지니는 이유는 쓰기 과정에 긍정적인 제약을 가하기 때문이다. 즉 학습자는 자신이 표현해야 해야 하는 의미를 자유롭게 선택할 수 없으며, 따라서

L2 시스템 내 미지의 영역에 과감히 뛰어들 수 밖에 없기 때문이다(더프, 1989/1992, p. 7; 쿡, 1998, p. 119; 캠벨(Campbell), 1998, p. 58 등 참고).

번역은 L1 간섭을 약화시킨다

L2 학습이 L1의 영향을 받으며 어느 정도의 L1 간섭(부전이)은 불가피하다는 데 반박할 사람은 많지 않을 것이다(페어치와 캐스퍼(Faerch & Kasper), 1989; 캠벨, 1998, p. 12). 또, 어떤 언어 수업에서든 목표는 학습자들이 가급적 L1의 간섭을 받지 않고 해당 언어를 구사할 수 있도록 돕는 데 있다는 주장에도 반론의 여지가 별로 없다. 하지만 이러한 목표 달성을 위한 최상의 방법, 좀 더 구체적으로는 번역이 L2 수업에서 수행해야 할 역할에 대해서는 의견이 분분하다. 이미 언급한 바와 같이 다수의 학자들은 번역이 L1 간섭을 촉진하기 때문에 L2 수업에서 사용되어서는 안 된다고 주장한다. 반면, 번역이 최소한 고급 단계에서는 L1 간섭을 약화시킨다고 주장하는 학자들도 있다. 이들은 개별 문장보다 전체 텍스트를 통한 학습의 중요성을 강조하고 있긴 하지만 (최소한 필자가 현재 인용하고 있는 시점에서는) 의사소통으로서 언어를 교육하는 것보다 언어적 정확성을 달성하는 데 좀 더 관심이 있는 듯하다.

쇠렌센(Sørensen)은 대조 접근법의 관점에 기반해 L2에 대한 L1의 영향을 약화시키는 수단으로서 번역을 적극적으로 지지한다. 예를 들어, 그는 '통합적 교수법으로서의 번역(Translation as a unifying discipline)' 제하 논문에서 덴마크 대학생들에 대한 영어 교육을 다루면서 "학습자가 모국어에서 외국어로의 또는 외국어에서 모국어로의 번역 기술을 개발함으로써 두 개의 언어를 대조해 보는 것은 엄청나게 가치 있는 일"이라고 말했다(1990, p. 57). 이러한 활동을 통해 고급 단계의 학습자들이 각 언어 사이의 "처리하기 곤란한 차이와 불일치"를 인식하게 되기 때문이다(쇠렌센, 1988, p. 202; 쇠렌센, 1991).

스넬-혼비(1985) 역시 언어 교육과 관련해 이와 유사한 관점을 지지

한다. 그는 '언어 교육과 언어학의 통합 수단으로서의 번역(Translation as a means of integrating language teaching and linguistics)' 제하 논문을 통해 자신의 실제 교육 경험을 소개하면서 영어를 전공하는 독일 대학생들에게 언어의 대조적 측면을 고찰하도록 할 때 번역이 유용함을 보여주는 몇 가지 사례를 제시한다. 그리고, 쇠렌센이 제안한 것처럼 수업이 체계적이고 합리적인 방식으로 진행되어야 한다는 점을 강조한다(1985, pp. 24-25). 이는 분명 매우 중요한 지적이다. 번역 수업이 직관적으로 진행된다면 학습자들은 한 언어의 모든 표현에 완벽하게 상응하는 등가를 다른 언어에서도 찾을 수 있다고 오해할 가능성이 높다. 하지만 수업이 체계적이고 합리적인 방식으로 진행된다면 그러한 오해를 방지할 수 있다(쿡, 1998, p. 119 참고).

그 밖에도 팃포드(Titford, 1985, p. 82)는 L2 번역이 (대학) 교수자들이 L1으로 인한 오류를 바로잡아줄 수 있도록 도울 뿐 아니라 "메타언어적 수단을 최대한 사용하지 않고 이러한 오류를 설명할 수 있는 맥락을 제공한다"고 주장했으며, 하비(Harvey, 1996, p. 56)는 (고급 단계) 학습자들이 L1 구조의 무의식적인 간섭으로 L2의 오류가 어떻게 발생하는지를 인식할 수 있도록 돕는 방법으로서 번역이 유용함을 강조했다.

L2 번역은 비윤리적이지 않다

이미 설명한 바와 같이, 언어 교육에서의 번역 활용을 반대하는 사람들은 실무 규범에 어긋난다는 이유로 L2 번역에 특히 비판적이다. 하지만 교육 도구로서 번역의 활용에 찬성하는 몇몇 학자들이 L1 번역에만 실무적 가치를 두고 있는 반면(더프, 1989/1992; 프레이저, 1996 등 참고) 일부는 L2 번역 역시 실무에서 수행될 가능성이 있기 때문에 대학 교육에서 간과되어서는 안 된다고 주장한다(라슨(Larsen), 1990, p. 95; 클라인-브레일리와 프랭클린, 1998, pp. 54-55 등 참고). 특히, 영어로의 번역이 영어로부터의 번역보다 훨씬 활발하게 이루어지고 있으며, 영국과 미국 내 외국어 학습에 대한 관심이 상대적으로 저조함을 감안할 때(본 서 제13장 참고) 영어가 모국어인 번역사 인력은 향후 상당 기간 동안 양적으로 부족할 가능성이 높다는 점에 주목할 필요가 있다. 예를 들어, 매칼리스터(McAlester, 1992)는 핀란드어에서 영어로의 번역이 이러한 사례를 단적으로 보여준다고 지적했는데, 덴마크어와 영어 간 번역의 상황도 이와 유사한 것으로 보인다.[3)]

경험적 연구

이제 서론에서 제기했던 문제로 돌아가보자. 번역은 L2 교과과정에 포함되어야 하는가? 이에 대해서는 견해가 첨예하게 엇갈리고 있는데, 문제는 각각의 견해를 뒷받침하는 경험적 근거가 매우 부족하다는 점이다. 학습자들의 L2 능력 습득에 번역이 도움이 된다고 생각할 수도, 오히려 방해가 된다고 생각할 수는 있겠지만, 충분한 근거가 없기 때문에 어떤 견해가 맞는지에 대해 확신할 수는 없다.

하지만 근거가 전혀 없는 것은 아니다. 본 절에서는 이와 관련해 진행된 경험적 연구 몇 건을 소개하고자 한다. 우선, 이러한 연구의 결과는 교육 상황 전반에 함의를 지닐 수 있으나 학자들은 대부분 시험 도구로서 번역에 초점을 맞추고 있으며 교육 도구로서 번역을 특히 중점적으로 다루는 연구는 매우 드물다(관련 연구로는 베르그렌(Berggren), 1972; 우자와(Uzawa), 1996; 특히 본 서 제12장 등 참고). 시험으로서의 특징이 L2 수업에서 번역이 지니는 그 밖의 특징보다 개별 연구 대상으로 다루기 용이할 수 있다는 점을 감안하면 충분히 그럴 수 있다. 둘째로, 직업적인 이유로 L2 번역을 지지하거나 반대하는 근거에 대한 연구 역시 거의 찾아볼 수 없다. 끝으로, L2 교과과정의 구성 요소로서 번역에 대한 연구가 양적으로도 적지만 그나마 존재하는 연구에서도 L1 번역은 대체로 간과되고 있다. 이는 L1 번역이 최소한 초급 수준에서는 문장구역과 같이 구어로만 연습되는 경우가 많으며, 이처럼 일시적인 특성으로 인해 흥미를 유발하거나 논란의 여지가 발생할 가능성이 낮기 때문일 수 있다. 결국, 언어 교육이라는 맥락에서 L2 번역은 핵심 주제로 자리잡고 있는 것으로 보이며, 따라서 심층 연구의 초점이 되는 경우가 많다.[4)]

본 절에서는 필자의 연구와 목적이 유사한 경험적 연구 세 건에 대해 논의한다. 이들 모두 시험 도구로서의 L2 번역을 그 밖의 L2 쓰기 과업과의 비교를 통해 고찰하고 있기 때문이다. 하지만 필자의 연구가 실험 환경에서 데이터를 수집하고 중등 교육과 고등 교육 간 비교를 시도하고 있는 반면, 이들 연구는 모두 시험지를 데이터로 활용하고 있으며 고등 교육 수준에 초점을 맞추고 있다.

클라인-브레일리(1987)는 L2 능력에 대한 시험 도구로서 L2 번역의 객관성, 신뢰성, 타당성을 고찰했다. 데이터는 독일의 뒤스부르크 대학교(University of Duisburg)에서 영어를 전공하는 학생들을 대상으로 실시한 필기 시험에서 수집됐는데, 시험은 L2 번역과 그 밖의 시험 유형으로 구성되어 있었다. 클라인-브레일리(1987, p. 119)에 따르면 "번역 테스트에 대한 채점의 객관성을 확보하는 일은 기술적으로 크게 어렵지 않지만" 이를 위해서는 상당한 작업이 필요하다. 객관성을 확보했다고 하더라도 신뢰도는 어느 정도만 달성할 수 있었으며 타당성의 경우에는 항상 낮은 점수를 기록했다. 이에 클라인-브레일리(1987, pp. 128-129)는 L2 번역은 전반적인 L2 능력 측정에는 도움이 되지만 연구 대상 시험 유형 가운데 만족도와 경제성은 가장 떨어진다는 결론을 도출했다. 특히, 번역 시험이 번역 능력을 비롯해 L2 능력과는 상관 없을 수도 있는 그 밖의 능력을 측정한다는 점에서 "2차원적"이라고 지적했다(클라인-브레일리, 1987, p. 129). 따라서 번역을 언어 능력에 대한 유일한 시험 도구로 활용해서는 안 된다는 것이다(클라인-브레일리와 스미스(Klein-

Braley & Smith), 1985; 클라인-브레일리, 1996; 클라인-브레일리와 플랭클린, 1998 등도 참고).

라슨(1990)의 경우, L2 번역과 그 밖의 과업에서 학습자들의 수행능력에 차이가 발생할 가능성에 대한 연구를 진행했다. 라슨은 학습자들이 자유 주제로 에세이를 쓸 때보다 번역을 할 때 수행능력이 떨어진다는 가정 하에 영어를 전공하는 덴마크 대학생들을 대상으로 실시된 시험지를 검토했다. 분석 대상 시험은 1986년까지 시행된 것으로 학습자들의 "유창하고 정확하며 자연스러운 영어 쓰기 능력"을 측정한다는 목표 하에 요약, 번역, 에세이 등 세 가지 유형으로 구성되어 있었다(라슨, 1990, p. 97). 연구 결과, 번역은 L2 능력을 측정할 수 있는 신뢰성 있는 시험 도구가 아니라는 라슨의 가정이 어느 정도 확인되었다. 이에 대한 하나의 이유로 라슨은 "몇몇 사례에서 원천 언어(source language, SL)가 [학습자들이] 목표 언어(target language, TL)에 대한 지식 전체를 사용하지 않고도 직접 번역할 수 있을 정도로 개입하는 것으로 나타났다"(1990, p. 107)는 점을 들었다. 시험 도구로서 번역의 활용에 반대하는 수 많은 주장 역시 이러한 관점을 시사하긴 했지만, 라슨의 연구만큼 명시적으로 언급하지는 않았다.[5)]

퀼크비스트(1997)는 L2 학습에서 어휘의 형태가 미치는 영향에 대한 박사학위 논문을 통해 자유 작문, 바꿔 쓰기, 번역에 대한 비교 연구를 진행했다. 데이터는 대부분 스웨덴 룬드 대학교(University of Lund)의 영어학과에서 실시된 시험지에서 수집했다. 특히, "학습자들이 모국어에서 출발하지 않고 TL로 발화할 때 번역으로 인해 발생하는 것과 동일한 유형의 오류가 발생한다"는 웰러(Weller, 1989, p. 45)의 주장을 기반으로 번역(스웨덴어 → 영어)을 고찰해보았다(퀼크비스트, 1997, p. 143). 이 연구 결과에서 특히 주목할만한 점은 세 가지 유형의 과업에서 모두 동일한 어휘 오류가 발견되었으나 오류의 분포는 작문과 바꿔 쓰기, 그리고 번역 간에 차이가 있었다는 사실이다. 예를 들어, 번역에서는 존재하지 않는 어휘 사용 오류와 의미 오류가 좀 더 자주 나타났다. 이는 번역 과업에서는 학습자들이 어려운 L2 어휘를 피하기가 어렵기 때문일 수 있다. 이에 따라 쾰크비스트(1997, p. 218)는 웰러의 주장이 부분적으로만 사실이라는 결론을 도출했다. 쾰크비스트가 내린 결론은 번역 하나만으로는 전반적인 L2 능력을 측정하지 못한다는 클라인-브레일리의 관점, 그리고 라슨(1990)의 연구 결과를 뒷받침한다. (쾰크비스트의 박사학위 논문 가운데 번역 관련 연구 결과에 대한 요약은 쾰크비스트(1998, pp. 84-85)에서 확인할 수 있다. 이 논문은 수정 및 요약본으로 1999년 출간되었는데(쾰크비스트, 1999), 여기에는 번역에 대한 내용이 상대적으로 축소되어 있다.)

실험

본 절에서는 필자가 진행한 소규모 실험의 목적, 기본 전제, 절차, 예비 결과를 간략하게 소개한다.

목적

본 실험은 L2 번역 과정에서는 그 밖의 L2 쓰기 과업에서 나타나지 않는 오류가 발생한다는 가정에서 출발한다. 여기에는 최소한 세 가지 이유가 있는데, 모두 앞서 설명한 관점들이다.

- 학습자들이 L1으로 생각해야 할 가능성이 높기 때문에 L1 간섭이 강화된다.
- L1로 된 ST가 '최면과 같은(hypnotic)' 압력을 가하기 때문에 학습자들은 자신의 L2 능력을 최대한 발휘하지 못한다.
- 번역이라는 제약으로 인해 학습자들은 L2 시스템 내 미지의 영역에 과감히 뛰어들 수 밖에 없을 수 있다.

본 실험은 이러한 가정을 바탕으로 L2 번역 능력과 전반적인 L2 능력 사이의 관계를 분명하게 정립하고자 했다. 즉 결과물 중심 오류 분석 방법에 기반해 덴마크어를 영어로 번역한 L2 텍스트와 그림을 영어로 언어화한 L2 텍스트를 비교함으로써 다음과 같은 구체적인 질문에 대한 답을 찾고자 했다.

* 번역물에서 더 많은 오류가 발견되는가?
* 좀 더 자주 발견되는 오류가 있는가?
* 오류의 유형은 다양한가?
* 이러한 오류는 L1 간섭의 결과인가?
* ST가 '최면과 같은' 압력을 가한 결과인가?
* 그림 언어화 텍스트가 전반적으로 좀 더 바람직하다고 볼 수 있는가?

이와 함께, 학습자의 전반적인 L2 능력과 언어 교과과정의 성격이 영향을 미치는가에 대해서도 고찰해보고자 했다. 이를 위해 두 가지 유형의 데이터를 분석했다. 즉 필자가 번역 교육으로 정의하는 대학 수준 교육과 언어 교육으로 정의하는 중등 수준 교육(위 내용 참고)에서 수집한 데이터를 비교해 보았다. 이를 통해 고찰하고자 한 연구 문제는 구체적으로 다음과 같다.

* 대학생이 상대적으로 번역의 '위험'에 빠질 가능성이 낮은가?
* 그렇다면 이는 단순히 대학생이 중등학생에 비해 학습 수준이 높기 때문인가? 아니면 번역에 대한 접근이 다르기 때문인가?

기본 전제

본 실험에서 번역과 그림 언어화는 쓰기 과업이라는 측면에서는 유사하지만 서로 다른 것으로 간주된다. 다수의 연구에서 인용되는 야콥슨(Jakobson, 1959/1989, p. 55)의 정의를 기반으로 할 때 전자는 언어 간 번역, 또는 '본원적 번역(translation proper)'으로서 "언어적 신호를 그 밖의 언어를 통해 해석하는 것"으로 볼 수 있다. 반면, 후자의 경우 기호 간 번역, 또는 '변이(transmutation)'로 (비록 야콥슨은 반대의 과정을 언급했지만) 비언어적 신호를 언어적 신호를 통해 해석하는 것으로 정의할 수 있다.

다시 말해, 두 가지 과업 모두 다른 사람의 생각을 해석하고 표현해야 하는 통제된 쓰기 과업이라는 점에서 번역의 한 가지 유형으로 볼 수 있다. 하지만 이들 과업은 최소한 두 가지 측면에서 결정적으로 다르다. 첫째로, 번역은 언어적이며 특정 언어에 특수한 ST에 기반하고 있는 반면 그림 언어화 그렇지 않다. 이는 번역이 그림 언어화보다 L1의 간섭과 ST의 언어적 압박을 좀 더 강하게 받을 수 있음을 의미한다. 둘째로, 그림 언어화에서는 (자유 작문과 같은 과업을 수행할 때보다는 어렵겠으나) 번역에서보다 다른 어휘를 선택하거나 특정 개념을 한꺼번에 삭제하는 방식, 즉 '회피', 또는 그 밖의 '보상' 전략을 통해 문제를 돌아가기가 쉬울 수 있다. 그 밖에 이들 두 가지 과업은 인지적으로도, 즉 각 과업에 개입되는 정신적 과정이 서로 상당히 다를 수 있다. 하지만 그러한 차이점이 본 실험 데이터의 비교 가능성에 영향을 미칠 수 있다고 하더라도 현재로서는 이를 측정할 만한 수단이 부재하며, 따라서 본 고에서는 더 이상 논의하지 않기로 한다.

끝으로, 본 실험에서는 사전을 비롯한 보조 도구의 활용을 번역에서 필요한 요소로 간주하지 않는다. 번역사들이 그러한 도구를 활용하는 것이 일반적인 일이긴 하지만 외부 요소를 가급적 배제하기 위해 본 실험 참여자들에게는 보조 도구 없이 과업을 수행하도록 했다. 물론, 실험 참여자들은 그러한 환경에 익숙하지 않은 상태였으며 특히 중등학교 수준의 학생들은 보조 도구 없이 번역을 해야 한다는 사실에 상당히 두려움을 느끼는 것 같았다.

절차

본 실험은 다음과 같은 일곱 단계로 진행되었다.

1. 2000년 봄. 피아 타블로프(Pia Thavlov, 1996)의 그림 동화 「바르톨디 가족. 숲 속에서 아침을(*Familien Bartoldy. Frokost i det grønne*)」에서 데이터를 추출했다. 한 가족의 흥미로운 소풍 이야기를 담은 이 책은 매우 정교하고 정밀한 그림으로만 구성되어 있는데, 실험을 위해 1-6페이지에서 두 페이지 크기의 그림 3개를 선택했다.
2. 2000년 봄. 이 3개 그림을 기반으로 덴마크어 원어민 4명이 (약 8세) 아동 대상의 라디오 대본을 작성했다. 텍스트 작성자들에게는 이해를 돕기 위해 역시 두 페이지 크기의 나머지 그림 4개를 보여주었다. 이렇게 작성된 텍스트를 426단어로 구성된 텍스트 한 개로 취합한 뒤 이를 번역 과업의 ST로 사용했다.[6)]
3. 2000년 봄. 필자가 담당하는 번역 수업을 수강하는 영어 전공 3학년 학생 8명에게 번역 과업을 수행하도록 했다. 이들에게는 또, 번역 대상 텍스트가 라디오 대본으로 사용될 것이고 보조 도구를 사용해서는 안 되며 다른 사람과 과업에 대해 의논해서도 안 된다는 내용의 덴마크어 지시문이 전달됐다.
4. 2000년 봄. 역시 필자가 담당하는 번역학(Translation Studies) 수업을 수강하는 영어 전공 석사 과정 학생 8명에게 그림 언어화 과업을 수행하도록 했다. 이들에게는 덴마크어 원어민에게 제공된 것과 동일한 (그러나 영어로

된) 지시문이 주어졌으며 번역 과업을 수행한 학생들과 마찬가지로 보조 도구 사용이 금지됐다.

5. 2000년 봄과 여름. 영어 원어민 4명에게도 그림 언어화 과업을 수행하도록 했으며, 이들 역시 덴마크어 원어민에게 제공된 것과 동일한 (그러나 영어로 된) 지시문을 받았다. 필자는 이들이 작성한 텍스트를 '병렬 텍스트', 즉 "동일한 유형의 텍스트가 서로 다른 언어들로 어떻게 언어화되는지를 파악하기 위해" 사용되는 텍스트(스넬-혼비, 1988, p. 86)로 오류 분석 작업 시 참고했다.
6. 2000년 여름. 이러한 과정을 통해 추출한 데이터를 기반으로 예비 연구를 진행했다. 예비 연구 결과, 두 가지 유형의 과업은 충분히 비교 가능하다는 결론을 도출할 수 있었으며 이를 바탕으로 본 연구를 위한 데이터를 수집했다.
7. 2000년 가을. 본 연구를 위한 데이터 수집을 진행했다. 실험에는 리스코프 고등학교(Risskov Amtsgymnasium)(RA)에서 언어(Sproglig linje)를 전공하는 최고 학년 학생들과 오르후스 대학교(University of Aarhus)에서 필수 번역 과목을 수강하고 있는 영어 전공 3학년 학생이 참여했으며, 이 가운데 9명만 필자의 학생이었다. 이들은 각자가 가능한 시간이 아니라 시험과 같은 조건 하에서 과업을 수행했다. 즉 보조 도구의 사용은 역시 금지되었으며 고등학생 집단에는 75분, 대학생 집단에는 65분의 시간 제한이 주어졌다. 이들 각각의 시간 분포는 표 2를 통해 확인할 수 있다.

모든 참여자들에게는 덴마크어가 L1, 영어가 L2이며 덴마크 가정에서 자라고 영어를 외국어로 배웠다는 공통점이 있었다.[7)]

두 집단 모두에서 여학생 수가 훨씬 많았다. 고등학생 집단에서는 21명 가운데 14명, 대학생 집단 가운데서는 32명 가운데 27명이 여학생이었다. 이는 언어를 전공하는 학생들 사이에 일반적으로 나타나는 현상이라고 볼 수 있다.

이들 집단 사이에는 연령 분포 측면에서 뚜렷한 차이가 있었다. 고등학생 집단은 연령이 모두 17~19세에 집중된 반면, 대학생 집단은

25~46세였으며 20대가 가장 많았다. 이 역시 이들 두 개 집단에서 일반적으로 나타나는 현상이다.

본 실험에서 L2 능력의 전반적 수준에 대한 사전 시험(본 서 제12장 참고)은 진행하지 않았으며, 따라서 번역과 그림 언어화 과업을 수행할 대상을 선정하는 데 있어 각 참여자의 L2 능력은 반영되지 않았다. 이에 따라, 실험 참여자의 전반적인 점수를 통해 이러한 한계를 보완하고자 했음에도[8)] 이들 다양한 집단이 L2 능력의 수준이라는 측면에서 얼마나 비교가능한지를 확실히 파악할 수는 없었다. 하지만 필자는 본 실험의 데이터가 이러한 측면에서도 충분히 대표성을 지니는 것으로 단순히 가정하고 연구를 진행했다.

예비 결과

아래 제시된 결과는 실험 참여자들이 생산한 텍스트에 대한 채점과 예비 오류 분석을 기반으로 하고 있다. 향후 필자는 퀼크비스트(1997)의 연구에서 사용된 것과 유사한 방법을 통해 동료 집단에게 이들 텍스트를 평가하도록 할 계획이다.

우선, 예비 분석을 위해 오류를 다음과 같은 범주에 따라 분류했다.

* 형태적 오류: 철자, 표기 등
* 문법적 오류: 어휘 순서, 일치 등
* 어휘 오류: 덴마크 어휘, 비영어 어휘, 틀린 어휘, 누락 어휘 등
* 읽기 어렵거나 그 밖에 범주화하기 어려운 어휘 등

여기서 특히 중요한 것은 이들 범주가 번역 상 오류가 아닌 그림 및 ST와의 비교에 기반한 언어의 오류라는 점이다.

표 2.

실험 참여자	번역	그림 언어화	총 계
고등학생 집단	10	11	21
대학생 집단	16	16	32
총 계	26	27	53

표 3.

오류의 수	번역	그림 언어화	총 계
고등학생 집단	418	241	659
대학생 집단	291	184	475
총 계	709	425	1134

표 4.

오류의 비율	번역	그림 언어화	총 계
고등학생 집단	63%	37%	100%
대학생 집단	61%	39%	100%
총 계	62%	38%	100%

표 5.

오류: 덴마크어	번역	그림 언어화	총 계
고등학생 집단	19	2	21
대학생 집단	6	16	22

표 6.

오류: 비영어	번역	그림 언어화	총 계
고등학생 집단	23	12	35
대학생 집단	2	4	6

앞서 본 실험의 연구 문제 몇 가지를 소개했는데, 이러한 초기 분석 단계에서는 이 가운데 처음 두 가지, 즉 '번역물에서 더 많은 오류가 발견되는가?'와 '좀 더 자주 발견되는 오류가 있는가?'라는 연구 문제에 초점을 맞추었다.

우선, 번역물에서는 확실히 더 많은 오류가 발견됐다. 표 3에서 볼 수 있듯 총 1134개의 오류 가운데 709개가 번역된 텍스트에서, 425개는 그림 언어화 텍스트에서 발견됐다.

오류의 수를 실험 참여자의 수로 나눈 결과(709/26, 425/27), 실험 참여자 당 오류는 번역에서 평균 27.3개인 반면 그림 언어화에서는 평균 15.7개에 그쳤다.

또, 이러한 전반적인 경향에서 대학생과 고등학생 집단 간에는 큰 차이가 없었다. 표 4에 나타난 바와 같이 고등학생 집단의 경우 번역에서 발생한 오류가 전체의 63%, 대학생 집단은 61%를 차지했다.

오류 별 발생 빈도 분석 결과, 덴마크어('비번역'), 비영어 어휘 등이 사용되는 소위 간섭 오류가 번역텍스트에서 더 많이 발견될 것이라는 예상과 달리 그러한 양상은 고등학생 집단에서만 나타났다. 대학생 집단의 경우 오히려 정반대의 양상을 보였다. 표 5에서 알 수 있듯, 고등학생 집단에서는 덴마크어 어휘 사용 오류 총 21개 가운데 19개가 번역텍스트에서 발견된 반면 대학생 집단에서는 이러한 오류 총 22개 가운데 6개만이 번역텍스트에서 나타났다. 이와 유사하게, 표 6에 제시된 바와 같이 고등학생 집단에서는 비영어 어휘 사용 오류 총 35개 가운데 23개가 번역텍스트에서 발견된 반면 대학생 집단에서는 6개 가운데 2개로 그 수가 상대적으로 미미했다. 그리고 이처럼 수가 상대적으로 작기 때문에 해당 수치를 평균 값이나 백분율로 표시하지 않았다.

토론

지금까지 설명한 분석 결과와 관련해 최소한 세 가지 한계를 고려할 필요가 있다.

우선, 모든 집단(고등학생 대 대학생, 번역 대 그림 언어화)에서 개인 간 차이가 매우 크기 때문에 상대적인 차이는 일반화할 수 있을 정도로 충분히 유의미하지 않다.

둘째로, 본 실험의 분석은 '비텍스트적' 오류 사례를 기반으로 하고 있으며, 응집성, 완성도 등의 텍스트적 특성까지 고려됐다면 결과는 약간 달라질 수 있다. 예를 들어, 그림 언어화에서 번역사는 작가보다 '텍스트적 책임'이 적기 때문에 이러한 유형의 오류가 더 많이 발생할 것이라고 생각할 수 있다. 하지만 흥미롭게도, 고등학생들이 생산한 그림 언어화 텍스트 가운데 상당수는 텍스트적 측면에서 매우 우수한 것으로 나타났다. 다만 이러한 양상은 대학생 집단에서는 상대적으로 약했다. 또, 대학생 집단이 모든 측면에서 양호한 결과를 보일 것이라는 예상과 달리 이들이 생산한 그림 언어화 텍스트는 번역텍스트에 비해 상대적으로 우수성이 떨어졌다.

세 번째 한계는 두 번째 한계와 관련이 있는 것으로, 고등학생 집단과 대학생 집단이 과업에 상당히 다른 방식으로 접근했을 수 있다는 점이다. (데이터 수집 후 몇 주 동안 필자가 수업의 형태로 피드백을 주는 과정에서) 실험 참여자들이 내놓은 코멘트에 따르면, 대학생 가운데 대부분은 번역 과업을 즐겁게 수행했으며 그림 언어화보다 번역을 선호하는 것으로 나타난 반면 고등학생 대부분은 그렇지 않았다. 고등학생 가운데 일부는 번역 과업(나아가 번역 전반)이 좀 더 어려웠고 제약도 너무 많았기 때문에 자신감을 갖기 힘들었다는 불만을 제기한 반면, 대학생들은 통제된 환경 하에서 수행하는 텍스트 과업이었기 때문에 번역을 자신있게 할 수 있었다고 말했으며 일부는 '상상력 부족' 때문에 그림 언어화 과업이 그리 즐겁지 않았다고 답했다. 대학생들이 '번역' 수업을 수강한 경험이 있는 반면 고등학생들은 번역을 주로 교육 및 시험의 도구로서만 접했다는 점을 감안할 때, 이러한 차이는 어찌 보면 당연한 것일 수 있다. 또, '내면의 어린이'와 좀 더 자주 접촉하는 어린 학생들은 상상력을 발휘하기가 쉽기 때문에 (고등학생들이) 그림 언어화를 전반적으로 선호할 수 있는 반면, (대학생과 같이) 좀 더 나이가 많은 학생들은 학문적 주제나 언어적, 텍스트적 기술 학습을 중시하기 때문에 그림을 기반으로 내러티브를 작성하는 활동은 학문적인 것과 거리가 멀다고 생각하면서 상대적으로 관심을 두지 않을 수 있다.

결론

L2 학습자들이 번역에서 실수를 더 많이 하는가? '비텍스트적' 오류라는 측면에서 본 실험의 참여자들은 L2 능력의 전반적 수준과는 상관 없이 분명 그런 것으로 보인다. 하지만 응집성, 완성도와 같은 텍스트적 특성까지 고려했다면 결과는 달라질 수 있다. 번역에서 L1 간섭으로 인한 오류가 훨씬 더 자주 발견되는가? 고등학생 집단에서는 그러한 양상이 나타났지만, 대학생 집단에서는 이를 뒷받침할만한 뚜렷한 증거가 발견되지 않았고 오히려 정반대 양상이 나타났다. 이처럼 '번역으로 인한' 오류를 상대적으로 적게 범한다는 점에서 대학생들이 번역의 '위험'에 빠질 가능성이 낮다고 볼 수도 있겠지만, 확실하지는 않다. 본 연구가 L2 수업 시간에 번역을 활용하는 것이 유용하다는 분명한 근거를 제시해주지는 못하겠지만, 최소한 현재 지속되고 있는 관련 논의에 도움이 되는 정보가 되기를 기대한다.

L2 수업 내 번역의 활용에 대해 찬성과 반대 의견이 매우 팽팽하게 맞서고 있는 가운데 이제 이 문제에 대해 좀 더 많은 관심을 갖고 심도 있는 연구를 진행할 필요가 있다. 그러한 경험적 증거는 번역을 교육 도구로 활용하는 (또는 해야 하는) 이들과 번역 자체를 목적으로 교육하는 이들에게 특히 의미가 있을 것이다. 그리고, L2 수업에서 번역 활용을 금지할지, 허용할지, 권장할지를 결정해야 하는 이들에게도 전반적으로 의의를 지닌다 하겠다.

주

* 필자가 본인의 영어 수업에 참여할 수 있도록, 그리고 학생들을 실험에 활용할 수 있도록 흔쾌히 허락해 준 잉 P. 빈데발레(Inge P. Windeballe)에게 특별히 감사의 말씀을 드린다. 아울러, 본 논문의 다양한 버전에 대해 내용과 언어 측면에서 유용하고 세심한 조언을 제시해 준 폴 토르노(Paul Tornoe), 셜리 라슨(Shirley Larsen), 팀 코더리(Tim Caudery), 마리 쾰크비스트(Marie Källkvist)에게도 감사의 인사를 전한다.

1) 다른 학과 역시 학부 및 석사 수준 모두에서 몇 개의 번역 의무 과목을 개설해 제공하고 있다. 독일어학과의 경우, 번역이 교과과정(læseplan)에 명시적으로 언급되어 있지는 않지만 학부 및 석사 수준에서 쓰기 언어 능력에 대한 교육 및 시험의 일부로 제공되고 있다.

2) 코펜하겐 대학 영어학과의 번역학 및 사전학 센터(Centre for Translation Studies and Lexicography)는 TV 자막번역가 지망생들을 위한 과목을 제공하고 있다(고틀리브(Gottlieb), 1992, 1996 등 참고).

3) 번역학 내에서 이러한 문제는 방향성이라는 주제 하에서 자주 논의되어 왔다. 이에 대한 개괄적인 정보는 론즈데일(Lonsdale, 1998), L2 번역에 대한 번역학 내 최신 평가와 관련해서는 스튜어트(Stewart, 1999)를 참고할 수 있다.

4) 이해도 시험 절차로서 L1 번역의 가치에 대한 소수의 연구 가운데 벅(Buck, 1992)에 따르면 L1 번역은 매우 효과적인 이해도 시험 절차인 것으로 나타났다.

5) ST가 "최면과 같은 압력"(hypnotic pressure)을 가한다는 윌스(Wilss, 1982, p. 207)의 주장은 이와 유사하지만 맥락이 조금 다르다. 즉 윌스는 L1 번역을 다루고 있을 뿐 아니라 번역에서 모국어 능력의 상대적인 불안정성에 초점을 맞추고 있다.

6) 이러한 ST는 실험 참여자들이 수업 시간에 일반적으로 번역하는 텍스트에 비해 약간 길다. 특히 고등학생들의 경우, 약 150단어 정도로 된 ST에 익숙한 상태였다. 하지만 이러한 부분은 무시할 수는 없지만 실험의 타당성을 저해할 정도로 심각한 문제는 아닌 것으로 판단된다.

7) 모든 참여자들에게 (언어적) 배경에 대한 질문이 포함된 설문지를 작성하도록 한

뒤 이들의 답변을 기반으로 일부 참여자들을 분석 대상에서 제외했다. 예를 들어, 1명은 부모 가운데 1명이 미국인이라는 이유로, 일부는 덴마크어가 L1이 아니라는 이유로 제외되었다.

8) 가을 학기에 받은 전반적인 영어 능력 점수를 기반으로 할 경우, 번역을 수행한 고등학생들은 대부분 평균 수준이었으며 그림 언어화를 수행한 집단에서는 고득점자의 비중이 다소 높았다. 필자는 현재 이와 유사한 방식으로 대학생 실험 참여자들을 검토하고 있다.

Bekendtgørelse om gymnasiet, studenterkursus og enkeltfagsstudente-reksamen (Gymnasiebe-kendtgørelse) (1999). Undervisningsministeriet http://www.uvm.dk/lov/bek/1999/0000411.htm — available on 26/5/00

Berggren, I. (1972). *Does the use of translation exercises have negative effects on the learning of a second language? A pilot study based on an experiment with two methods of teaching carried out on the beginners in the autumn term 1971. Rapport14.* University of Gothenburg: Department of English.

Buck, G. (1992). "Translation as a language testing procedure: Does it work?" *Language Testing, 9* (2), 123-148.

Campbell, S. (1998). *Translation into the Second Language.* London and New York: Longman.

Coleman, J. A. (1986). "Requiem for the Prose?" *Modern Languages in Scotland, 29,* 98-105.

Cook, G. (1998). "Use of translation in language teaching", In M. Baker (Ed.), *Routledge Encyclopedia of Translation Studies* (pp, 117-120). New York and London: Routledge.

Dollerup, C & Loddegaard, A. (Eds.). (1992). *Teaching Translation and Interpreting: Training, Talent and Experience.* Amsterdam and Philadelphia: John Benjamins.

Duff, A. (1989/1992). *Translation.* Oxford: Oxford University Press.

Fraser, J. (1996). "'I Understand the French, But I Don't Know How to Put It Into English': Developing Undergraduates' Awareness of and Confidence in the Translation Process". In P. Sewell & I. Higgins (Eds.), *Teaching Translation in Universities: Present and Future Perspectives* (pp. 121-134). London: CILT.

Færch, C. & Kasper, G. (1989). "Transfer in Production: Some implications for the interlanguage hypothesis". In H. W. Dechert & M. Raupauch (Eds.), *Transfer in Language Production* (pp. 173-193). Norwood: Ablex.

Gatenby, E. V. (1948/1967). "Translation in the Classroom". In W. R. Lee (Ed.), *E.L.T. Selections 2. Articles from the journal English* Language *Teaching* (pp. 65-70). London: Oxford University Press.

Gatenby, E. V. (1950/1967). "Popular Fallacies in the Teaching of Foreign Languages". In W. R. Lee (Ed.), *E.L.T. Selections 2. Articles from the journal English* Langwage *Teaching* (pp. 1-8), London: Oxford University Press.

Gottlieb, H. (1992). "Subtitling: A new university discipline". In C. Dollerup & A. Loddegaard (Eds.), *Teaching Translation and Interpreting: Training, Talent and Experience* (pp. 161-170). Amsterdam and Philadelphia: John Benjamins.

Gottlieb, H. (1996). "Billedmedieoversættelse på Engelsk Institute". In *Årsberetning 1996 Engelsk Institut Københavns Universitet* (pp. 41-51). Københavns Universitet.

Harvey, M. (1996). "A Translation Course for French-speaking Students". In P. Sewell & I. Higgins (Eds.), *Teaching Translation in Universities: Present and Future Perspectives* (pp. 45-65). London: CILT.

Irons, J. (1998). "Der var saa deiligt ude paa Landet…" *Sprog forum 4* (11), 26-32.

Jakobson, R. (1959/1989). "On Linguistic Aspects of Translation". In A. Chesterman (Ed.), *Readings in Translation* (pp. 53-60). Helsinki: Finn Lectura.

Klein-Braley, C. (1987). "Fossil at Large: Translation as a Language

Testing Procedure". In R. Grotjahn, C. Klein-Braley, & D. K. Stevenson (Eds.), *Taking Their Measure: The Validity and Validation of Language Test* (pp. 111-132). Bochum: Studienverlag Dr. N. Brockmeyer.

Klein-Braley, C. (1996). "Teaching Translation, a Brief for the Future". In P. Sewell & I. Higgins (Eds.), *Teaching Translation in Universities: Present and Future Perspectives* (pp. 15-30). London: CILT.

Klein-Braley, C. & Franklin, P. (1998). "'The Foreigner in the Refrigerator'. Remarks about Teaching Translation to University Students of Foreign Languages". In K. Malmkjær (Ed.), *Translation and* Language *Teaching: Language Teaching and Translation* (pp. 53-61). Manchester: St. Jerome.

Klein-Braley, C. & Smith, V. (1985). "Incalculable and full of risks? Translation L1 to L2 as a testing procedure". In C. Titford & A. E. Hieke (Eds.), *Translation in Foreign Language Teaching and Testing* (pp. 155-168). Tübingen: Narr.

Krashen, S. D. (1987). *Principles and Practice in Second Language Acquisition.* New York: Prentice-Hall International.

Källkvist, M. (1997). Lexical Form-Class Effects in Foreign Language Learning: A Study of the English Produced by Advanced Swedish Learners. Unpublished PhD Dissertation, University of Cambridge.

Källkvist, M. (1998). "How Different are the Results of Translation Tasks? A Study of Lexical Errors". In K. Malmkjær (Ed.), *Translation and Language Teaching: Language Teaching and Translation* (pp. 77-87). Manchester: St. Jerome.

Kallkvist, M. (1999). *Form-Class and Task-Type Effects in Learner English. A Study of* Advanced *Swedish Learners.* Lund: Lund

University Press.

Lado, R. (1964). *Language Teaching. A Scientific Approach.* New York, San Francisco, Toronto and London: McGraw-Hill Inc.

Larsen, S. (1990). "Testing the Test: a preliminary investigation of translation as a test of writing skills". In S. Larsen (Ed.), *Translation. A means To An End* (pp. 95-108). Aarhus: Aarhus University Press.

Lonsdale, A. B. (1998). "Direction of translation (directionality)". In M. Baker (Ed.), *Routledge Encyclopedia of Translation Studies* (pp. 63-76). New York and London: Routledge.

McAlester, G. (1992). "Teaching translation into a foreign language – status, scope and aims". In C. Dollerup & A. Loddegaard (Eds.), *Teaching Translation and Interpreting: Training, Talent and Experience.* Amsterdam and Philadelphia: John Benjamins.

Malmkjær, K. (1998). "Introduction: Translation and Language Teaching". In K. Malmkjær (Ed.), *Translation and Language Teaching:* language *Teaching and Translation* (pp. 1- 11). Manchester: St, Jerome.

Marsh, M. (1987). "The value of L1>L2 translation on undergraduate courses in modern languages". In H. Keith & I. Mason (Eds.), *Translation in the Modern Languages Degree: Proceedings of a conference held at Heriot-Watt University, Edinburgh, 5-7 Jan. 1986* (pp. 22-30). Edinburgh: CILT.

Nord, C. (1997). *Translating as a Purposeful Activity: Functionalist Approaches Explained.* Manchester: St. Jerome.

Pedersen, V. H. (1974). "Oversættelse og sprogundervisning". *Meddelelser fra Gymna- sieskolernes Engelsklærerforening, 70,* 21-36.

Richards, J. C. & Rodgers, T. S. (1986). *Approaches and Methods in LanguageTeaching.* Cambridge: Cambridge University Press.

Schäffner, C. (1998). "Qualifications for Professional Translators: Translation in Language Teaching Versus Teaching Translation". In K. Malmkjær (Ed.), *Translation and Language Teaching: Language Teaching and Translation* (pp. 117-133). Manchester: St. Jerome.

Sewell, P. (1996). "Translation in the Curriculum". In P. Sewell & I. Higgins (Eds.), *Teaching Translation in Universities: Present and Future Perspectives* (pp. 135-159). London: CILT

Snell-Hornby, M. (1985). "Translation as a means of integrating language teaching and Linguistics". In C. Titford & A. E. Hieke (Eds.), *Translation in Foreign* Language*Teaching and Testing* (pp. 21-28). Tubingen: Narr.

Snell-Hornby, M. (1988). *Translation Studies: An Integrated Approach.* Amsterdam and Philadelphia: John Benjamins.

Stewart, D. (1999). "Translators into the Foreign Language: Charlatans or Professionals?". *Rivista Internazionale di Tecnica della Traduzione,* 4, 41-67.

Stibbard, R. (1994). "The use of translation in foreign language teaching". *Perspectives: Studies in Translatology,* 2(1), 9-18.

Studieordning Engelsk Kandidatuddannelse lanuar 1999 (1999). Aarhus: Det Humanistiske Fakultet. Aarhus Universitet.

Sørensen, K. (1988). "Cognate, but *sui generis:* Difficulties confronting advanced Danish Students of English". In M. Powell & B. Preisler (Eds.), *English Past and Present. A Selection Of Essays By Knud Sørensen Presented To Him On His Sixtieth Birthday* (pp. 201-230). Aarhus: Aarhus University Press.

Sørensen, K. (1990). "Translation as a Unifying Discipline". In S. Larsen (Ed.), *Translation. A Means to an End* (pp. 57-68). Aarhus: Aarhus University Press.

Sørensen, K. (1991). *English and Danish Contrasted. A Guide for Translators.* Copenhagen: Munskgaard.

Titford, C. (1985). "Translation - a postcommunicative activity for advanced learners". In C. Titford & A. E. Hieke (Eds.), *Translation In Foreign Language Teaching And Testing* (pp. 73-86). Tübingen: Narr.

Uzawa, K. (1996). "Second language learners' processes of L1 writing, L2 writing, and translation from L1 into L2". *Journal of Second Language Writing, 5* (3), 271-294.

Vermeer, H. J. (1989). "Skopos and Commision in Translational Action". In A. Chesterman (Ed*.),Readings in Translation* (pp. 173-187). Helsinki: Finn Lectura Ab.

Weller, G. (1989). "Some Polemic Aspects of Translation in Foreign Language Pedagogy Revisited". In P. W. Krawutschke (Ed.), *Translator and Interpreter Training and Foreign Language Pedagogy* (pp. 39-50). State University of New York at Binghamton.

Widdowson, H. G. (1978/1983). *Teaching Language as Communication.* Oxford: Oxford University Press.

Wilss, W. (1982). *The Science of Translation: Problems and methods.* Tübingen: Narr. Translation of Wilss, W. (1977), *Ubersetzungswissenschaft. Probleme und Methoden.* Tübingen: Narr.

11장

학생들이 번역 수업에 열광하는 이유는?

페넬로페 시웰(Penelope Sewell)

본 고의 목적은 논쟁을 불러일으키는 데 있다. 번역 수업의 매력으로 보이는 요소들을 의사소통적 외국어 수업의 매력을 떨어뜨리는 것으로 보이는 요소들과 비교해 고찰하고자 하기 때문이다. 본 고는 이러한 작업을 효과적으로 진행하기 위해 이들 두 가지 수업 유형을 의도적으로 과장해서 제시하고 있으며, 이는 연구 결과라기보다 직관적 견해에 기반하고 있으므로 독자들은 이 점을 충분히 감안해 읽어주기를 바란다. 이러한 접근법을 택하면서까지 비교 작업을 진행하는 이유는 선택과목으로 제공되고 있는 번역 수업이, 최소한 필자가 일하고 있는 런던대학교 버벡 칼리지(Birkbeck, University of London)에서는 지속적으로 인기를 끌고 있는 현상을 조금이나마 설명하기 위함이다.

의사소통적 접근법은 매우 탄탄한 이론과 관찰에서 발전됐으며, 특히 촘스키(Chomsky) 언어 이론의 능력(competence)과 수행(performance) 개념, 그리고 구조주의에 기반을 두고 있다. 구조주의 이론은 언어가 하나의 시스템으로 결합하는 방식에 대한 것으로 개별 어휘의 의미는 다른 어휘의 의미에 의존한다. 이러한 관점에 따르면, 언어는 그 자체

외에 다른 것(예: 어원이나 라틴어, 그리스어, 또는 "객관적" 실재)을 지시할 필요가 없으며 자율적이고 그 자체로 충분하다. 소쉬르(De Saussure)는 사후 출간된 「일반언어학 강의(*Cours de linguistique général*, 1916)」에서 내부적으로 연결된 기호의 시스템으로서의 언어에 초점을 맞추었다. 여기서 핵심은 다음과 같이 두 가지다. 첫째, 하나의 개념은 그 밖의 관련 개념들이 특정한 언어로 표현되는 과정에서 의미를 얻게 된다. 예를 들어, 프랑스어의 *arbre*(나무)라는 어휘는 해당 어휘가 그 밖의 다양한 나무 종류를 지칭하는 *arbuste*(소관목), *arbrisseau*(관목), *buisson*(관목으로 이루어진 수풀)과 다르다는 사실에서 그 의미가 도출된다. 둘째, 각각의 개념에는 문화적으로 규정된 지시물이 있다. 프랑스인이 *arbre*라는 어휘를 듣고 떠올리는 이미지는 이들이 생각하는 나무의 이미지이며 해당 어휘의 함축적 의미 역시 프랑스 문화 특유의 것이다. 반면, 영어의 나무는 이와는 다른 모습과 함축적 의미를 지닌다. 결국, 언어 기호는 해당 문화에서 차지하고 있는 위치에 따라 의미가 달라지기 때문에 특정 언어의 기호와 완전히 똑같은 등가를 다른 언어에서 찾을 수는 없다고 할 수 있다. (이와 관련해 소쉬르(1979, p. 160)는 영어의 'sheep(살아있는 양)'과 'mutton(죽은 양, 양고기)'의 지시물을 모두 아우르는 프랑스어의 '*mouton*(양)'이라는 어휘를 예로 제시한 바 있다.) 이러한 논리에 기반할 때 하나의 언어를 효과적으로 학습하기 위해서는 학습자 자신의 언어 시스템과 문화가 아니라 해당 언어의 시스템과 문화에 직접 들어가야 한다고 볼 수 있다.

당시까지 대부분의 외국어 교육은 공식적인 학습 상황에서 목표 언어(target language, TL)에 대한 접근은 학습자의 제1언어를 통해야 한다는 전제에 기반해 이루어지고 있었다. 하지만 구조주의가 등장하면서 TL에 대한 접근은 직접적이어야 하며 제1언어는 거의 또는 전혀 사용되지 말아야 한다는 혁신적인 관점이 부상하게 되었다. 이러한 관점에서 학습자들이 목표로 삼아야 하는 것은 델 하임즈(Dell Hymes, 1971)

가 최초로 심도 있게 논의한 "의사소통 능력"이었으며 이는 여러 학자들의 지지를 받았다. 예를 들어, 레온 야코보비치(Leon Jakobovitz), J. B. 캐롤(J. B. Carroll), 폴 핌슬러(Paul Pimsleur), 조슈아 피쉬먼(Joshua Fishman), 베르나르드 스폴스키(Bernard Spolsky), 로버트 라도(Robert Lado), H. G. 위더슨(H. G. Widdowson) 등은 모두 정도의 차이는 있지만 학습자들이 외국어의 화용적 용법을 인지함으로써 해당 언어를 자율적으로 구사할 수 있어야 한다고 주장했다. 이러한 목적을 위해 수업 시간에 사용되는 (듣기 및 말하기, 시청각 등의) 도구는 학습자의 제1언어를 거의 또는 전혀 활용하지 않았다. 즉 학습자들에게 문법 규칙을 직접적으로 교육하기보다 이들이 실제로 언어를 활용하는 과정에서 이를 자연스럽게 추론할 수 있도록 했다. 이에 따라 구두 학습의 중요성이 크게 부각됐다. 어학 실습실이 새로 설치되고 교수진은 학습자가 마이크를 통해 외국어를 직접 연습할 수 있는 다양한 구조 반복 연습 방법을 고안했다. 여기에는 마침내 기존의 학습 방식을 깨뜨렸다는 믿음, 즉 새로운 방법을 통해 학습자들의 언어적 잠재력을 일깨움으로써 이들이 훌륭한 언어 구사력을 갖출 수 있도록 도울 수 있다는 확신이 굳건하게 자리잡고 있었다.

이러한 의사소통적 방법의 핵심은 역할극(role-play)와 시뮬레이션(simulation)이었다. 이는 학습자들이 실제로 외국에서 접할 법한 다양한 상황 속에서 언어를 연습해보는 활동으로, 예를 들어 치통을 앓거나 호텔 객실을 예약하거나 길을 잃었거나 음식을 주문하는 등의 상황에 실제로 있는 것처럼 행동한다. 바로 이러한 시뮬레이션, 즉 개인이 어떠한 역할을 수행해야만 하는 상황이 의사소통적 방법의 다양한 특징 가운데 가장 핵심적인 요소라고 볼 수 있다. 이러한 역할극 상황이 고등교육 수준에서 제공되는 외국어 교육의 주요 특징은 아니지만, 의사소통적 방법은 학습자가 TL에 유창한 것처럼 논의하고 토론하고 요약문을 작성하는 등의 활동에 참여하도록 한다. 결국 역할극은 학습자가 현재 배우고 있는 외국어의 원어민인 것처럼 행동하도록 한다는 점에서 원칙을 일반화해 적용해보는 연습이라고 할 수 있다.

하지만 이처럼 혁신적인 시도를 시작한 지 40년이 지난 오늘 날까지도 기대했던 기적은 일어나지 않고 있다. 학습자들의 언어적 잠재력은 아직 발현되지 않았고 언어 교육을 위한 가장 효과적인 방법을 발견하지도 못했다. 물론, 언어 학습의 기회가 50년 전에 비해 크게 늘어나면서 외국어를 배우는 사람의 수도 훨씬 많아졌으며 현재 영국의 학생 대부분이 외국어 어휘 몇 개 정도는 알고 있는 상황이다. 특히 최근에는 프랑스어의 인기가 시들고 있는 반면 스페인어에 대한 관심은 높아지고 있다. 하지만 안타까운 점은 하나의 극단에서 벗어나 또 다른 극단으로 옮겨갔다는 사실이다. 즉 과거의 '배타적인(excluding)' 문법 번역 방법에서는 벗어났지만 새로운 '포괄적인(including)' 의사소통적 방법이 모두에게 최상이라는 인식이 확산되었다. 개인 별로 학습 방법이 다르다기보다 모든 사람들이 동일한 방법으로 학습한다는 관점이 자리를 잡은 것이다. 이러한 관점에 기반한 교육을 통해 일부 학습자들은 훌륭한 언어 구사력을 갖출 수 있었지만, 일부는 의사소통은 어느 정도 하지만 해당 외국어가 시스템으로 작동하는 방식을 정확히 이해하지 못한 상태에서 비슷하게 흉내만 내는 어중간한(semi-literate) 수준에 그치는 경우도 있었다. 영국 학습자들 사이에 자주 나타나는 경향으로, le maire(시장), le mer(바다) 등과 같이 프랑스어 정관사를 모두 [lœ]로 축소하는 양상이 대표적인 사례다.

지금까지 본 고를 위한 이론적 배경은 충분히 소개했다. 어떠한 역할을 수행해야만 하는 상황으로 대표되는 의사소통적 방법은 필자가 번역으로 지칭되는 활동의 대척점에 위치시키고자 하는 활동이다. 런던대학교 버벡 칼리지의 프랑스어학과 학생들은 체계적으로 설계된 의사소통적 수업이 제공되고 있음에도 번역 수업을 개설해 줄 것을 끊임 없이 요청하고 있다. (이들 의사소통적 수업은 프랑스어로만 진행되며 앞서 소개한 것과 같은 유형의 역할극을 포함한다.) 이처럼 학생들 사이에 번역 수업에 대한 수요가 강하게 나타나는 이유는 무엇일까? 의사소통적 수업에서는 얻을 수 없는 번역 수업만의 차별화된 효과는 무엇인가? 학습자들은 번역이 외국어 학습에 실질적으로 도움이 된다고 생각하는가? 그리고 여기에는 합당한 근거가 있는가? 필자는 이러한 질문을 다음과 같이 서로 다르지만 보완적인 다섯 가지 관점에서 접근함으로써 번역이 많은 외국어 학습자들 사이에 깊이 자리잡은 열망에 대한 해답이 될 수 있는 이유를 제시하고자 한다.

a. 자신감 및 자존감 향상의 필요성
b. 체면 유지의 필요성
c. 보상의 필요성
d. 확신, 폐쇄, 자율성의 필요성
e. 내향적 성격에서 발생하는 필요성

자신감 및 자존감 향상의 필요성

의사소통적 방법에서 학습자들은 가상의 상황에 실제로 있는 것처럼 행동하면서 특정한 역할을 수행해야 한다. 그런데 이는 어린 시절 엄마, 아빠 놀이나 병원 놀이를 하는 것과 비슷하며, 대부분 10대나 성인인 학습자들이 이러한 행동을 하기에는 조금 민망할 수 있다. 하지만 의사소통적 방법이 학습자들에게 요구하는 것이 바로 그러한 행동이다. 예를 들어, 가상의 호텔에 예약을 하거나 존재하지 않는 사람에게 편지를 쓰거나 전화 통화를 하는 척하거나 인위적인 대화나 토론에 참여해야 한다. 학습자 대부분은 그러한 상황을 아무렇지 않게 버티기 힘들 것이며, 버틴다고 하더라도 그리 즐기지는 못할 것이다. 역할극이 학습자의 자기 이미지와 자신감에 심각한 타격을 줄 수 있기 때문이다.

반면, 문어 번역 과정을 생각해보자. 번역에는 항상 원천텍스트(source texts, ST), 번역사, 목표텍스트(target text, TT) 등이 있으며 번역사는 ST와 TT의 중간이나 외부에 존재한다. 즉 번역사는 원천 메시지의 작성자가 아니며 직접적, 즉각적 의사소통 행위와도 관련이 없기 때문에 번역 과정에서 자기 이미지가 크게 영향을 받지 않는다. 많은 사람들이 번역사는 자신의 기술을 통해 ST를 TT로 변형하기 때문에 상황을 '통제한다'고 생각한다. 또, 즉각적인 구두 피드백이 없기 때문에 사회적 고통이나 민망함도 겪지 않을 수 있다. 번역사는 시간을 할애해 TT를 원하는 대로 개선할 수 있는 여유가 있기 때문에 번역은 엄청나게 '만족을 주는' 활동이다. 결국, 번역사의 자존감은 최소한 단기적으로는 유지되며 강화될 수도 있다.

그렇다면, 자신감과 자존감 향상의 필요성에 대해 전문가들은 어떻게 생각할까? 심리학자 베드나르와 피터슨(Bednar & Peterson, 1995)은 번역으로부터 얻는 만족감이라는 관점을 환영할 것이다. 이들은 임상적 이론과 실제에 초점을 맞추고 자존감이라는 개념의 중요성을 역설했는데, 이러한 주장이 물론 새로운 것은 아니다. 라모(Rameau)의 조카가 "자기 자신에 대한 혐오는 참기 힘들다(*Et puis le mépris de soi; il est insupportable*)"고 말하도록 했던 디드로(Diderot, 1762, p. 46)가 단적인 사례다. 베드나르와 피터슨(1995, p. 1)의 말을 빌자면 "건전한 자기인정(self-appreciation)이 없다는 것은 인격이 제 기능을 발휘하지 못하고 있다는 기본적인 경고 신호 가운데 하나일 것"이다.

따라서, 엘리스(Ellis, 1994)의 주제별 색인에 '자신감'이라는 단어는 없으며 심지어 '자존감'도 거의 언급되지 않고 있다는 사실은 상당히 의외다. 엘리스에 따르면, 가드너와 램버트(Gardner & Lambert, 1972)는 자존감과 외국어 학습 간 유의미한 관계를 발견하지 못했지만, 하이데(Heyde, 1979)는 자존감이 발화(oral production)와 양의 상관관계를 갖는다는 사실을 규명했다. 다만 엘리스의 경우 '불안'과 불안이 제2언어(L2) 습득이나 수행에 미치는 영향에 대해서는 몇 페이지를 할애해 논의했다. 스폴스키(1989)는 불안이 제2언어 습득(Second Language Acquisition, SLA) 활성화에 도움이 될 수 있지만 이를 저해할 수도 있다고 주장했다. 스폴스키에 따르면, 불안은 대부분 청취와 말하기 과정에서 발생하며 개인의 자기 개념(self-concept)에 대한 위협에 주로 영향 받는다(1989, p. 113-114). 매킨타이어, 킴벌리, 클레망(MacIntyre, Kimberley & Clément, 1997) 역시 스폴스키의 관점에 동의하는 것처럼 보인다. 이들은 읽기 과정에서는 개인의 '체면'이 위협을 받지 않기 때문에 읽기 과업과 불안 사이에는 뚜렷한 연관성이 없다는 결론을 내렸다. 또, 정서적인 반응에 대해 너무 깊이 생각하지 않는 사람들이 과업의 요구에 더 집중할 수 있다는 좀 더 광범위한 이론에 대해서도 논의했다. 불안과 성취에서 자기 인식(self-perception)이 수행하는 중요한 역할에 대한 이들의 신뢰는 확고하다(1997, p. 280).

지금까지 소개한 주장들은 SLA에 대한 방대한 문헌의 일부에 불과하지만 대부분 필자의 주장을 뒷받침한다고 볼 수 있다. 즉 최소한 비전문 번역사가 인식하는 것과 같은 문어 번역 활동은 자기 이미지가 지속적으로 영향을 받는 의사소통적 수업보다 학습자들에게 자존감 향상의 기회를 좀 더 많이 제공할 수 있는 것이다.

체면 유지의 필요성

상대방에게 길을 묻고 그 대답에 반응을 보여야 하는 역할극 상황에 있다고 가정해보자. 이러한 상황에서는 상대방이 무슨 말을 할지 모르기 때문에 역할극은 '개방적'이며 따라서 '예측 불가능하다'. 또, 적절한 반응을 보이지 못할 경우 상대방(또는 교수자)뿐 아니라 자기 자신의 관점에서 '체면을 잃을 수 있기' 때문에 학습자는 '취약한' 위치에 있다고 볼 수 있다. 실수를 저지르면 모두가 알게 된다.

반면, 번역은 학습자들이 상황을 '통제한다'는 인상을 준다. 학습자들은 전체 과업을 처음부터 끝까지 파악할 수 있다. 즉 자신들이 정확성과 적절성이라는 기준을 준수하면서 ST를 TT로 변형해야 한다는 사실을 알고 있다. 사회적 교류에서 발생할 수 있는 예측 불가능한 변수들에 노출되지 않고 집에서 과업을 수행할 수 있다. 체면을 잃을 것이 걱정된다면 여러 사람들 앞에서 곤란을 겪지 않기 위해 더 열심히 과업을 수행하면 된다.

SLA 관련 문헌에 상황을 통제하는 것, 또는 최소한 그렇다고 믿는 것이 얼마나 중요한지에 대한 논의가 충분치 않다면 브라운과 레빈슨(Brown & Levinson, 1978)을 참고할 수 있다. 브라운과 레빈슨은 공손성(politeness)이 인간의 상호작용에 미치는 영향을 연구했다. 이들은 공손성이라는 현상이 보편적 원칙이며 언어에 반영된다는 전제를 바탕으로 연구를 진행했는데, 일부에서는 이러한 보편성이라는 개념에 대해 반박한다. 하지만 필자는 공손성과 '체면'이라는 개념이 인간 상호작용 대부분의 근간을 이룬다고 생각한다. 브라운과 레빈슨은 '모델 인간(Model Person, MP)'이라는 개념을 상정하고, 모든 MP에게는 적극적 체면(positive face)과 소극적 체면(negative face)이 있으며 이들은 모두 목적을 충족시키는 수단을 선택하는 합리적 행위주체(rational agent)라고 설명했다(1978, p 59). 적극적 체면은 최소한 몇몇 다른 사람들에게는 바람직한 대상이 되고자 하는 욕구이며, 소극적 체면은 다른 사람으로부터 자신의 행동을 방해 받지 않기를 바라는 욕구이다(1978, p. 62). 브라운과 레빈슨은 모든 상호작용은 관련된 MP 양자의 적극적 체면과 소극적 체면에 미치는 영향을 기준으로 분류될 수 있다고 주장하는 것으로 보인다. 사건은 통상 체면을 강화하거나 손상하며 사건에 부여되는 가치는 문화마다 다를 수 있다.

필자는 의사소통적 방법이 학습자들의 체면 유지 필요성을 충분히 고려하지 않고 있다고 생각한다. 의사소통적 방법은 학습자들이 일반적인 심리작용을 중단하고 체면 위협 행위(face-threatening acts, FTAs)에 무방비 상태로 노출되도록 하는데, 모든 학습 상황에 체면과 자존감 손상의 가능성이 존재한다는 점을 감안하면 이러한 수업에 편안한 마음으로 임할 수 있는 학습자는 많지 않을 것이다. 반면, 번역을 할 때는 이러한 체면 위협 상황을 최대한 피할 수 있으며 서면을 통해 겪을 수도 있기 때문에 충격은 상대적으로 적을 수 있다. 결국, 체면 유지라는 관점에서도 번역은 만족과 안도를 주는 활동으로서 의사소통적 방법보다 더 많은 관심을 받을 수 있는 것이다.

보상의 필요성

학습자들에게는 자기 이미지 강화 뿐 아니라 보상에 대한 욕구도 강하다. 최소한 본 절에서는 이러한 측면을 면밀히 고찰하고자 한다. 역할극을 비롯한 상호작용적인 학습 상황은 본질적으로 다른 사람에게 전적으로 의존하며 모든 성과는 최소한 두 사람의 노력을 통해 달성된다. 이러한 과정은 위험하다고 볼 수 있는데, 예측 불가능성에 의존하며 결과를 공유해야 하기 때문이다. 이는 높은 만족이나 보상을 주는 경험의 일반적인 특징이 아니다. 반면, 번역은 매우 높은 만족을 준다. 번역은 요리와 비슷해서 개인의 지속적 노력의 결과물로서 자신의 것이라고 부를 수 있는 결과물을 얻을 수 있다. ST는 맛있는 요리를 만들기 위해 다양한 방법으로 '처리하는' 재료라고 볼 수 있으며 그렇게 만든 요리가 해당 과정을 통해 얻을 수 있는 '보상'이나 만족이다.

철자와 암산 학습용 소형 컴퓨터 장난감 역시 유사하다. 정답을 맞추면 기계에서는 유쾌한 '땡' 소리가 나오지만 답이 틀릴 경우에는 귀에

거슬리는 소음이 나온다. 여기서 '땡' 소리는 정답의 표시, 즉 보상이 되며 따라서 어린이들은 그 소리를 최대한 많이 듣기 위해 게임을 계속 진행한다.

19세기 말 러시아의 I. P. 파블로프(I. P. Pavlov)는 반사의 조건으로 보상을 설정함으로써 조건 반사 현상에 대한 이론을 과학적으로 정립했다. (개를 비롯한) 동물을 대상으로 진행됐던 이 실험은 인간에게도 적용 가능한 것으로 인식되었고, 여기에서 생리와 심리가 밀접하게 연관되어 있다는 관점이 등장했다. 행동주의로 알려진 이러한 심리학의 조류는 (21세기 초) 미국에서도 J. B. 왓슨(J. B. Watson)에 의해 크게 발전했으며 J. 듀이(J. Dewey)의 이론 등 다양한 교육학 이론으로 이어졌다. 또 다른 미국인 학자인 B. F. 스키너(B. F. Skinner)의 경우, 1930년대 진행한 연구를 기반으로 1957년 「언어행동론(Verbal Behavior)」을 출간했다. 그는 비둘기를 대상으로 한 실험을 통해 무조건적 또는 선천적 반사에 의존하지 않는 조작적 조건화(instrumental conditioning)(결과에 따른 선택) 개념을 발전시켰으며 연구 결과를 언어행동에 적용했다. 스키너의 이론은 반사 작용이 특정한 방식으로 훈련될 수 있다는 관점을 제시함으로써 어학 실습실에서 학습자들이 수행하도록 개발된 구조 연습의 발전에 기여했다. 여기에서 특히 필자의 관심을 끄는 부분은, 이들 학자들이 인간의 자유의지를 부정했다거나 행동이 수정될 수 있다는 연구 결과를 도출했다는 점이라기보다 보상의 힘을 발견했다는 점이다. 예측불가능한 역할극 상황에 수반될 수 있는 위험과 달리 번역 활동에는 상당히 많은 보상의 기회가 있다. 착각일 수도 있겠지만 그렇다는 인식은 분명히 있다. ST에 존재하는 문제를 해결했을 때 또는 ST의 어휘나 구문의 의미를 가장 적절히 전달한다고 생각되는 TL의 어휘나 구문을 발견했을 때 항상 승리감을 맛보지 않았는가? 우리는 최종 결과물에 뿌듯함을 느낄 수 있을 뿐 아니라 그 과정에서 '땡' 소리를 들을 기회도 여러 번 얻었던 것이다.

확신, 폐쇄, 자율성의 필요성

본 절에서는 우선 역할극 상황의 특징으로 인식되는 몇 가지 측면을 살펴본 뒤 이를 필자가 자율성의 필요성 가운데 일부라고 믿는 확신의 필요성과 연결해 고찰하고자 한다.

의사소통적 방법에서 학습자들은 다양한 과업을 TL로만, 그리고 학습된 적절한 반응에 상당 부분 의존해 완수해야 한다. 어떤 역할, 가령 약국에서 무언가에 대해 항의하는 역할을 수행한다고 할 때 그 역할을 만족스럽게 수행했는지를 누가 평가할 수 있는가? 실제로 약국에 있는 것이 아니기 때문에 수행한 역할을 구체적으로 측정할 수 있는 기준은 없다. 그 역할은 TL로의 의사소통 연습만을 위해 인위적으로 만들어진 것이다. 학습자 본인이 스스로의 역할 수행을 평가할 수도 없다. 학습자의 언어 기술이 적절했는지 아닌지에 대한 유일한 결정권자인 교수자에 전적으로 의존할 수 밖에 없다. 학습자가 수행한 역할은 순전히 일회성에 그치는 것으로, 갑자기 나타났다가 흔적도 없이 사라진다. 역할을 통제할 수 없을 뿐 아니라 오히려 역할의 통제를 받으며 교수자가 틀렸다고 하면 체면을 잃을 위험도 있다. 역할극은 그 자체로 개방적이며 예측불가능하다.

이제 번역을 생각해보자. 번역은 당연히 대부분 글로 되어 있지만, 무엇보다 중요한 것은 번역이 ST라는 가시적인 기준을 기반으로 '측정'할 수 있는 '결과물'을 생산해낸다는 점이다. 즉 학습자들이 역할극보다 훨씬 많은 성공의 방법을 파악할 수 있도록 한다는 점에서 확신을 주는 활동이다. 번역은 폐쇄적 활동으로 인식되고 번역되는 텍스트는 분명한 시작과 끝이 있으며 이를 통제하고 책임지는 것은 학습자들이다.

이러한 측면이 자율성에 대한 모든 학습자들의 필요에 부응하는가? 최근 학습자의 자율성, 즉 학습자들이 스스로의 학습을 주도해야 한다는 관점에 대한 연구가 증가하고 있는데, 여기서 핵심은 학습자들이 스스로 속도를 조절하고 필요한 부분을 예측하며 가장 적절한 학습 방법을 결정할 수 있다는 관점이다. 필자는 번역이 이러한 조건을 충족한다고 생각한다. 번역은 최소한 상대적으로 단순한 사람들에게는 완전히 투명하고 어떠한 '내용'이나 '관점'이 제공되거나 평가될 필요가 없는 활동이며 학습자는 자신이 자율성을 갖기 위해 필요한 모든 특징들을 갖추고 있다고 간주할 수 있다.

교육 심리학자들이 발전시킨 폐쇄적 기술과 개방적 기술이라는 개념이 여기에 적용될 수 있을 것 같다. 세갈로비치(Segalowitz, 1997, pp. 100-101)는 외국어 기술을 개방적 기술로 상정하고 폐쇄적 기술과 개방적 기술을 다음과 같이 정의했다.

> 폐쇄적 기술은 상대적으로 안정적인 환경에서 사용되는 것으로 기본적으로 특정한 신체적 또는 인지적 행위의 정확한 반복과 관련이 있다(예: 역기 들기, 암산). 반면, 개방적 기술은 상대적으로 예측 불가능한 환경에서 사용되는 것으로 해당 환경에 특정한 영향을 미치게 된다. [...] 폐쇄적 기술을 사용하는 사람은 환경에서 예상치 못한 변화가 나타날 가능성에 대해 지속적으로 주의를 기울일 필요가 없다. 반면, 개방적 기술을 사용하는 사람은 돌발 변수가 자신이 수행하는 활동의 목적 달성을 방해할 가능성에 항상 대비하고 있어야 한다.

이러한 주장은 필자의 인식과 일치하며 학습자들이 자신의 학습 방법에 대한 선호를 분명하게 드러낼 수 있다는 관점을 뒷받침한다. 물론 여기에는 외국어 학습자들의 목표라고 인식되는 부분(예: 우수한 구어 능력이나 문어 능력, 또는 단순한 시험 합격)에 대한 고찰이 수반되어야 하지만 본 고에서는 목표까지는 다루지 않고 번역이라는 '폐쇄적' 활동이 의사소통적 언어 교육에서 중시되는 개방적 활동에 비해 갖는 장점에 대해서만 논의하기로 한다.

내향적 성격에서 발생하는 필요성

의사소통적 방법과 번역에 대한 고찰이라는 맥락에서 필자는 우선 학습 방식, 다음으로는 내향성과 외향성에 초점을 맞추고자 한다. 가장 순수한 형태로 보면, 이들 두 가지 유형의 언어 학습 '방법'은 '학습 방식이라는 측면에서 크게 차별화되지 않는다'. 즉 학습자들은 개인의 정신적 기질과는 상관 없이 긍정적으로 반응한다. 하지만 좀 더 깊이 생각해보면 의사소통적 방법은 '위험 감수 성향이 강하고 외향적인 성격'과 활발한 '상호작용'에, 번역은 '신중하고 내향적인 성격'과 낮은 수준의 상호작용에 좀 더 적절하다. 이와 관련해 릭슨(Rixon, 1984, p. 28)은 다음과 같이 설명했다.

> 의사소통적 방법론은 통상 학습자들이 자신의 제한적인 외국어 능력을 최대한 활용할 수 있는 전략을 기르도록 돕기 위해 이들에게 위험을 감수하도록 하는 활동을 중심으로 진행된다.

릭슨은 나아가 문법 번역 방법으로 교육받은 학습자들의 약점도 지적했다. 하지만 본 고는 의사소통적 활동보다 번역을 선호하도록 하는 일련의 특성에 초점을 맞추고 있으므로 그 부분에 대한 언급은 하지 않겠다.

사람마다 성격이 다르듯 학습 방식도 분명 매우 다양하다. 부사토 외 3명(Busato et al., 1999)은 심리학과 학생을 대상으로 고등교육에서 학습 방식, 성격 특질, 성취 동기 간 관계를 연구했다. 여기에서 이들은 외향성(extraversion), 성실성(conscientiousness), 경험에 대한 개방성(openness to experience), 신경성(neuroticism), 친화성(agreeableness) 등의 '빅 5' 성격 특질을 베르문트(Vermunt, 1994)가 정의한 의미 지향적(meaning-directed), 재생산 지향적(reproduction-directed), 적용 지향적(applicationdirected), 무지향적(undirected) 등 네 가지 학습 방식과 연결하고자 했다. 여기서 관심을 갖는 부분은 성격 특질과 학습 방식의 개념이지만 다음과 같은 연구 결과도 참고로 소개한다(1994, p. 137).

> 가장 높은, 그리고 예측불가능한 상관관계는 '의미 지향적 학습 방식'[학습자들은 학습 자료에서 정확한 의미를 파악하고 이미 배운 것들을 연결시켜 자신만의 관점을 비판적으로 발전시키고자 한다(1994, p. 130)]과 '경험에 대한 개방성'[개방성은 동기와 다양성, 인지, 지각, 이해에 대한 수요와 관련이 있다] 사이에서 나타났다. (필자 강조)

이들 개념이 언어 학습에 어떻게 적용될 수 있는지는 아직 분명하지 않지만 이들의 주장은 직관적으로 충분히 설득력 있는 것으로 보인다.

반면, 성격과 언어 생성(speech production)에 대한 몇몇 연구는 제2언어 습득과 수행에 초점을 맞추고 있다. 드웰과 펀햄(Dewaele & Furnham, 2000, p. 356)은 다양한 출처를 바탕으로 외향적인 성격 특질을 보여주는 사람들에 대해 다음과 같이 설명했다.

> 성격 심리학자들의 연구에 따르면 [...] 외향적인 사람들은 단기 기억이 상대적으로 뛰어나며 제2언어 생성 시 스트레스에 좀 더 강하고 불안을 덜 느낀다.

이들은 또 다음과 같이 덧붙였다.

> 내향적인 사람들의 경우에는 사회적 불안을 좀 더 많이 느끼는데, 불안이 강해지면 주의 선택성(attentional selectivity)은 강화되고 주의력은 떨어진다. 아이젱크(M. W. Eysenck) 역시 내성적인 사람들은 불안이 강해지면 가용 작업기억 처리 능력이 약해진다고 주장하면서 "내성적인 사람들이 장기 기억이나 영구 저장 기억 내 정보에 접근하는 데 더 오래 걸리는 이유가 바로 여기에 있다"고 말했다. (아이젱크, 1982)

드웰과 펀햄은 외향적인 사람들이 스트레스에 좀 더 강한 것은 이들이 "자율 각성능력(automatic arousability)이 약하고 [...] 처벌 신호(punishment signal)에 둔감하기 [...]" 때문일 수 있다는 매튜와 돈(Matthew & Dorn, 1995)의 주장도 언급했다. 이처럼 "외향적인 사람들의 처리 특성은 이들이 (특히 언어적 자극 등) 방대한 정보의 흐름과 시간 압박에 대처할 수 있도록 도울 수 있다"는 것이다. 이러한 관점에 기반해 드웰과 펀햄은 다음과 같은 결론을 내린다(2000, pp. 362-363).

> 연구 결과에 따르면 상황의 격식성, 좀 더 구체적으로는 그로부터 발생하는 대인관계적 스트레스가 내향적인 사람들의 언어 생성 과정에 가장 강력한 영향을 미친다. [...] 공식적인 상황으로 인해 발생하는 스트레스는 내향적인 사람들의 두뇌에 과도한 각성을 불러일으키는데, 이로 인해 이들의 단기 기억에 과부하가 걸리면서 효율적 증가 과정이 영향을 받고 결과적으로 유창성이 훼손된다.

물론 외국어에 대한 불안이 고정적인 성격 특질은 아니며 학습 언어의 상대적인 지위 등 사회적인 요소와도 관련되어 있는 복잡한 현상이라는 가설도 함께 제기한다. 그럼에도 불구하고, 내향적 성격이 강한 사람들이 언어 생성, 나아가 의사소통적 방법을 통한 학습 상황에서 불리하다는 증거는 매우 설득력 있는 것으로 보인다. 내향성과 본 절에 앞서 소개한 네 가지 필요성(자신감 및 긍정적 자기 이미지 구축의 필요성, 체면 유지의 필요성, 보상의 필요성, 자율성의 필요성)은 서로 관련이 있을 수 있으며 고등교육 과정에서 외국어와 문화를 전공하는 학생들은 주로 그러한 (내향적 성격이 강한) 사람들일 가능성도 있다. 번역이 그처럼 인기를 끄는 이유가 바로 여기에 있을 수 있다. 번역이 이러한 모든 필요성을 충족시키는 것으로 보이기 때문이다.

필자는 번역이 무엇인가에 대한 시각이 대체로 편협하다는 사실을 충분히 인지하고 있으며, 따라서 '보인다'는 표현을 사용했다. 물론 필자 역시 드장 르 페알(Déjean le Féal, 1994, 1996)이 주장한 바와 같이 번역을 언어 학습 방법으로 활용하는 것의 단점을 잘 알고 있다. 특히 '결과물', 그리고 언어 간 표면적 등가라는 개념에만 초점을 맞추고 번역 활동에서 매우 중요한 인지적 측면은 간과한다는 문제가 지적될 수 있다. 하지만 필자는 이러한 방법을 평가하려는 것이 아니라 단순히 학습자들의 선호에 대해 언급하고자 하는 것이다.

본 고는 필자의 견해에서 출발해 그러한 견해에 대한 다섯 가지 설명을 제시하고 이들 설명을 제2언어 습득에 대한 다양한 문헌을 근거로 뒷받침하고자 했다. 특히, 논의의 초점은 고등교육에 있으며 그 밖의 다양한 요소들에 크게 영향 받는 중등교육으로까지 범위를 확대할 생각은 없다. 필자는 본 고를 통해 수 많은 학습자 (그리고 대학) 사이에 번역이 즐거운 활동으로 크게 각광을 받고 있는 원인을 고찰해보고자 했다. 하지만 의사소통적 교육 방법이 여전히 지배적인 위치를 차지하고 있음을 감안하면 교과과정을 설계할 때 내향적인 학습자들의 수요를 좀 더 반영할 필요가 있어 보인다.

참고
문헌

Bednar, R. L. & Peterson, S. R. (1995). *Self-esteem. Paradoxes and Innovations in Clinical Theory and Practice.* American Psychological Association.

Brown, P. & Levinson, S. (1978). *Politeness: Some Universals in Language Use.* Cambridge: Cambridge University Press.

Busato, V., Prins, F., Elshout, J., & Hamaker, C. (1999). "The Relation between Learning Styles, the Big Five Personality Traits and Achievement Motivation in Higher Education". *Personality and Individual Differences, 26,* 129-1401.

De Saussure, F. (1979). *Cours de linguistique générale.* Paris: Payot (first published 1916).

Déjean Le Féal, K. (1994) "Pédagogie raisonnnée de la traduction". *Terminologie et Traducation. 3,* 7-66. Luxembourg: Office des publications officielles des communautés européennes.

Déjean Le Féal, K. (1996). "La Formation de traducteurs professionnels". In P. Sewell & I. Higgins (Eds.), *Teaching Translation in Universities* (pp. 31-44). London: AFLS/CILT.

Dewaele, J.-M. & Furnham, A. (2000). "Personality and Speech Production: a Pilot Study of Second Language Learners". *Personality and Individual Differences, 28,* 355-365.

Diderot, D. (1762). *Le Neveu de Rameau,* Nouveaux Classiques. Paris: Larousse 1972.

Ellis, R. (1994). *The Study of Second Language Acquisition.* Oxford: Oxford University Press.

Eysenck, M. W. (1982). *Attention and Arousal, Cognition and Performance.* Berlin: Springer-Verlag.

Hymes, D. H. (1971). *On Communicative Competence.* Philadelphia: University of Pennsylvania Press. Preprinted in J. Pride & J. B. Holmes (Eds.), *Sociolinguistics* (1972). London: Penguin.

MacIntyre, P., Kimberley, N., & Clément, R. (1997), "Biases in Self-Ratings of Second Language Proficiency - the Role of Language Anxiety". *Language Learning, 47* (2).

Matthews, G. & Dorn, L. (1995). "Cognitive and Attentional Processes in Personality and Intelligence". In D. H. Saklofske & M. Zeidner (Eds.), *International Handbook of Personality and Intelligence* (pp. 367-396). New York: Plenum Press.

Pavlov, I. P. (1926). *Lectures on Conditioned Reflexes.*

Rixon, S. (1984). "Language Learning Theories and their Implications for the Classroom". In D. Sidwell (Ed), *Teaching Languages to Adults.* London: CILT.

Segalowitz, N. (1997). "Individual Differences in Second Language Acquisition". In A. de Groot & J. Kroll (Eds.), *Tutorials in Bilingualism.* New Jersey: Lawrence Erlbaum Associates.

Skinner, B. F. (1957). *Verbal Behaviour.* New York: Appleton-Century-Crofts, Inc.

Spolsky, B. (1989). *Conditions for Second Language Learning.* Oxford: Oxford University Press.

Vermunt, J. (1994). *Inventory of Learning Styles in Higher Education; Scoring Key for the Inventory of Learning Styles in Higher Education.* Tilburg: Tilburg University.

12장

까다로운 L2 구조 학습에서 번역 연습과 빈칸 채우기 연습의 효과 비교: 경험적 연구의 예비 결과

마리 쾰크비스트(Marie Källkvist)

서론

번역은 언어 교육 환경에서 수 백 년 동안 활용되어 왔으며, 맘크야어(Malmkjær, 1994, p. 123)가 주장한 바와 같이 번역의 활용에 대해서는 다양한 찬반 주장이 "반복적으로 제기되어왔다(well-rehearsed)". 반면, 번역을 제2언어(L2) 능력 향상에 활용하는 문제에 대해서는 경험적 연구가 거의 이루어지지 않은 상태다. 전세계 대학들이 재정 감축에 따라 수업 시간을 줄이고 있음을 감안할 때 교육 및 학습 자료를 평가해야 할 필요성은 그 어느 때보다 높아지고 있다고 할 수 있다.

본 연구는 번역이 L2 능력에 미치는 효과에 대한 경험적 연구가 부재하다는 인식에서 출발, L1에서 L2로의 번역 연습과 L2로의 직접 연습이 스웨덴어가 L1인 고급 성인 영어 학습자의 통사형태적 정확성에 미치는 영향을 비교하고자 한다. (번역과 같이) L1과 L2 간 비교를 포함하는 연습에서는 그렇지 않은 연습에서보다 인지 처리가 깊이 있고 정교하게 이뤄지며 이에 따라 기억 보존도 향상된다는 근거가 있다(험멜

(Hummel), 1995 참고). 본 연구의 목적은 이처럼 기억 보존이 향상되는 현상을 번역 연습 경험이 있는 학습자들의 형태통사론적 정확성에 대한 시험을 통해 추적할 수 있는지를 고찰하는 데 있다. 이를 통해 소위 '문법 번역' 방법 활용의 유용성을 뒷받침하는 것이 아니라 번역을 L2 수업 시간에 활용할 여지가 있는지, 그렇다면 적합한 부분은 어디인지를 규명하고자 한다.

언어적으로 동질적인 외국어 학습자 집단 대상의 번역 활용과 관련해 자주 제기되는 찬반 주장은 이미 맘크야어(1998)와 숄다거(본 서 제10장 참고)에 일목요연하게 정리되어 있는 만큼 본 고에서는 생략하기로 한다. 대신, 본 연구의 예비 결과를 제시하기에 앞서 이 문제와 관련해 지금까지 진행된 몇 건의 경험적 연구를 소개하고자 한다.

지금까지 진행된 경험적 연구

L2 학습자와 번역에 대해서는 L2 학습자와 전문 번역사가 번역 시 선택하는 과정과 전략을 규명하기 위한 연구가 진행되었다(바보사와 네이바(Barbosa & Neiva), 2003; 프레이저(Fraser), 1995, 1996; 엥크비스트(Enkvist), 1994; 크링스(Krings), 1987; 뢰르셔(Lörscher), 1993; 오무라(Omura), 1996; 우자와(Uzawa), 1994, 1996 등 참고). 하지만 번역이 L2 학습자의 정확성에 미치는 '효과'에 대해서는 관심이 높지 않았다. 방대한 문헌 검토 결과, 관련 선행 연구는 불과 두 건(베르그렌(Berggren), 1972; 슬라비코바(Slavikova), 1990)[1)]에 그쳤는데, 이들 모두 외국어로 교실 수업을 받는 학습자들을 대상으로 진행됐다.

슬라비코바(1990)는 이탈리아어(L2)에서 영어(L1)로의 번역 연습이 초급 성인 학습자의 이탈리아어 능력에 미치는 영향을 연구했다. 이 연구는 '번역 활용과 학습자의 L2 능력 향상 사이에는 상관관계가 있는가?'라는 연구 문제를 설정하고 3개월 동안 번역 수업을 받은 학습자와 그렇지 않은 학습자 두 개 집단으로 연구 대상을 나누었다. 3개월 후 두 개 집단을 "형태통사적 능력", "의미 능력", "사회언어적 능력" 등 "세 가지 측면의 능력"(1990, pp. 101-102)을 기준으로 측정한 결과, 번역 수업을 받은 집단은 의미 능력과 사회언어적 능력에서 더 높은 점수를 받은 반면 번역 수업을 받지 않은 집단은 형태통사적 능력에서 약간 더 높은 점수를 받았다. 하지만 이러한 차이가 통계적으로 유의미하지는 않았기 때문에 연구 대상에게 제공된 수업은 슬라비코바가 자신의 도구를 통해 측정한 세 가지 측면의 능력에 큰 영향을 미치지 않았다고 볼 수 있다.

베르그렌(1972)의 경우, 어휘적 측면에 초점을 맞춰 연구를 진행했다. 영어를 학습하는 스웨덴 학부생 120명(데이터 수집 전 약 8년 동안 영어로 교실 수업을 받은 경험이 있는 고급 학습자)이 45분짜리 수업을 받기 전과 후 L2(영어)의 '여덟 개의 어휘 및 표현'(1972, p. 12)를 어떻게 사용하는지를 조사했다. 베르그렌은 이들 연구 대상을 총 16개 집단으로 나누어 연구를 진행했다. 좀 더 구체적으로는, 수업을 두 가지 유형으로 나누어 57명에게는 하나의 텍스트를 스웨덴어에서 영어로 번역하도록, 63명에게는 해당 텍스트를 영어로 정독하도록 하고 이들 2개 집단을 다시 각각 8개 집단으로 나누었다. 텍스트는 그림 시리즈에서 발췌한 것으로 원저자는 2명의 영어 원어민이었으며 총 수업 시간은 45분이었다. 수업에 참여한 교수자는 여러 명이었지만 이들 모두 학습자들과의 토론에서 어떠한 어휘, 구문, 구조를 논의할지에 대한 구체적인 지시를 전달받았다. 즉 '번역'과 '정독'을 수행한 학습자들은 모두 동일한 구문과 어휘를 접했으나, 번역을 수행한 집단만 이들 구문과 어휘를 자신들의 스웨덴어 번역과 비교한 것이다. 또, 45분 수업에 앞서 120명 전원에게 그림 시리즈를 묘사하는 글을 작성하도록 한 뒤 1주일 후 똑같은 작업을 하도록 했다. 동일한 작업을 두 번째 수행할 때 얼마나 진전이 있었는지를 측정하기 위한 것이다.

연구 결과, 베르그렌은 번역의 활용이 "부정적인 영향을 미치지 않았다"는 결론을 내렸다(1972, p. 19). 번역 집단에서 나타난 간섭 오류가 정독 집단보다 적었기 때문이다. 게다가 "수업 후 정확성이 떨어진 표현의 수를 비교한 결과, 번역 연습이 집중적인 읽기 연습보다 효과적인 것으로 나타났다"(1972, p. 19)는 결과도 제시했다. 하지만 베르그렌은 수업 후 측정 결과에서 나타난 이러한 차이를 통계적으로 검증하지는 않았다.

번역을 수행한 학습자들이 "스웨덴어와 영어 용법 간 차이"(베르그렌, 1972, p. 9)가 나타나는 어휘와 구문에 특히 초점을 맞추었다는 점을 감안할 때 이들 사이에 간섭 오류가 상대적으로 적게 나타났다는 사실은 어찌 보면 당연할 수 있다. 반면, 정독 집단 학습자들은 동일한 어휘와 구문을 배웠지만 이를 스웨덴어와 직접적으로 비교하지는 않았다.

이 두 건의 연구에서 도출할 수 있는 결론은 L2 능력 향상과 관련한 번역의 효과와 가치라는 문제에 대해서는 앞으로 연구해야 할 부분이 매우 많다는 점이다.

프로젝트 개요: 연구 초점과 연구 문제

현재까지 진행 중인 본 연구는 L2의 형태통사(어휘는 제외)에만 초점을 맞추고 있다. L2 학습 향상을 위해 번역 연습을 활용하는 것은 학습자들이 연습을 통해 문법 규칙에 대한 명시적 지식을 지속적으로 적용해봄으로써 그러한 규칙을 일반화하고 목표언어의 구조를 정확하고 자동적으로 사용할 수 있는 능력을 기르도록 돕는 데 목적이 있다고 보기 때문이다. 번역 연습을 통해 어휘(예: 문화 특정적 어휘)를 다룰 수는 있지만 이를 교육/학습하는 것은 다른 문제다. 이는 학습자의 L2 문법 체계 중 일부를 재구성하는 것(예: '영어에서는 대상을 통칭하는 불가산 명사에 관사를 붙이지 않는다'라는 원칙을 배우는 것)이라기보다 특정 어휘에 대한 인식을 제고하는 과정이다.

이에 따라 본 연구가 설정한 첫 번째 연구 문제는 다음과 같다.

1. 번역 연습 경험이 있는 학습자들은 (a) 스웨덴어에서 영어로 '번역'할 때와 (b) 영어로만 '직접 과업을 수행'할 때 L2만으로 (동일한 구조에 대한) 쓰기 연습을 수행한 학습자들만큼 영어에서 뛰어난 형태통사적 정확성을 보이는가?

본 연구는 선행 연구와 논리적 추론에 기반해 동일한 명시적 문법 교육을 받지만 연습 방법은 다른 2개의 학습자 집단은 형태통사적 정확성 시험에서 유사한 결과를 보일 것이라는 가설을 세웠다. 그리고 이를 확인하기 위해 능력의 수준은 동일하지만 문법적 요소는 '배우지 않는' 영어 학습자로 구성된 또 하나의 집단까지 포함해 연구를 진행하기로 했다. 이 집단은 'No Grammar'를 줄여 'NoG' 집단으로 지칭하기로 한다. 이들이 수강하는 수업은 영어로 소설을 읽고 이에 대해 에세이를 작성하는 방식으로 진행됐으며 문법에는 크게 중점을 두지 않았다.

이를 바탕으로 설정한 두 번째 연구 문제는 다음과 같다.

2. L2인 영어로 집중적인 읽기 및 쓰기 교육을 받았으나 형태문법적 구조 사용에 대한 명시적 교육은 받지 않은 학습자들은 (a) 스웨덴어에서 영어로 '번역'할 때와 (b) 영어로만 '직접 과업을 수행'할 때 '번역 연습' 또는 '목표 언어만 사용하는 연습' 경험이 있는 학습자들만큼 쓰기에서 뛰어난 형태통사적 정확성을 보이는가?

연구 방법

첫 번째 연구 문제와 관련해서는 실험 연구 방법을 가급적 충실히 따랐으며 데이터는 스웨덴 한 대학의 실제 교육 환경에서 수집했다. 모든 영어 전공자(첫 학기 학생 약 55명)를 본 연구의 목적에 맞춰 2개의 집단에 무작위 배정한 뒤 한 영어 문법 과목에서 실험적 처치를 진행했다. 첫 번째 집단은 문법 책에 제시된 구조에 초점을 맞춘 번역 연습을, 두 번째 집단은 동일한 구조에 초점을 맞춘 L2 연습을 지속적으로 수행했다. 첫 번째 집단은 'Translation'의 약자를 사용해 'T' 집단으로, 두 번째 집단은 'No Translation'을 줄여 'NoT' 집단으로 부르기로 한다.

이 문법 과목은 실험 대상 학습자들이 첫 학기 동안 수강했던 몇 개 과목 중 하나로, 해당 학기 전체 학점의 15%를 차지했으며 학습자들이 해당 학기에 수강한 기타 과목의 내용은 두 집단 모두 동일했다(음성학, 영어 음운론, 영국과 미국의 문화와 사회, 영문학의 역사와 문학 분석, 말하기 능력, 에세이).

하지만 NoG 집단까지 포함할 경우 실험 조건은 약간 달라진다. NoG 집단과 T 집단 및 NoT 집단은 번역 외에 몇 가지 변수에서 차이가 있기 때문이다. NoG 학습자들은 고등학교 최고 학년이었으며 교수자 역시 달랐다. 게다가 이들은 무작위로 추출된 것이 아니라 기존 집단(intact group)이었으며 영어 수업 외에 다른 과목도 듣고 있었다. 따라서, NoG 집단과 나머지 두 개 집단 간 연구 결과의 차이는 확정적이라기보다 가설을 설정하는 정도라는 점을 밝혀둔다.

연구 대상

연구 대상 모두 스웨덴어가 모국어였으며 T 집단과 NoT 집단 구성원의 연령은 19~37세였다(다만, 25세 이상은 소수였다).

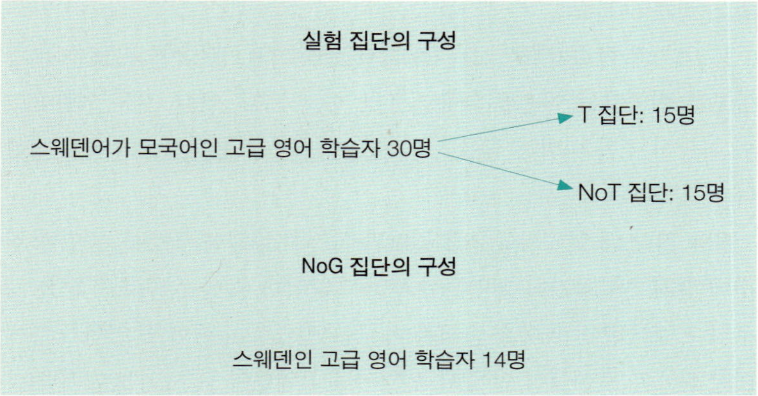

그림 1. 세 집단 내 연구 대상의 구성

반면, NoG 집단 구성원은 18~19세였으며 모두 데이터 수집 전까지 8~9년 동안 영어 수업을 받아온 고급 단계의 학습자들이었다. 각 집단의 구성은 그림 1과 같다.

총 13주로 이뤄진 학기 중 출석률이 100%인 학생만 연구 대상에 포함됐으며 T 집단과 NoT 집단이 모두 15명으로 구성된 것은 우연이다.

실험적 처치

T 집단과 NoT 집단의 학습자들이 문법 수업에서 접했던 교육과 연습 자료는 학습자들에게 영어 문법 분석을 소개하고, 특정 구조를 명시적으로 가르친 뒤 이를 생산하는 연습을 하도록 함으로써 이들의 영어 능력을 향상시키는 데 목적이 있었다.[2)] 이 수업은 (스웨덴어와 영어 품사 간 주된 차이점을 다루는 프레젠테이션에 기반해) 전통적 방식으로 진행됐으며 언어 구조에 대한 간략한 프레젠테이션 후 학습자들에게 일련

의 연습을 하도록 했다. 실험적 처치는 13주 간 진행됐으며 90분 수업 총 15회로 구성됐다.

T 집단 내 학습자들에게는 (짧은) 텍스트 전체, 문장 전체, 또는 문장 일부를 번역하는 연습을 지속적으로 수행하도록 했다. 모든 연습은 2인 이상이 조를 이뤄 수행했고 이후 교수자가 수업 전체 토론을 진행했다.

NoT 집단 내 학습자들은 T 집단과 완전히 동일한 구조를, 동일한 회수에 걸쳐 연습했으나 번역은 수행하지 않았다. 이들은 주로 빈칸을 채우거나 영어 문장의 어휘 순서를 바꾸는 연습을 수행했다. 언어 구조에 대한 발표와 토론에서 이 집단은 영어와 스웨덴어 간 차이에 대해 언급하지 않았다.

NoG 집단은 영어로 소설을 읽고 수업 시간에 이에 대해 토론한 뒤 에세이를 작성해 제출하고 점수를 받았다.

시험 절차

1주차 첫 수업에서 모든 학습자들에게 선다형 시험, 번역 시험, 다시 쓰기 등 세 가지 과업으로 구성된 예비 시험을 치르도록 했으며, 모든 처치가 종료된 13주차에 동일한 시험을 다시 치르도록 했다. 또, 이러한 예비 시험 및 사후 시험과 함께 3주차에는 훨씬 더 짧은 두 건의 '중간 시험(interval test)'을 실시했다. 중간 시험은 1주일 간의 학습 결과를 측정하기 위한 것으로, 한 개의 문법 구조만 다루고 있었다. (반면, 예비 시험 및 사후 시험은 13주에 걸쳐 배운 몇 가지 문법 구조를 다루고 있었다). 예비 시험 및 사후 시험 데이터에 대한 분석이 아직 완료되지 않은 관계로 본 고에서는 '중간 시험'의 결과만 소개하기로 한다. 연구 절차는 그림 2와 같다.

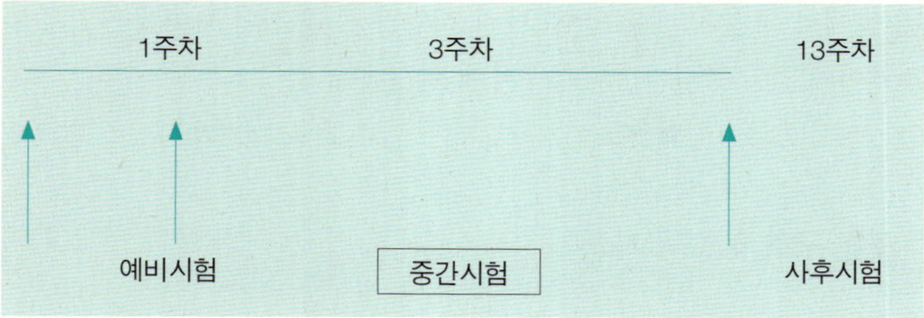

그림 2. 연구 절차

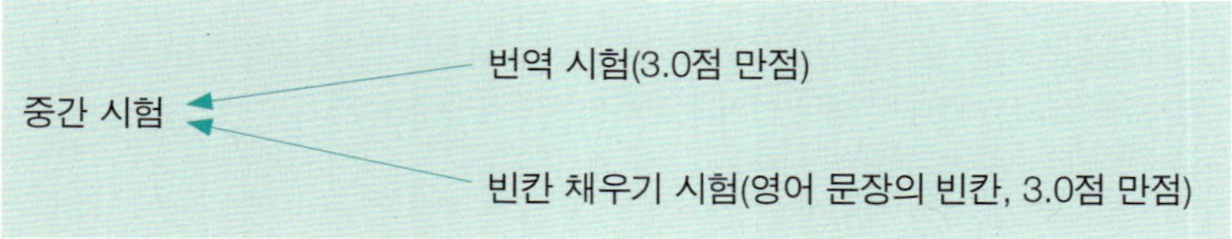

그림 3. 중간 시험의 구성

중간 시험은 3주차에 단 한 차례만 진행됐다. 시험은 1주차 수업에서 배운 한 개의 문법 구조, 즉 영어의 명사구에서 정관사 사용 여부에 대한 학습 결과를 측정하기 위한 것이었다. 중간 시험에서 다루는 문법 구조가 예비 시험(번역 과업)에도 포함되어 있었으므로 이 구조에 대한 각 학습자와 각 집단의 중간 시험 점수를 예비 시험 점수와 비교해보았다.

중간 시험은 번역 시험(부록 1 참고)과 영어 문장의 빈칸 채우기 시험(부록 2 참고)[3] 등 두 가지 과업으로 구성되어 있었다.

두 가지 과업 모두 완전히 동일한 구조에 대한 학습 결과를 측정하기 위한 것이었으며 빈칸 채우기는 (영어 원어민이 수행한) 번역 과업의 결과물을 기반으로 진행됐다. 학습자들은 번역 과업 후 필요한 곳에 정관사를 넣는 빈칸 채우기 과업을 수행했는데, 텍스트는 이들이 방금 번역한 스웨덴어 텍스트의 번역본이었다.

NoG 집단 역시 동일한 예비 시험, 사후 시험, 중간 시험을 동일한 조건 하에서 치렀다. 예를 들어, 예비 시험과 사후 시험 사이에는 13주의 간격이 있었고 중간 시험은 3주차에 실시됐다.

문법 구조 및 교육 자료

중간 시험 대상 문법 구조는 다음과 같다.

- 대상을 통칭하는 불가산 명사(예: British industry) 및 대상을 통칭하는 복수 가산 명사(예: food prices)에 대한 영어 정관사의 사용 또는 생략[4)]

두 개의 실험 집단에 대한 실험적 처치는 다음과 같다. T 집단에는 문장 19개를 번역하도록, NoT집단에는 빈칸이 포함된 문장 19개에 필요한 정관사를 채워 넣도록 했다. 구체적인 예시는 다음과 같으며 (2)는 (1)을 번역한 것이다.

(1) Föroreningarna utgör ett hot mot miljön.

(2) ___________ pollution is a threat to _______ environment.

앞서 언급한 바와 같이 NoG 집단은 명시적인 문법 교육은 받지 않았다.

연구 결과를 고찰하기에 앞서 이러한 유형의 연구에 수반되는 한계와 문제점을 간략히 설명하고자 한다.

한계와 문제점

다음 절에서 소개할 T 집단과 NoT 집단에 대한 연구 결과는 두 개의 서로 다른 집단에 두 가지 다른 처치를 했을 때의 효과에 대한 검토에 기반하고 있다. 이러한 연구 방법은 연구 대상 외의 변수를 통제하기가 상대적으로 용이한 자연 과학과 의학에서 자주 사용되고 있다. 하지만 인간의 학습에 대한 종적 연구에서는 결과에 영향을 줄 수 있는 원치 않는 변수를 통제하는 작업이 훨씬 더 어렵다. 본 연구에서는 적성, 동기 등 학습에 영향을 미치는 개인별 특성이 학습자마다 다를 수 있다는 점, 학습자들이 학습에 영향을 미칠 수 있는 수업 외 활동에 참여하고 있을 수 있다는 점이 이러한 변수에 해당한다.

이들 변수를 완전히 통제하기는 불가능하며 그 효과 역시 배제할 수 없다. 따라서, 이를 부분적으로나마 통제하기 위해 설문조사를 통해 동기, 수행 노력, 이전의 영어에 대한 노출 경험, 학습 습관 등을 파악했다. 예를 들어, NoT 집단 학습자들이 집에서 별도로 번역을 활용한 연습을 하지 않는지를 확인할 필요가 있었는데, 조사 결과 영어 교과과정 전체에서 요구하는 학습량이 매우 과중했기 때문에 학습자들은 그러한 연습에 시간을 전혀 할애하지 못하고 있었다.

좀 더 구체적으로는, 설문조사를 통해 학습자들에게 동기와 수행 노력(1-5점 척도), 여유 시간에 영어에 노출되는 빈도와 그 성격, 영어권 국가에서 머문 기간과 수행한 활동 등에 대해 질문했다. 학습자들은 자신의 응답(과 사전 및 사후 시험 결과)이 연구 프로젝트에 사용될 것임을 알고 있었으며, 솔직하게 답변해야 연구의 타당성을 확보할 수 있다는 설명도 들었다. 특히, 동기와 수행 노력에 대한 이들의 답변은 필자가 90분 수업에서 학습자들에게 받았던 인상과 일치하는 것으로 나타났다. 하지만 그럼에도 불구하고, 이들의 답변에는 어느 정도의 주관이 개입됐을 가능성도 여전히 남아 있다.

그럼에도 불구하고, 이러한 연구에서 몇 가지 변수는 통제하기가 상당히 어렵다. 예를 들어, 학습자 개인별 주의 집중 시간의 차이나 피로, 스트레스 등으로 특정 학습자의 주의 집중 정도가 떨어질 가능성은 통제하기 힘들다. 또, 학습자 간 언어 적성 수준 차이를 통제하기 위해서는 매우 오랜 시간에 걸쳐 시험을 진행해야 한다.

반면, 학습 대상 언어 구조에 대한 학습자의 이전 능력, (두 개 실험 집단에 대한) 교수자, (출석부를 통한) 출석 등의 변수는 통제할 수 있었다.

결과 1: 번역 시험 및 빈칸 채우기 시험 결과

두 개 시험 집단(T 집단 및 NoT 집단)은 중간 시험을 단순히 연습으로 알고 치렀으며, 필자는 결과물을 채점한 뒤 다음 수업 시간에 돌려주었다. NoG 집단 학습자들에게는 아무 설명 없이 번역과 빈칸 채우기 과업을 수행하도록 했다. 번역 시험과 빈칸 채우기 시험 모두 3개의 시험 항목으로 구성되어 있었으며 만점은 각각 3점이었다. 중간 시험 결과, 그리고 학습 대상 언어 구조에 대한 사전 시험 점수, 동기, 수행 노력은 표 1에 제시돼 있다.

표 1. 학습 대상 언어 구조에 대한 사전 시험 평균 점수, 동기 및 수행 노력 평균 점수, 중간 번역 시험 및 빈칸 채우기 시험 평균 점수

	T 집단(N=15)	NoT 집단(N=15)	NoG 집단(N=14)
사전 시험 점수(4점 만점)	0.27	0.33	0.67
동기(5점 만점)	4.20	3.80	3.40
수행 노력(5점 만점)	3.80	3.30	0.73
번역 시험(3점 만점)	1.53	1.53	0.73
빈칸 채우기 시험(3점 만점)	2.00	2.40	1.00

표에서 알 수 있듯, 학습 대상 언어 구조에 대한 '사전 시험 평균 점수'는 4점 만점 가운데 T 집단이 0.27점, NoT 집단은 0.33점, NoG 집단은 0.67점 등으로 세 개 집단이 유사했다. 이는 사전 시험 가운데 번역 관련 시험 항목 4개의 점수에 기반한 것으로, 세 개 집단 모두 실험적 처치 전에는 해당 언어 구조에 대한 능력이 낮았음을 알 수 있다.

동기의 경우, T 집단의 평균 점수가 가장 높았으며(5점 만점 중 4.2점)[5] NoT 집단과 NoG 집단은 각각 3.8점, 3.4점을 기록했다. 수행 노력에서도 T 집단이 5점 만점 중 평균 3.8점으로 가장 높은 점수를 기록했으며[6] NoT 집단은 3.3점, NoG 집단은 3.2점이었다. 즉 T 집단 학습자들이 평균적으로 동기가 좀 더 강하고 수행 노력 점수 역시 가장 높은 반면, NoG 집단 학습자들은 동기가 가장 약하고 수행 노력 수준도 가장 낮은 것으로 조사됐다.

표 1의 마지막 2개 행에 제시된 중간 시험의 두 가지 과업 수행 결과를 살펴보면, '번역' 시험에서 두 집단(T 집단 및 NoT 집단)은 정확성에 대한 평균 점수가 3점 만점 가운데 1.53점으로 동일했다. 반면, NoG 집단은 0.73점에 그쳐 사전 번역 시험(4점 만점 중 0.67점)과 비교해 능력이 거의 향상되지 않은 것으로 나타났다.

'빈칸 채우기' 시험에서는 세 집단 모두 번역 시험에서보다 높은 점수를 기록했다. 다만, NoG 집단은 3점 만점 중 평균 1점을 기록하면서 여기서도 다른 두 집단(T: 2.0점, NoT: 2.4점)에 비해 점수가 낮았다.

표 1에서 가장 중요한 결과는 다음과 같다. (1) NoT 집단은 중간 '번역' 시험에서 T 집단만큼 높은 점수를 받았다. (2) NoT 집단은 '빈칸 채우기' 시험에서 T 집단보다 높은 점수를 받았다. (3) 모든 집단은 번역 시험에서보다 빈칸 채우기 시험에서 높은 점수를 기록했다. 다만, 시험 항목의 수가 3개로 매우 적은 만큼 이는 잠정적인 결과로 보아야 한다. 연구 대상의 수 역시 제한적이었기 때문에 추리 통계적 분석을 진행하지 않았으며, 따라서 이들 세 집단에 대한 결과의 차이가 우연히 발생

했을 수도 있다. 하지만 이 가운데 두 개의 결과에 대해서는 논리적인 설명이 가능하다. 즉 NoG 집단은 문법 교육을 명시적으로 받지 않았고 학습 대상 언어 구조를 활용한 연습도 수행하지 않았기 때문에 점수가 상대적으로 낮았으며, NoT 집단은 빈칸 채우기 시험이 수업 시간에 수행한 연습과 동일한 형식으로 구성되어 있었기 때문에 해당 시험에서 상대적으로 높은 점수를 받았다고 볼 수 있다.

설문조사를 통해 학습자들의 동기 및 수행 노력에 대한 정보를 파악한 만큼 동기 및 수행 노력 점수가 동일한 학습자들에 대한 연구 결과를 별도로 계산하는 등의 방법을 통해 이들 변수를 부분적으로나마 통제할 수 있다. 즉 동기 및 수행 노력에 대한 평균 점수가 5점 만점 가운데 5점인 학습자들을 대상으로 시험 평균 점수를 계산했는데, 이에 해당하는 학습자는 T 집단에서 5명, NoT 집단에서 5명, NoG 집단에서는 3명으로 매우 소수에 그쳤다.

표 2는 이들 학습자들에 대한 연구 결과를 정리한 것으로, 이를 통해 T 집단과 NoT 집단의 결과가 매우 유사함을 알 수 있다. 이들 집단은 사전 시험에서 동일한 평균 점수를 기록했는데, 이들의 동기에 대한 평균 점수는 같았고 수행 노력에 대한 평균 점수는 각각 4.2점과 4.0점으로 비슷했다.

표 2. 동기에 대한 평균 점수가 5점인 학습자들의 평균 점수

	T 집단(N=5)	NoT 집단(N=5)	NoG 집단(N=3)
사전 시험 점수(4점 만점)	0.4	0.4	0.7
동기(5점 만점)	5.0	5.0	5.0
수행 노력(5점 만점)	4.2	4.0	4.0
번역 시험(3점 만점)	1.6	2.6	0.7
빈칸 채우기 시험(3점 만점)	2.2	2.6	1.0

무엇보다 가장 흥미로운 결과는 T 집단이 중간 '번역' 시험에서 정확

성에 대한 평균 점수 1.6점을 기록, NoT 집단의 평균(2.6점)보다 낮은 점수를 받았다는 사실이다. 이는 동기에서 가장 높은 점수를 기록한 NoT 학습자들이 학습 대상 언어 구조를 활용해 번역 연습을 수행하지 않았음에도 불구하고 중간 번역 시험에서 매우 우수한 점수를 기록할 수 있었음을 의미한다. 다만, 이러한 놀라운 연구 결과에는 좀 더 면밀한 점검이 필요하다. 예를 들어, 한 명 또는 몇몇 학습자들이 특히 잘했거나 못했기 때문에 이러한 결과가 나타난 것인지 여부 등을 검토할 필요가 있다.

결과 2: 세부적인 중간 번역 시험 결과

표 3은 동기 점수가 5점인 T 집단 내 학습자 5명 전원의 중간 '번역' 시험 결과에 대한 기술 통계적 정보를 제공한다.

표 3에서 가장 중요한 결과는 네 번째 열에 제시된 내용이다. 여기 제시된 수치에 기반해 각 학습자들의 '학습' 점수를 산출하면 다음과 같다. 각 학습자의 '사전 시험 점수'(3점 만점)에서 '사전 시험 점수'(4점 만점 중 T6 1명만 0점 이상을 받음)를 차감해 동기가 매우 강한 T 집단 학습자의 학습 점수를 산출한 결과, 평균은 1.2점이었다. 여기서 이 집단이 받은 학습 점수 총계 6점[7]을 '받을 수 있는' 최고 학습 점수인 13점[8]으로 나누면, 이 집단 학습자들이 사전 시험부터 중간 번역 시험까지 얼마나 향상('학습')됐는지를 산출할 수 있다. 이러한 방식으로 산출한 총 학습 점수는 46%(6/13)인데, 이는 이 집단 학습자들이 (사전 시험부터 중간 번역 시험까지) 향상될 수 있는 최대 수준의 46%를 달성했음을 의미한다.

표 3. 동기가 매우 강한 T 집단 학습자의 개인 별 시험 결과

학습자(N=5)	사전 시험 점수 (4점 만점)	사전 시험 점수 (3점 만점)	'학습' (사전 시험 점수와 사전 시험 점수의 격차)	동기 (1-5점)	수행 노력 (1-5점)
T2	0	3	3	5	4
T4	0	2	2	5	4
T6	2	2	0	5	5
T10	0	0	0	5	4
T12	0	1	1	5	4
평균	0.4	1.6	1.2	5.0	4.2

표 4는 동기가 매우 강한 NoT 집단의 중간 '번역' 시험 결과를 보여준다. (이 집단은 전체적으로 T 집단보다 높은 점수를 기록했다.)

이 집단 학습자들의 평균 학습 점수는 2.2점(네 번째 열 마지막 행)으로, T 집단 평균 학습 점수인 1.2점을 웃돈다. T 집단에 적용한 것과 동일한 방법으로 NoT 집단의 학습 점수를 산출한 결과, 이 집단은 '사전 시험'부터 '중간 번역 시험'까지 향상될 수 있는 최대 수준의 85%를 달성해 T 집단의 46%를 훨씬 상회하는 것으로 나타났다.

표 4. 동기가 매우 강한 NoT 집단 학습자의 개인 별 시험 결과

학습자(N=5)	사전 시험 점수 (4점 만점)	사전 시험 점수 (3점 만점)	'학습' (사전 시험 점수와 사전 시험 점수의 격차)	동기 (1-5점)	수행 노력 (1-5점)
NoT 3	2	2	0	5	5
NoT 4	0	3	3	5	4
NoT 12	0	2	2	5	5
NoT 13	0	3	3	5	3
NoT 15	0	3	3	5	3
평균	0.4	2.6	2.2	5.0	4.0

그렇다면, 동기 점수가 5점 미만인 T 집단과 NoT 집단 내 다른 학습자들에게서도 이와 유사한 차이가 발견되는지를 확인할 필요가 있다. 표 5는 T 집단 내 나머지 학습자 10명의 점수를 보여준다.

이들 학습자들의 평균 학습 점수는 1.4점으로, 동기가 매우 강한 학습자들의 1.2점보다 오히려 높은 것으로 나타났다. 이들이 달성한 향상률은 46%로 동기가 매우 강한 학습자들과 동일하게 나타났다.

표 5. 동기가 상대적으로 약한 T 집단 학습자의 시험 결과(N=10)

학습자(N=5)	사전 시험 점수 (4점 만점)	사전 시험 점수 (3점 만점)	'학습' (사전 시험 점수와 사전 시험 점수의 격차)	동기 (1-5점)	수행 노력 (1-5점)
T 1	0	1	1	4	4
T 3	0	2	2	4	3
T 5	0	2	2	4	4
T 7	0	0	0	4	4
T 8	0	1	1	4	4
T 9	0	2	2	3	2
T 11	0	1	1	3	3
T 13	0	2	2	4	4
T 14	2	2	0	4	4
T 15	0	2	2	4	4
평균	0.2	1.5	1.4	3.8	3.6

표 6은 동기가 상대적으로 약한 NoT 집단 학습자들의 시험 결과를 보여준다.

이들의 시험 결과는 일반적으로 예상할 수 있는 것이었다. 이들의 평균 학습 점수는 0.9점으로, 동기가 강한 NoT 집단 학습자들의 2.2점보다 현저히 낮았으며 동기가 상대적으로 약한 T 집단 학습자들의 1.4점도 밑돌았다.

또 한 가지 중요한 결과는 이 집단 학습자들의 향상률이 26%로 동기가 상대적으로 약한 T 집단 학습자들의 46%를 크게 하회했다는 사실인데, 이 역시 예상 가능하다.

표 6. 동기가 상대적으로 약한 NoT 집단 학습자의 시험 결과(N=10)

학습자(N=5)	사전 시험 점수 (4점 만점)	사전 시험 점수 (3점 만점)	'학습' (사전 시험 점수와 사전 시험 점수의 격차)	동기(1-5점)	수행 노력 (1-5점)
NoT 1	0	0	0	3	3
NoT 2	0	1	1	4	3
NoT 5	1	1	0	2	2
NoT 6	0	1	1	4	4
NoT 7	2	2	0	3	3
NoT 8	0	1	1	3	3
NoT 9	0	3	3	4	3
NoT 10	0	1	1	2	1
NoT 11	0	0	0	3	3
NoT 14	0	0	0	4	4
평균	0.3	1.0	0.9	3.2	2.9

이해를 돕기 위해 동기가 매우 강한 T 집단 학습자와 NoT 집단 학습자, 동기가 상대적으로 약한 T 집단 학습자와 NoT 집단 학습자 등 4개 집단의 '향상률'을 정리하면 표 7과 같다.

표에서 알 수 있듯, 동기가 매우 강한 NoT 집단 학습자들은 동기가 매우 강한 T 집단 학습자들보다 훨씬 높은 향상률을 기록하면서 매우 뛰어난 성과를 냈다. 반면, 동기가 '상대적으로 약한' NoT 집단 학습자들은 동기가 상대적으로 약한 T 집단 학습자들에 비해 향상률이 크게 낮은 것으로 나타났다.

표 7. 4개 집단의 향상률

집단	가능한 최대 수준 대비 향상률 (최대 100%)
동기가 매우 강한 T 집단 학습자(N=5)	46%
동기가 매우 강한 NoT 집단 학습자(N=5)	85%
동기가 상대적으로 약한 T 집단 학습자(N=10)	46%
동기가 상대적으로 약한 NoT 집단 학습자(N=10)	26%

토론

연구 결과, 대상을 통칭하는 영어 명사 구문에서의 정관사 사용과 관련해 동기가 매우 강하고 L2 연습을 수행한 학습자들이 동기가 매우 강하고 번역 연습을 수행한 학습자들과 비교해 번역 과업에서 유사한, 또는 좀 더 우수한 성과를 낼 수 있는 것으로 나타났다. 또, 실험 집단 내 학습자들이 시험에서 서로 유사한 점수를 기록한 반면 NoG 집단 학습자들은 훨씬 저조한 점수를 받은 것으로 조사되었는데, 이러한 결과는 T 집단과 NoT 집단이 서로 유사한 성과를 낼 것이라는 가설을 뒷받침한다. 아울러, NoG 집단이 이처럼 유난히 저조한 결과를 보인 데에는 이들이 명시적인 문법 연습과 이와 관련한 텍스트 작성 연습을 수행하지 않았다는 점이 영향을 미쳤을 가능성이 높다.

이러한 결과에 기반해 번역을 활용한 문법 연습이 비대조적 연습보다 효과가 약하다는 결론을 내릴 수도 있을 것이다. 실제로, T 집단은 동기 및 수행 노력 모두에서 높은 평균 점수를 기록하는 등 유리한 점이 많았음에도 불구하고 중간 시험에서조차 NoT 집단보다 우수한 성과를 내지 못했다. 하지만 이들 결과를 해석할 때는 신중을 기할 필요가 있다. 본 연구의 대상과 시험 항목의 수가 매우 제한적인 관계로 추리 통계 분석을 진행하지 않은 만큼 좀 더 타당한 결론을 도출하기 위해서는 이들 연구 대상과 시험 항목의 수를 좀 더 확대해 후속 연구를 진행할 필요가 있다.

그럼에도 주목할만한 부분은 동기가 매우 강한 성인 L2 학습자 4명이 번역 연습을 수행한 경험이 없음에도 불구하고 새로 학습한 까다로운 L2 구조를 번역 과업에서 정확하게 사용 '할 수 있음'을 보여주었다는 사실이다. 이들 학습자는 전체 NoT 집단의 27%(4/15)를 차지한다.

'번역' 또는 '비번역' 외에 연습 자료의 특징이 학습 효과 향상에 기여할 수 있는지 여부는 예문을 통해 검토해볼 수 있다. 다음 4개의 스웨덴어 문장은 T 집단이 번역한 것으로 이를 NoT 집단이 수행한 빈칸 채우기 연습과 비교해보자.

1. Matpriserna har gått upp med 10 procent på tio år.
   Gloss: [Food prices have gone up by 10 per cent over the last ten years.]
2. Den brittiska industrin håller på att ändras; stålindustrin får en allt mindre betydelse.
   Gloss: [British industry is changing; the steel industry is no longer as important.]
3. Den svenska ekonomin är i gott skick och arbetslösheten minskar.
   Gloss: [The Swedish economy is in good shape and unemployment is dropping.]
4. Föroreningarna utgör ett hot för miljön.
   Gloss: [Pollution is a threat to the environment.]

---

1. This year, ______ food prices have gone up by 2 per cent.
2. ______ British industry is changing; ______ Steel industry is no

longer very important.

3. ______ Swedish economy is doing well and ______ unemployment is dropping.
4. ______ pollution is a threat to ______ environment.

문장 전체를 번역하는 학습자들은 L2로 된 문장의 빈칸을 채우는 학습자에 비해 더 많은 잠재적 어려움을 동시에 처리해야 하기 때문에 인지적 부하가 훨씬 클 수 있다. 빈칸 채우기는 L2로 수행한다는 점 외에 학습 대상 언어 구조에 좀 더 초점을 맞춘다는 특징이 있는데, 이러한 특징이 학습 효과 향상에 기여하는 요인일 수도 있다. 번역과 비번역의 효과를 좀 더 정확하게 비교하기 위해서는 초점이 동일하거나 최소한 유사하도록 연습을 설계할 필요가 있다.

빈칸 채우기 연습이 좀 더 강한 효과를 낸 또 한 가지 이유는 학습 대상 언어 구조가 정관사의 사용 아니면 생략이라는 이분법적 성격을 지니고 있기 때문일 수 있다. 따라서, 빈칸 채우기 연습은 이러한 유형의 언어 구조를 학습할 때 특히 유용할 수 있다.

NoT 집단 내 최고 득점자 4명과 관련해 가장 주목할만한 부분은 이들이 매우 동기가 강하고 학습 대상 언어 구조를 활용하는 매우 집중적인 연습을 수행했다는 점이다. 결국, 높은 수준의 동기와 매우 집중적인 관련 텍스트 작성 연습이 맞물릴 경우 매우 뛰어난 성과로 이어질 수 있는 것이다. 또, 우수한 성과를 낸 NoT 학습자들은 적성의 수준 역시 매우 높을 수 있다. 다만, 본 연구에서 적성이라는 변수는 통제되지 않았기 때문에 (그리고 이를 통제하는 작업이 매우 어렵기 때문에) 이를 정확히 확인할 수는 없다.

동기는 본 연구의 중간 시험과 같이 문법 구조에 대한 명시적 지식에 초점을 맞추는 시험에서 높은 점수를 받는 데 특히 큰 영향을 줄 수 있다. 동기가 매우 강한 학습자들이 수업 시간에 좀 더 집중하며 특정 연습에서 잘못된 시도를 했을 때 질문을 할 가능성도 높을 것이기 때문이다. 동기가 강한 학습자들은 시험을 완수하는 데도 좀 더 신중을 기할 수 있다. 결국, 동기는 특정 L2 구조에 대한 집중적 학습 노력을 요하는 수업 환경에서 우수한 성과를 낼 수 있도록 돕는 매우 강력한 요인일 수 있다.

결론

본 연구에서는 동기가 매우 강한 연구 대상 학습자 4명이 번역 연습을 경험하지 않았음에도 불구하고 이분법적 문법 구조에 대한 번역 과업에서 매우 우수한 성과를 냈음을 알 수 있었다.

하지만 데이터의 규모가 제한적이라는 점, 연구 대상 집단 간 차이가 통계적으로 분석되지 않았다는 점, 시험과 연습이 형태에만 초점을 맞춤으로써 학습자의 명시적 지식만 검토했다는 점 등은 한계로 지적될 수 있다. 예를 들어, 본 연구의 최고 득점자들이 언어를 부호화하는 것뿐 아니라 명제적 내용을 생산해야 하는 과업에서 학습 대상 언어 구조를 사용할 때도 여전히 높은 점수를 받을지는 확실하지 않다.

본 연구의 결과는 L2 수업에서 번역은 까다로운 L2 문법 구조에 초점을 맞추는 목표 언어(target language, TL)로의 연습[9]과 함께 사용되어야 함을 시사한다. 필자가 연구를 설계할 때 (하나의 집단에는 번역 연습만, 또 다른 집단에는 TL만 사용하는 연습을 수행하는 등) 2개 실험 집단에 완전히 극단적인 상황을 설정한 것은 (교육이라기보다) 연구를 위한 것이다. 따라서, 학습자들이 번역과 L2를 통한 직접 학습 모두에서 좋은 성과를 내도록 하기 위해서는 다양한 연습을 활용해 이들에게 자극을 주어야 한다. 여기에는 번역이 필요할 수도, L2를 통한 직접 학습이 개입될 수도 있다. 그리고, 학습자들이 처음 수행할 연습은 학습 대상 언어 구조에 초점을 맞추는 방식으로 설계되어야 한다.

하지만 본 연구가 경험적 고찰이 거의 이뤄지지 않은, 따라서 연구 방법도 정교하게 발전하지 못한 분야를 대상으로 진행된 만큼 상당한 추가 작업이 필요하다. 예를 들어, 어떤 유형의 연습이 어떤 유형의 언어 구조에 적절한지를 파악할 필요가 있다. 또, 번역 연습의 초점을 언어 구조에 좀 더 분명하게 맞출 경우 번역의 효과를 좀 더 정교하게 측정할 수 있을 것이다.

L2 수업에서 발생하는 담화 유형을 검토할 경우 연습의 가치를 간접적으로 평가할 수 있다. 실제로, 본 연구 프로젝트의 일환으로 T 집단과 NoT 집단이 참여한 수업을 녹음했으며 현재 이에 대한 분석이 진행 중이다. 또, (좀 더 많은 수의 시험 항목을 포함하고 있는) 사전 및 사후 시험의 결과를 분석한다면 높은 점수를 받았던 NoT 집단 학습자들이 여타 항목에서도 여전히 다른 학습자들보다 우수한 성과를 내는지, 그리고 영어로 직접 다시 쓰기와 번역에서도 여전히 양호한 성적을 거두는지를 확인할 수 있을 것이다.

끝으로, 이러한 소규모 경험적 연구를 통해 세 가지 가설을 도출할 수 있었는데, 이는 후속 연구를 통해 검증해볼 수 있을 것이다. 첫째, 학습 초기 단계에서는 이분법적 성격을 지닌 까다로운 문법적 구조에 대한 L2로의 빈칸 채우기 연습이 L1에서 L2로 문장 전체를 번역하도록 하는 번역 연습에 비해 학습 효과가 높다. 둘째, 특정한 특성 몇 가지를 함께 지닌(예: 강한 동기와 뛰어난 적성) L2 학습자들은 어떠한 유형의 형태 중심 텍스트 작성 연습을 통해서도 까다로운 L2 문법 구조를 잘 학습할 수 있다. 셋째, 까다로운 L2 문법 구조 시험과 관련해 학습자들은 L1에서 L2로 문장 전체를 번역하는 시험보다 L2로 빈칸을 채우는 시험에서 훨씬 높은 점수를 받는다.

감사의 말

본 연구의 연구 대상으로 실험에 흔쾌히, 기꺼이 참여해 준 학생 모두에게 깊은 감사의 말씀을 드린다. 아울러, 본 연구를 도와준 동료 룬드 대학교(Lund University)의 맷츠 요한슨(Mats Johansson), 할름스타드 대학교(Halmestad University)의 우르술라 왈린(Ursula Wallin), 페르 브라헤 고등학교(Per Brahe Upper Secondary School)의 울라 알크비스트(Ulla Ahlqvist)에게도 감사의 인사를 전한다.

미주

1) 좀 더 최근 연구로는 비세르(Biçer)가 있지만, 이 연구는 L2 능력 향상을 위해 번역을 활용하는 다양한 방법을 비교한 만큼('과정 번역'과 '전통적 방식의 번역'), 본 연구와는 직접적인 관련이 없다.

2) 이는 유럽 내 여러 대학들이 아직도 고수하고 있는 전통적 L2 문법 및 능력 교육 방식이며, 때문에 쿡(Cook, 2001)은 이를 '학문적 방식'으로 지칭했다. 영어 교육을 제공하는 스웨덴 내 24개 대학 전체를 대상으로 1999년 진행된 설문조사에 따르면 조사 대상 대학 모두 영어 문법을 이러한 방식으로 교육하고 있는 것으로 나타났다.

3) 빈칸 채우기 시험에는 총 6개의 빈칸이 포함되어 있었지만, 이 중 시험 항목은 3개(unemployment, people, Swedish society)였다. 나머지 3개 항목의 경우, 정관사 사용과 관련해 스웨덴어와 영어 사이에 차이가 없기 때문에 (그리고 학습자들이 정답을 맞추더라도 이는 학습의 효과라기보다 정전이(positive transfer)에 따른 것일 수 있기 때문에) 시험 항목에서 제외했다.

4) 이 구조와 관련해 스웨덴어와 영어 사이에는 상당한 차이가 있다. 영어에서 British industry, food prices 등의 명사구에는 통상 정관사가 붙지 않는다. (예: *It is absurd not to give them the change, and help* ***British industry*** *and world science*(British National Corpus B7C 2058, 필자 강조), *Food subsidies are reduced or thrown out altogether and* ***food prices*** *may double or triple overnight*(British National Corpus HH3 5803, 필자 강조). 반면, British industry와 food prices의 스웨덴어 번역어에는 정관사를 붙여야 한다('***den*** *brittiska industrin*', '*matpriser****na***'). 특히 형용사가 머리명사를 수식하는 British industry의 경우, 스웨덴어 번역어에는 한정의 기능을 수행하는 정관사('den')와 접미사('-n')가 모두 붙는다.

5) 평균이 5점이라는 것은 '모든' 학습자들이 1-5점 척도에서 5점을 선택했음을 의미하는데, 5점은 가장 높은 수준의 동기를 나타낸다.

6) 수행 노력 점수 역시 동기와 동일한 방식으로 측정된다. 평균이 5점이라는 것은 '모든' 학습자들이 1-5점 척도에서 5점을 선택했음을 의미하는데, 5점은 가장 높은 수준의 수행 노력을 나타낸다.

7) 표 3의 네 번째 열에 제시된 각 학습자의 학습 점수의 총계. 즉 3+2+0+0+1=6.

8) 번역 중간 시험에서 받을 수 있는 최고 점수인 3점에 해당 집단 학습자 수인 5명을 곱한 15점에서 T6의 사전 시험 점수인 2점을 차감해 산출.

9) 이러한 관점은 실제로 L2 교육 내 번역의 적절한 위치를 다룬 몇 건의 문헌에 제시되어 있다(더프(Duff), 1989; 먼로(Munro), 1992; 오웬(Owen), 2003; 리베라-밀스와 갠트(Rivera-Mills & Gantt), 1999; 로스(Ross), 2000; 스턴(Stern), 1992; 튜더(Tudor), 1987 등 참고). 하지만 이들 모두 경험적 데이터가 아니라 저자의 경험과 직관에 기반하고 있다.

Barbosa, H. G. & Neiva, A. M. S. (2003). "Using think-aloud protocols to investigate the translation process of foreign language learners and experienced translators". In F. Alves (Ed.), *Triangulating Translation.* Amsterdam and Philadelphia: John Benjamins.

Berggren, I. (1972). "Does the use of translation exercises have negative effects on the learning of a second language?" *Rapport 14.* Department of English, Gothenburg University, Sweden.

Biçer, A. (2002). Teaching Translation at English Language Teaching Departments: Process Approach vs. Traditional Approach. Unpublished PhD dissertation, Çukorova University, Turkey. British National Corpus: http://www.natcorp.ox.ac.uk

Cook, V. (2001). *Second Language Learning and Language Teaching: Third Edition.* London: Edward Arnold.

Duff, A. (1989). *Translation.* Oxford: Oxford University Press.

Enkvist, I. (1994). "Hur gör universitetsstuderande när de översätter? En studie i hur svenska studenter översätter till spanska" ["What do university undergraduates do when they translate? A study of Swedish students translating into Spanish"]. In M. Linnarud (Ed.), *Spräk-Utvärdering-Test.* [Rapport från ASLA:s höstsymposium, Karlstad, 10-12 November 1994.]

Fraser, J. (1995). "Professional versus Student Behaviour". In C. Dollerup & V. Appel (Eds.), *Teaching Translation and Interpreting 3: New Horizons: Papers from the third language international conference. Elsinore, Denmark, 9-11 June 1995.* Amsterdam and Philadelphia: John Benjamins.

Fraser, J. (1996). "'I understand the French, But I Don't Know How to Put It Into English': Developing Undergraduates' Awareness of and

Confidence in the Translation Process". In P. Sewell & I. Higgins (Eds.), *Teaching Translation in Universities: Present and Future Perspectives.* London: CILT.

Hummel, K. (1995). "Translation and Second Language Learning". *The Canadian Modern Language Review,* 51, 444-455.

Krings, H. P. (1987). "The Use of Introspective Data in Translation I In C. Faerch & G. Kasper (Eds.), *Introspection in Second Language Acquisition.* Clevedon: Multilingual Matters.

Lörscher, W. (1993). "Translation Process Analysis". In Y. Gambier & J. Tommola (Eds.), *Translation & Knowledge. Scandinavian Symposium on Translation Theory* (pp. 195-212). University of Turku, Centre for Translation and Interpreting.

Malmkjær, K. (1994). "Translation in Language Teaching". *Working Papers in English and Applied Linguistics, 1*, 123-126.

Malmkjasr, K. (1998). "Introduction: Translation and Language Teaching". In K. Malmkjær (Ed.), *Translation and Language Teaching: Language Teaching and Translation.* Manchester: St. Jerome.

Munro, S. R. (1992). "Translation: A tool or a goal?" *JCLTA, 1* (2). 45-53.

Omura, Y. (1996). Role of Translation in Second Language Acquisition: Do Learners Automatically Translate? Unpublished PhD dissertation. The University of Texas at Austin.

Owen, D. (2003 January). "Where's the treason in translation?" *Humanising Language Teaching Magazine.*

Rivera-Mills, S. V. & Gantt, B. N. (1999). "From Linguistic Analysis to Cultural Awareness: A Translation Framework for the Spanish Language Classroom". *JOLIB, 10* (2). 1-13.

Ross, N. J. (2000). "Interference and intervention: using translation in the EFL classroom". *Modern English Teacher, 9* (3), 61-66.

Slavikova, H. (1990). Translating and the Acquisition of Italian as a Second Language. Unpublished PhD dissertation. University of Toronto.

Stern, H. H. (1992). *Issues and Options in Language Teaching.* Oxford: OUP.

Tudor, I. (1987). "A framework for the translational analysis of texts". *The Linguist, 26* (2), 80-82.

Uzawa, K. (1994). Translating and Writing Processes of Adult Second Language Learners. Unpublished PhD dissertation. University of British Columbia.

Uzawa, K. (1996). "Second Language Learners' Processes of L1 Writing, L2 Writing, and Translation from L1 into L2". *Journal of Second Language Writing, 5,* 271-194.

부록

1) 중간 시험: 번역

Var god översätt följande text till engelska [Please translate the following into English]:

De här nyheterna om arbetslösheten gör att folket inte litar på politikerna. Det finns inga bevis för att analyserna är rätt gjorda. Ett råd jag skulle vilja ge är att allmänheten måste tränas i att bli mer kritisk till tidningarna. Det svenska samhället behöver bli mer kritiskt till pressen, faktiskt.

Förnamn [Your first name]

2) 빈칸 채우기 시험

Fyll i den bestämda artikeln (the) i de luckor där den behövs[Please insert the definite article where necessary]:

This news about ______ unemployment causes ______ people not to trust politicians. There is no evidence that the analyses have been carried out correctly. One piece of advice I would like to offer is that ______ public ought to be taught to become more critical of ______ newspapers. ______ Swedish society needs to be more critical of ______ press, actually.

Förnamn [Your first name]

13장

영어 사용자들은 외국어를 배울 필요가 있는가?*

스티븐 바버(Stephen Barbour)

본 연구에서 필자는 현재 위기로 인식되고 있는 영국 내 영어 구사자들의 외국어 학습 기피 현상(특히, 너필드(Nuffield), 2000 참고)에 대해 논의하고자 한다. 이러한 현상은 정도의 차이는 있겠지만 영국 외 영어권 국가에서도 나타나고 있다. 예를 들어, 미국에서는 이러한 위기가 좀 더 심각한 반면 아일랜드에서는 상대적으로 덜 심각하며 캐나다의 경우 여건이 매우 다르다. 상황이 어떻든 아일랜드와 캐나다는 공식적으로 이중언어 국가이다. 오늘날 영국에서는 현대어 학습 및 교육이 일종의 위기에 빠져있다고 해도 과언이 아니다. 이러한 현상은 고등교육기관에서 가장 뚜렷하게 나타나고 있는데, 이들 기관에서는 현재 어학을 전공하는 학생의 수가 기타 전공 학생의 수에 비해 전반적으로 줄어드는 추세다(너필드, 2000, pp. 50-56).

이에 본 연구는 다음과 같은 세 가지 연구 문제를 설정했다.

1. 이러한 위기가 발생한 이유는 무엇인가?
2. 이러한 위기는 심각한 것인가? 그리고, 외국어에 대한 지식 부재는 개인 또

는 지역사회에 불리하게 작용하는가?

3. 그렇다면, 이러한 상황을 어떻게 개선할 수 있는가? 좀 더 많은 학생들이 영국 내 대학에서 제공하는 훌륭한 과정들을 적극적으로 활용하도록 어떻게 설득할 수 있는가?

이러한 위기에는 여러 가지 원인이 있을 것이다. 우선, 고등교육의 본질이 근본적으로 변하고 있다는 점을 들 수 있다. 약 1960년대까지 영국 내 대학은 기술전문대학(Technical Colleges)이나 교원대학(Teacher Training Colleges)과는 뚜렷하게 차별화된 기관으로서 통상 특권층을 대상으로 서비스를 제공했으며, 의학, 공학 등 일부 학문은 실용적인 목적으로 되었지만 사학, 어학 등은 학문 자체에 대한 탐구를 위해 교육되었다. 또, 이러한 학문을 전공한 학생들은 학위 취득 후 전공과는 직접적으로 관련이 없는 분야에 취업하는 경우가 많았으며 기업에 있어 학위는 신입 사원이 일정 수준 이상의 지적 능력을 갖췄다는 증거, 그리고 특히 명문대 졸업자의 경우 (이를 테면) 관리직으로 승진하기 위해 필요한 사회적 자신감을 갖췄다는 증거 정도로 간주되었다.

하지만 이후 많은 부분이 달라졌다. 여전히 충분하다고 볼 수는 없지만 고등교육 기관에는 백인 중산층 출신이 아닌 학생들도 늘어나고 있다. 물론 이들 학생 상당수는 여전히 취업에 직접적으로, 또 뚜렷하게 도움이 되지 않는 고등교육은 의미가 없다고 본다. 게다가 고등교육 비용이 점차 늘어나면서 학생들 사이에는 고소득 직업으로의 취업 기회를 곧바로 제공할 수 있는 전공에 지원하거나 과목을 수강하는 현상이 확산되고 있다. 이런 가운데 어학 학위는 보수와 근무조건이 최근까지 상대적으로 점차 악화되어 온 교육 분야로의 진출을 주로 돕는 것으로 인식되고 있다. 하지만 실제 기업들의 인식은 다르다. 즉 어학이 제공할 수 있는 기술의 가치를 높이 평가하고 있는 것이다. 외국어 지식을 갖춘 인력에 대한 수요가 높아지면서 상당 수 기업들이 해외에서 외국어 사용자를 채용해야 하는 상황인 가운데, 영국 내 대학들은 여전히 중산층 학생을 중심으로 어학 학위 과정 모집을 진행하고 있다(푸티(Footitt), 2000).

외국어 전공자나 학습자가 줄어드는 또 다른 원인은 외국어가 '어려운 것'으로 인식되기 때문일 수 있다. 여기에는 학교 교수요목의 전반적인 변화가 영향을 주었을 수 있다. 1950년대 현대어를 배우고자 하는 학습자 가운데 상당 수는 구조와 문화적 배경이 매우 생소한 라틴어나 고대 그리스어까지 공부해야 했다. 반대로 프랑스, 독일어 등의 현대어는 상대적으로 쉽게 느껴졌다. 결국, 오늘날 고전어를 가르치는 학교는 거의 없는 실정이다.

좀 더 다양하고 많은 학습자 층이 현대어에 관심을 갖도록 하기 위해 그 동안 수 많은 시도가 이뤄졌다. 영국은 실제로 상당 기간 동안 전세계 실용 어학 교육에서 주도적인 역할을 담당해왔다. 영국 대학들은 현대어에 법학, 경제학, 경영학과 같이 기술 전문대학(technological colleges), 과학기술 전문학교(polytechnics) 등을 중심으로 발전해 온 좀 더 실용적인 학문을 접목해 교과과정을 설계함으로써 학생 모집에서 상당한 성공을 거뒀다. 이러한 교과과정에서 가장 중요한 전제는 언어, 즉 언어와 관련 문화에 대한 지식은 그 자체로 가치가 있을 뿐 아니라 취업에 유용한 자산이 된다는 관점이다. 필자 스스로도 그러한 교과과정에서 몇 년간 독일어를 가르쳤으며, 대학은 실제로 "취업 후 독일어 사용자와 의사소통하기 위해서는 독일어를 잘 구사해야 한다"면서 지원자를 모집했다. 그러한 관점이 호응을 얻으면서 이들 교과과정에는 몇 년 동안 수 많은 학생들이 몰렸다. 하지만 이제는 이들 교과과정 중 상당 수가 학생 모집에 어려움을 겪고 있다.

그렇다면, 학생들이 이처럼 실용적인 교과과정에도 지원하지 않는 이유는 무엇인가? 외국인에 대한 두려움도 하나의 원인일 수 있다. 하지만 그보다 큰 원인은 영어가 국제 의사소통에서 가장 중요한 언어라는 사실에 있다고 생각한다. 해외를 여행하는 영어 구사자들은 대개 주요 도시나 관광지를 방문하게 되는데, 그런 곳에서는 영어만으로도 충분히 의사소통이 가능하다.[1] 따라서 외국어에 그다지 관심이 없거나 본인의 언어 능력에 대해 자신이 없는 사람들은 굳이 외국어를 배워야 할 필요성을 느끼지 못하게 될 것이다. 외국어에 관심이 있는 사람들 역시 다른 언어로 힘들게 문장을 완성해 말했지만 결국 돌아오는 대답이 영어라면 외국어 학습 의욕을 잃을 수 있다. 필자는 문제가 생길 경우 언제든 영어로 바꾸어 말하면 된다는 생각이 영어 구사자는 물론 동기가 매우 강한 학습자의 외국어 능력에도 부정적인 영향을 미친다고 확신한다. 더욱 안타까운 것은 독일에서 공부하는 필자의 학생 가운데 적지 않은 수가 "모두 영어를 쓰는데 왜 독일어를 공부하십니까?"라는 질문을 받은 경험이 있다는 사실이다.

그렇다면 이러한 위기는 심각한 수준인가? 즉 이러한 위기가 대학 내 어학 관련 학과의 존립을 위협한다는 사실 이상의 중요한 의미를 지니는가? 필자는 그렇다고 생각한다. 첫째, 이는 영국 및 그 밖의 국가 내 영어 사용자 가운데 단일 언어 사용자의 비중이 그 밖의 언어 사용자 가운데 단일 언어 사용자의 비중보다 훨씬 높음을 시사한다. 여기서 필자는 영어 사용자는 물론 사용자가 수 백만 명에 이르는 그 밖의 국가 언어 사용자들 사이에 일반적으로 자리잡고 있는 인식, 즉 1개 언어, 또는 1개 언어의 다양한 변종 가운데 제한적인 하나로만 효과적으로 의사소통할 수 있는 능력을 일컫는 '단일 언어 사용(monolingualism)'이 인간의 정상적인 상태라는 인식에 반론을 제기하고자 한다. 이러한 인식에 따르면 1개 이상의 언어를 통해 효과적으로 의사소통할 수 있는 사람은 흔하지 않고 재능이 있으며 특별하다. 하지만 필자는 이러한 인식이 잘못됐다고 생각한다. 단일 언어 사용은 사실 서유럽 등 특정 주요 지역에서 강력한 거대 민족 국가가 성장함에 따라 국제적 통합과 대외 영토 확장이 중요한 가치로 자리 잡은 데 따른 결과로 볼 수 있다. 이에 각 국에서는 표준 '국어'의 사용을 좀 더 확대할 필요성이 높아졌고 다른 국가의 국어 사용은 교역이나 외교를 위해 필요한 경우에만 권장되었다(바버와 카마이클(Barbour & Carmichael), 2000). 반면, 그 밖의 여러 지역에서는 단일 언어 사용이 일반적이지 않다. 전 세계 인구 중 매우 높은 비중이 지역 언어 또는 민족 특수 언어와 좀 더 광범위한 의사소통을 위한 언어 등 2개 이상의 언어를 사용한다. 필자는 여기에 통상 동일한 언어의 '지역어'로 지칭되지만 구조와 어휘가 상당히 다른 변종을 2개 이상 사용하는 경우를 추가하고자 한다. 각 변종이 외국어만큼 다른 아라비아어와 중국어가 대표적이다. 다언어 국가의 사례로 탄자니아를 들 수 있는데, 탄자니아 국민들은 모두 지역 언어나 민족 특수 언어를 사용하지만 이 가운데 상당 수는 규모가 상대적으로 작은 한 민족 집단이 사용하는 일상어인 스와힐리어(Kiswahili)에, 소수이지만 무시할 수 없는 규모의 국민들은 영어에 유창하다(마즈루이와 마즈루이(Mazrui & Mazrui), 1998, pp. 125-191).

따라서, 인간의 비정상적 상태라고 볼 수 있는 것은 이중언어 사용이나 다언어 사용이 아니라 단일 언어 사용이라고 할 수 있다. 물론, 비정상적 상태라는 것이 반드시 인간의 행복을 저해한다고 볼 수는 없다. 하지만 필자는 단일 언어 사용이 특히 단일 문화주의와 결합할 경우 부정적인 영향을 줄 것이라고 생각한다. 두 가지가 항상 함께 나타나는 것은 아니다. 하나의 언어 안에서 다양한 문화적 경험을 하거나 제한적인 범위의 문화적 경험을 2개의 언어로 표현하는 것도 얼마든지 가능하다. 하지만 실제로는 이 두 가지가 함께 나타나는 경우가 많다.

단일 언어 사용자에게는 불리한 점이 매우 많다. 예를 들어, 수많은 연구 결과에 따르면 사춘기를 넘어서까지 단일 언어만 구사하는 사람은 일반적으로 언어 학습 능력이 다른 학생들에 비해 크게 떨어진다. 따라서, 성인이 개인적 또는 직업적 이유로 갑자기 외국어를 배워야 할 경우 단일 언어 사용자는 엄청난 어려움을 겪을 수 있는 반면 동일한 조건의 이중언어 사용자는 상대적으로 수월할 수 있다(싱글턴(Singleton), 1989). 또, 언어적, 문화적 경험이 풍부한 사람은 모국어 의사소통 능력이 좀 더 뛰어나기 때문에 자신의 경험에서 언어적, 문화적으로 특수적인 것이 무엇인지를 충분히 인식하면서 언어적, 문화적 배경이 다른 사람들과 의사소통할 때는 이를 피할 가능성이 높다. 예를 들어, 영국 영어 사용자가 비영어권 국가 출신과 대화를 하면서 'sticky wicket(경기하기 어렵게 질척해진 경기장 상태)'에 대해 말하거나 'last year saw an increase in drug related crime'과 같이 시간적 표현이 주어인 문장을 사용한다면 의사소통을 잘 하고 있다고 볼 수 없다.

더 심각한 문제는 단일 언어 사용자의 경우 외국어 사용자와의 의사소통에서 상대방의 번역 능력과 의지에 크게 의존할 수 밖에 없다는 점이다. 필자의 전문 분야가 독일어인 만큼, 영어 단일 언어 사용자가 독일어 사용자의 영어 말하기와 쓰기에 전적으로 의존할 경우 이들 사이에서 이뤄지는 가장 광범위한 의미의 의사소통이 어떻게 영향을 받는지를 소개한다. 그리고, 이러한 문제는 독일어뿐 아니라 다른 외국어와의 의사소통에서도 발생할 수 있다.

첫 번째 문제는 의사소통의 상당 부분이 번역되지 않는다는 점이다. 여기에는 영어 사용자가 독일어 사용자와 관련이 있는 문화적, 정치적 배경에 대한 정보를 얻기 위해 읽으려는 텍스트, 흥미로운 문학 텍스트, 기업 협상에서 하나의 당사자가 상대방이 이해하지 못하기를 바라지만 중요한 정보를 지닌 텍스트 등 다양한 텍스트가 포함될 수 있다.

번역은 항상 유능한 전문 통번역사를 통해 이뤄지는 것이 이상적이지만, 실제로는 그렇지 않은 경우가 많다. 비공식적이거나 즉흥적인 문어 또는 구어 텍스트를 전문 통번역사에게 맡기는 경우는 드물며, 수많은 영어 사용자들은 텍스트의 성격에 상관 없이 언어적 측면의 중요성에 대한 인식 부재, 자원이나 시간 부족, 언어 능력에 대한 자신감 등 다양한 이유로 전문 통번역사를 고용할 필요성을 느끼지 못한다. 독일어와 관련해서는 이러한 현상으로 인해 독일어의 영향이 드러나고 영어 사용자들이 오해하거나 이해하기 어려울 수 있는 다양한 영어 변종이 나타났다. '독일 영어'라고 지칭할 수 있는 이러한 변종으로 인해 필자가 최근 겪었던 문제를 소개하면 다음과 같다. 예를 들어, 상(相)의 구분이 없어 혼동이 발생하는 경우가 있다. 어느 날 필자는 동료에게 "Is Karl here?"라고 물었고, 독일어 사용자인 동료는 "I didn't see him"이라고 답했다. 이러한 대답은 매우 당황스러웠다. 필자는 칼(Karl)이 그 곳에 있을 가능성이 매우 높다고 생각했기 때문에 그가 근처 어딘가에 있을 가능성을 열어두는 "I haven't seen him"이라는 대답을 예상했다. 하지만 "I didn't see him"이라는 대답은 '그가 전에는 있었는데 나는 그를 보지 못했으며 지금은 그가 없다'는 것을 시사하면서 그러한 가능성을 배제한다. 유사한 사례로, (기본적으로) 독일어에서 번역된 영어에서는 전치사 등의 문법적 요소 사용이 어색한 경우가 자주 눈에 띈다. 필자는 최근 독일어 사용자가 영어로 작성한 기사에서 'in the countries without former Soviet domination'이라는 구문의 의미를 쉽게 파악할 수 없었다. 이 구문이 'in those countries which used to be under Soviet domination' 또는 'in those countries which never experienced Soviet domination'라는 두 가지 의미로 해석될 수 있기 때문이다. 결국, 필자는 기사에서 해당 구문이 몇 차례 더 나온 후 다른 단서들을 통해 텍스트 작성자가 의도한 의미는 전자임을 유추할 수 있었다.

독일어 사용자들은 영어로 말할 때 독일어와 형태적으로 매우 유사한 어휘를 사용하는 경우가 많다. 하지만 이러한 어휘를 해당 어휘가 영어에서 일반적으로 지니는 의미가 아니라 이와 형태만 유사한 독일어 어휘의 의미로 사용하는 경우가 있다. 예를 들어, 독일 내 대부분의 대형 상점에서 계산하는 곳은 단일 명사인 '*Kasse*'라고 부르는데, 이는 통상 독일 영어로는 관련 단일 명사인 'Cash'로 번역된다. 이러한 어휘는 영국 영어 사용자들에게 오해를 살 소지가 있는데, 지폐나 동전만이 유일한 결제 수단이거나 신용카드를 사용하려면 다른 곳으로 가야 하거나 해당 상점이 신용 카드를 아예 받지 않는다(사실 필자의 경험상 상점들은 대부분 신용카드를 받는다)는 의미로 잘못 이해될 수 있기 때문이다. 이를 감안할 때 영국 영어에서 좀 더 적절한 등가는 "Please pay here"일 것이다. 이러한 오해는 대화 중이라면 질문을 통해 해소될 수 있지만 문어 텍스트나 격식을 갖춘 강연의 경우 별다른 방법이 없다. 최근 어떤 강연에서 독일의 한 저명 언어학자는 '교수(academics)'의 언어 사용에 대해 장시간 동안 논의했는데, 필자 역시 대학 강사로서 여기에 해당하는 만큼 상당한 관심을 갖고 강연을 경청했다. 그리고 교수라는 집단의 규모가 상대적으로 매우 작기 때문에 이들의 언어 사용에 대한 연구는 적용 가능성이 다소 제한적이라고 생각했다. 하지만 강연이 진행될수록 필자는 해당 연구의 대상이 교수가 아니라 규모가 좀 더 큰 집단인 대학원생이었음을 알게 됐다. 대학원생은 독일어로 '*Akademiker*'다.

이러한 사례들은 영어의 독일어 변종, 나아가 영어의 다양한 독일어 또는 유럽언어 변종이 발생하는 현상을 보여준다고 할 수 있다. 이러한 현상이 나타나는 것은 불가피하다고 볼 수 있다. 언어, 최소한 사용자가 수 백 만명에 이르는 언어 가운데 완전히 균일한 것은 없으며 차이와 다양성이 존재하게 마련이다. 하지만 언어의 통일과 표준화를 촉진하는 힘도 자주 나타난다. 로마제국 멸망 후 라틴어가 스페인어, 프랑스어, 이탈리아어, 루마니아어 등으로 발전한 것과 같이, 이러한 힘이 없을 경우 하나의 언어는 상호 이해 불가능한 여러 개의 언어로 변형된다. 어떤 언어의 사용자들 사이에 해당 언어 사용 영토 전체에 걸쳐, 또는 인종적, 민족적, 사회적 장벽을 넘어 이뤄지는 의사소통이나 일반적인 표준 변종에 대한 교육이 표준화를 촉진하는 힘이라고 할 수 있다. 반대로, 표준화를 저해하는 힘도 분명히 존재한다. 전자 커뮤니케이션의 시대에서 조차 영어를 사용하는 모든 집단이 서로 완벽하게 언어적으로 의사소통하기는 어렵다. 자신이 속한 지역, 민족, 인종, 직업 등의 집단 내에서도 의사소통은 쉽지 않다. 영어가 유일하게 널리 사용되는 언어인 영국, 미국, 호주와 같은 국가, 또는 영어가 좀 더 광범위한 의사소통용 언어인 인도, 나이지리아와 같은 국가에서조차 구어를 중심으로 매우 다양한 변종이 존재한다. 교육에서 사용되는 표준도 국가마다 상당히 다르다. 영국의 경우 표준을 결정하는 데 핵심적인 역할을 수행했고 지금도 수행하고 있는 사회적, 교육적 상류층은 프랑스 등 다른 국가의 상류층에 비해 권위의식이 약한데, 이러한 측면이 언어의 통일을 막는 힘으로 작용하고 있다. 이를 프랑스의 권위주의와 대비되는 진보주의와 관용이 반영된 현상으로 해석할 수도 있겠지만 또 다른 측면으로 볼 수도 있다. 영국이 표준 영국 영어를 식민지 국민들에게 교육하려는 의지가 부족했던 데에는 그렇게 하는 것이 터무니없다는 인식도 영향을 주었다. 예를 들어, 아프리카인은 절대로 영국 신사가 될 수 없으며, 따라서 영국 신사처럼 말하기를 원해서도 안 된다고 생각했던 것이다(앤더만(Anderman), 1999). 영국 내에서는 표준 영국 영어의 문법과 어휘 교육이 활발하게 이뤄져 왔지만 표준 발음은 주로 상류층이 다니는 학교에서만 교육되고 있다. 반면, 일부 유럽 국가들은 표준 발음에 대한 교육을 보편적으로 실시하고 있다.

영어 사용에서의 언어적 관용은 오늘날 언어학자들에게 강력한 지지를 받고 있으며 매우 긍정적인 현상으로 볼 수 있다. 영어를 항상 또는 자주 사용하거나 영어 사용이 개인 또는 집단 정체성의 중요한 축을 이루는 사람들에게 자신들의 영어가 틀렸다고 말할 경우, 이들은 모욕감을 느끼거나 상처를 받을 수 있기 때문이다.

물론, 모든 사람들이 이처럼 진보주의적인 시각을 갖고 있는 것은 아니다. 언어 시장에서는 영국, 미국 등 일반적으로 단일 언어를 사용하는 영어권 국가의 표준이 다른 변종보다 좀 더 널리 이해되며 좀 더 가치가 있는 것으로 평가된다(쿼크(Quirk), 1985). 다른 변종 사용자들은 특정 상황, 예를 들어 전문 번역사로서 업무를 수행할 경우 이처럼 좀 더 인정 받는 표준을 따라야 하는 경우가 많다.

영어를 널리 사용한 역사가 없거나 영어권 국가의 식민 지배를 받은 적이 없는 국가들의 경우 과거에는 상황이 매우 달랐다. 이들 국가에서는 (일반적으로) 영국이나 미국의 표준을 선호하는 경향이 매우 강했으며 이러한 표준에서 벗어날 경우 '오류'라는 꼬리표가 붙었다. 하지만 전체 영어 사용자 가운데 단일 언어 사용자의 수가 꾸준히 감소하면서 이제는 상황이 변하고 있다. '모국어 사용자의 감소'(그래돌(Graddol), 1999)로 지칭되는 이러한 현상은 다양한 양상으로 나타난다. 예를 들어, 「컨택츠(*Contacts*)」(피포와 브레델라(Piepho & Bredella), 1976)와 같이 영국 외 유럽 국가에서 사용되는 일부 영어 교육 교재는 이제 영국인이나 미국인과의 의사소통이 아니라, 가령 독일인이 영국인이나 인도인뿐 아니라 중국인, 이탈리아인, 심지어는 프랑스인과의 의사소통을 위해 영어를 배운다는 가정 하에 제작된다(번즈(Berns), 1995 참고).

이러한 변화 속에서 영어를 학교에서 또는 졸업 후 습득한 영어 사용자들의 자신감도 높아지고 있다. 영어 사용자들은 권위의식이 상대적으로 약하며 특정한 공손성과 관용의 규범을 준수한다는 점을 감안할 때 이들은 다른 영어 사용자의 영어를 수정하는 것을 불편해할 수 있다. 그리고 이러한 변화는 언어나 지역에 따라 다르게 나타나고 있다. 최근 상대적으로 덜 사용되는 언어가 모국어인 응용 언어학자들이 연구 결과 출판을 포기한 경우가 있었는데, 출판을 위해서는 연구 결과를 영어로 작성해야 하고 원어민에게 감수를 맡기려면 상당한 비용이 든다는 이유에서였다(캐들린(Candlin), 2000). 반면, 독일어 사용자인 몇몇 학자들은 영국의 학술지 「독일 정치학(*German Politics*)」에 그러한 문제 없이 영어 논문을 게재할 수 있었는데, 해당 논문은 수정되지 않은 독일 영어로 작성된 것이었다. 이들이 교육을 통해 영어를 습득했고 여러 유럽 국가에서 교육 시스템이 높은 지위를 누리고 있음을 감안하면 영국 외의 유럽 국가에서 발생한 영어의 변종이 영국의 변종보다 좀 더 정확하다는 관점까지 제기될 수 있다. 영국인의 언어에 대한 권위 의식이 상대적으로 약하다는 점이 이러한 관점을 뒷받침한다. 독일어가 영어보다 훨씬 더 다양성이 높은 언어임에는 틀림없지만, 교육을 받은 독일어 사용자들은 공식적인 맥락에서 제한적으로 규정된 표준 규범을 준수하는 데 있어 영어 사용자들보다 적극적이다. 따라서, 영어의 특정 형태에 대해 영국 영어 사용자는 지역 억양이 가미된 표준형이라고 인식하는 반면 독일어 사용자는 비표준 지역어라고 생각할 수 있다. 일례로, 필자가 가르쳤던 한 학생은 잉글랜드에서 쉽게 이해되며 사회적으로도 어느 정도 높은 지위를 누리는 표준 스코틀랜드 영어 사용자였다. 하지만 외국의 한 학교에서 일하던 중 독일어 사용자인 영어 교사로부터 수업 시간에 지역어를 사용하지 말라는 조언을 들었다고 한다(더럴(Durrell), 1995 참고).

이러한 변화가 과연 중요한 의미를 지니는가? 언어적 배경에 상관 없이 특정 언어 사용자 사이에 지속적으로 이뤄지는 의사소통은 상호 이해를 도모하는 데 도움이 될 것이며, 점점 많은 영어 사용자들이 자신도 (예를 들어) 그리스 영어나 독일 영어와 같은 영어의 변종을 사용하고 있음을 인지하게 될 것이다. 결국, 이들은 아메리칸 인디언의 문화와 특징을 잘 이해하고 있지만 상대방이 인디언이 아닐 경우에는 이를 피해야 하는 인디언 영어 사용자와 같은 상황을 겪게 될 것이다. 다만, 문어 텍스트, 공식 발표 등 수신자로부터의 피드백이 있다고 하더라도 매우 더디게 전달되는 텍스트에서는 이해를 돕기 위한 변형이 쉽게 일어나지 않을 수 있다. 필자는 독일어도 알고 있기 때문에 독일 영어는 대체로 큰 문제 없이 이해할 수 있다. 하지만 그리스 영어의 경우, 그리스어에 대한 지식이 제한적이기 때문에 쉽게 이해하지 못하는 경우가 많다. 예를 들어, 최근 그리스를 방문했을 때 돌아오는 비행기의 이륙이

지연된 적이 있는데 (모두 영국 거주자임이 분명한) 승객 중 '비(非)센겐 출국 게이트(Extra-Senggen departure area)'로 가라는 장내 안내 방송을 이해한 사람이 아무도 없었기 때문이었다. 필자가 아는 한 영어에는 '셍겐 조약 당사국이 아닌 EU 회원국의 여권 소지자만을 위한 출국 게이트(special departure area for those holding passports of EU states which are not parties to the Schengen agreement)'에 해당하는 용어가 별도로 존재하지 않는다. 게다가, '솅겐(Schengen)'을 '센겐(Senggen)'처럼 들리도록 발음한 것도 문제였다.

이러한 문제가 어떠한 의미를 지니는지를 정확히 파악하기는 어렵다. 이는 단순히 흥미로운 화제 거리일 수도, 해외 왕래가 잦은 사람들이 감당해야 할 어려움일 수도, 의사소통 실패의 신호일 수도 있다. 다만, 어떠한 경우라도 현재 나타나고 있는 현상을 충분히 인지하고 이해하며 설명해줄 수 있는 사람들은 필요하다고 생각한다. 번역사, 좀 더 정확하게는 체계적으로 훈련 받은 번역사나 번역사에 대한 인식을 갖춘 사람들이 이에 해당할 것이다. 그리고 이를 위해서는 전문 번역사에 대한 훈련과 채용이 확대되어야 하는 것은 물론 번역사에 대한 인식을 갖춘 사람들도 늘어나야 할 것이다.

그렇다면 이러한 목표는 어떻게 달성할 수 있을까? 필자가 참여했던 가장 효과적인 번역 수업으로, 수 마일스(Sue Myles)가 설계한 미들섹스 대학교(Middlesex University)의 학부생 대상 모듈을 예로 들 수 있다. 이 모듈은 번역사 교육을 위한 것이었지만 번역사 훈련의 첫 단계로도 설계된 과정이었으며 독일어에서 영어로의 번역에 초점을 맞추고 있었다. 학생들은 여러 언어적, 문화적 배경 출신으로 영국 영어, 독일어뿐 아니라 그 밖의 언어 사용자도 있었으며 전공도 다양했다. 또, 학생들은 독일어 지식 확대에 목표를 두고 있었다. (그리고, 이는 그 자체로 이들이 영어 지식 확대에도 관심이 있었음을 시사한다.) 필자는 여기서 이탈리아, 스페인, 그리스, 카리브해 국가, 소말리아에서 영국으로 온 학생들을 가르쳤다. 이 모듈의 가장 큰 장점은 매우 학생 중심적이라는 점이었다. 즉 모든 수업은 학습 언어와 텍스트의 주제 분야에 대한 학생들의 토론으로 시작한다. 우선, 주제 분야에 대한 토론이 진행되는데 주로 독일어권 국가, 영국, 기타 국가의 문화적, 정치적 배경의 차이가 논의되었다. 토론 내용은 그 자체로도 흥미로웠지만 번역과도 밀접한 관련이 있었다. 토론 후 학생들은 번역을 수행했고 이렇게 생산한 번역물을 다음 수업 시간에 번갈아 읽었으며, 이 과정을 통해 학생들이 당면한 좀 더 언어적 측면의 문제점을 다룰 수 있었다. 이처럼 이 모듈은 자신과 배경이 다른 사람들이 어려움을 겪었던 부분을 지속적으로 쓰고 읽도록 함으로써 학생들에게 언어 간, 문화 간 의사소통의 문제를 고찰하는 데 매우 도움이 되는 연습의 기회를 제공했다. 여기서 주목할만한 결과 한 가지는 모듈을 수강하기 전에는 스스로를 번역사라고 생각했던 몇몇 학생들이 자신이 그 동안 매우 오해의 소지가 많은 텍스트를 생산했을 수도 있다는 사실을 깨닫게 되었다는 점이다.

오늘날 전 세계의 의사소통이 비영어 사용자들이 습득한 영어를 통해서만 이뤄질 수는 없다. 다른 언어를 아는 영어 사용자들의 참여가 없다면 텍스트는 비효율적일 것이라고 해도 과언이 아니다. 상대적으로 사용 지역이 제한된 언어를 배우는 영어 사용자의 수가 충분할 것으로 기대하기도 어렵다. 그렇다면, (예를 들어) 그리스어를 사용하는 그리스어 → 영어 번역사는 널리 확산되고 있는 영어의 변종에 대한 지식을 충분히 쌓을 필요가 있다. 유럽연합(European Union) 내에서는 많은 것이 가능하다. 학교에서만 배운 언어로 번역을 하고자 하는 사람에게는 해당 언어를 지배적으로 사용하는 환경에서 번역을 공부할 기회가 주어진다. 이는 번역 학교나 번역 전문 학위가 진정한 국제 기관이나 과정으로 발전하면서 이와 관련이 있는 모든 사람들에게 엄청나게 도움을 줄 것임을 의미할 수 있다. 이미 수 마일스와 같은 교육자들 덕분에 모든 사람들이 혜택을 받을 수 있는 교과과정이 어느 정도는 제공되고 있다.

필자는 본 고를 통해 영어 사용자의 외국어 학습 기피 현상을 극복할 수 있는 방안에 대해 논의했다. 이러한 현상을 쉽게 극복할 수 있는 방법은 없으며 이는 안타깝게도 영어권 국가의 문화 속에 깊숙이 자리 잡고 있는 것 같다. 하지만 단일 언어 사용자가 겪을 수 있는 문제를 인식하도록 하는 것이 하나의 극복 방안이 될 수 있다. 앞서 소개한 것과 같은 교과과정을 제공함으로써 번역 학교와 학과를 매력적인 국제적 교류의 장으로 변모시키거나, 번역 수업뿐 아니라 기존의 전문지식을 활용해 학습 언어가 사용되는 지역의 제도와 문화에 대한 지식을 전달하는 방안도 생각해볼 수 있다.

'영어 사용자들은 외국어를 배울 필요가 있는가?'라는 본 고의 제목으로 돌아가보자. 영어 사용자들은 다른 언어를 배우지 않고도 충분히 잘 살아갈 수 있지만 영어 안에 갇힐 경우, 매우 중요한 많은 것을 잃을 수 있다. 심지어 다양하고 부분적으로만 이해할 수 있는 새로운 영어의 변종에 대한 통역을 다른 사람에게 전적으로 의존하면서 다언어주의가 확산되고 있는 세계에서 철저히 고립될 수도 있을 것이다.

미주

* 본 고의 초안에 유용한 조언을 준 쉴라 바버(Sheila Barbour)에게 감사의 말씀을 전한다.

1) 물론, 이들이 좀 더 외진 곳을 여행하거나 좀 더 다양한 사회 계층과 접촉한다면 상황은 달라질 수 있다. 영어에 대한 지식이 대체로 매우 뛰어난 것으로 보이는 덴마크인들의 영어 구사력 부족을 다룬 드 레인(de Laine, 1999)의 연구가 하나의 예가 될 수 있다.

참고 문헌

Anderman, G. (1999). "European literature in translation: A price to pay". In D. Graddol & U. H. Meinhof (Eds.), *English in a Changing World* (pp. 69-78). Oxford: Catchline/AILA.

Barbour, S. & Carmichael, C. (Eds.). (2000). *Language and Nationalism in Europe.* Oxford: Oxford University Press.

Berns, M. (1995). "English in Europe: Whose language, which culture?" *International Journal of Applied Linguistics,* 5, 21-32.

Candlin, C. (2000). "Opinion". *AILA News,* 4(1).

de Laine, M. (1999). "Danes lost for words on the net". *The Times Higher Education Supplement.* 24th September 1999.

Durrell, M. (1995). "Sprachliche Variation als Kommumikationsbarriere". In H. Popp (Ed.), *Deutsch als Fremdsprache. An den Quellen eines Faches* (pp. 417-428). Munich: Iudicium.

Footitt, H. (2000). "Elite corps". *The Guardiam,* 24th October, 2000.

Graddol, D. (1999). "The decline of the native speaker". In D. Graddol & U. H. Meinhof (Eds.), *English in a Changing World* (pp. 57-68). Oxford: Catchline/AILA.

Mazrui, A. Al. & Mazrui, A. M. (1998). *The Power of Babel: Language and Governance in the African Experience.* Chicago: University of Chicago Press.

Nuffield (2000). *Languages: The Next Generation. The Final Report and Recommendations of the Nuffield Languages Inquiry.* London: The Nuffield Foundation.

Piepho, H.-E. & Bredella, L. (1976). *Contacts: Integriertes Englischlehrwerk für Klassen 5-10.* Bochum: Kamp.

Quirk, R. (1985). “The English language in a global context”. In R. Quirk & H. G. Widdowson (Eds.), *English in the World* (pp. 1-6). Cambridge: Cambridge University Press.

Singleton, D. (1989). *language Acquisition: the Age Factor.* Clevedon, Philadelphia: Multilingual Matters.

John Benjamins Series

15

Translation in Undergraduate Degree Programmes

존 벤자민스 통번역 총서 15

학부에서의 번역 교육

Translation in Undergraduate Degree Programmes

초판 인쇄 2016년 4월 25일
초판 발행 2016년 4월 30일

지은이 커스텐 맘크야어
기 획 정호정(존 벤자민스 통번역 총서 기획위원장)
옮긴이 홍정민
발행인 김인철
편집총괄·기획 장지호 Director, University Press
편집장 신선호 Executive Knowledge Contents Creator
도서편집 김민정 Contents Creator
진수연 Contents Creator
도서·전자책편집 최인우 e-Contents Creator
마케팅 곽용창 Chief Marketing Creator
재무관리 권미경 Chief Managing Creator
김은혜 Managing Creator
발행처 한국외국어대학교 지식출판원
02450 서울특별시 동대문구 이문로 107
전화 02)2173-2493~7
팩스 02)2173-3363
홈페이지 http://press.hufs.ac.kr
전자우편 press@hufs.ac.kr
출판등록 제6-6호(1969. 4. 30)
디자인 · 편집 (주)이환디앤비 02)2254-4301
인쇄 · 제본 네오프린텍(주) 02) 718-3111

ISBN 979-11-5901-070-5 94700 정가 27,000원
978-89-7464-914-2 (세트)

*잘못된 책은 교환하여 드립니다.

HUiNE은 한국외국어대학교 지식출판원의 어학도서, 사회과학도서, 지역학 도서 Sub Brand이다. 한국외대의 영문명인 HUFS, 현명한 국제전문가 양성(International +Intelligent)의 의미를 담고 있으며, 휴인(携引)의 뜻인 '이끌다, 끌고 나가다'라는 의미처럼 출판계를 이끄는 리더로서, 혁신의 이미지를 담고 있다.